LES PROCESSUS CG

BTS 1re et 2e années

Édition 2023-2024

PROCESSUS 1

Contrôle et traitement comptable des opérations commerciales

Sous la direction de Christine Darlay

Sandrine Canler
Francine Cayot
Marie-Agnès Choukroun
Éric Favro
Jean-Philippe Gonzalez
Dominique Legros
Gilles Meyer
Régis Tombarel

+ liens avec le P7

Nathan TECHNIQUE

Édition : Samuel Briand-Favard / Julie Besné

Relecture : Catherine Lainé

Conception maquette : Anne-Danielle Naname

Mise en pages : Julie Fabioux

Conception couverture : Vincent Rioult et Lucas Cholewa

Infographie : Vincent Landrin

Fabrication : Emmanuelle Perrier

Code éditeur : 224352

ISBN : 978-2-09-501895-5

Avec ce livre, une licence i-MANUEL 2.0

Le i-Manuel 2.0, un outil simple d'utilisation qui reprend l'ensemble des contenus de ce livre sous forme numérique et interactive.

Il permet d'accéder au contenu de ce manuel à tout moment et en tout lieu sur un ordinateur ou une tablette. L'utilisateur peut donc passer du papier au numérique et choisir le support qui lui convient le mieux selon le travail à faire et le lieu où il se trouve.

Une véritable interactivité entre l'enseignant et sa classe

- **Vidéoprojeter** en classe les activités, les documents et les corrections pour animer les cours et travailler collectivement.
- N **Feuilleter le livre papier enrichi et le télécharger** pour un usage sans connexion.
- N Bénéficier d'**une banque de ressources.**
- **Piloter la classe** en assurant le suivi du travail des élèves à distance et en cours (recevoir et envoyer du travail, faire des commentaires, intervenir en temps réel).
- **Intégrer et envoyer à la classe**, à un ou plusieurs élèves, **des documents personnels**.
- **Afficher les corrigés** ou la correction individuelle du travail de l'élève.
- **Imprimer** les documents nécessaires pour mettre les élèves en **situation d'examen**.

Des fonctionnalités innovantes pour favoriser l'intérêt, la motivation et l'implication des élèves

- **Saisir les réponses** en travaillant sur ordinateur ou tablette.
- **Faire les activités et les exercices**, préparer ou réviser le cours **en classe ou à la maison**.
- **Accéder** aux **ressources numériques**, vidéos, fichiers élèves (Word, Excel, GeoGebra...).
- **Sauvegarder** au **format Word** le travail effectué dans un dossier (classeur).
- **Envoyer le travail** au professeur.
- **S'enregistrer** pour les activités orales.
- **S'auto-évaluer**.

Toutes les infos et les tutos sur www.nathan.fr/i-manuel2

Avec ce livre, des ressources numériques en accès direct

Flashez les QR Codes avec votre smartphone ou saisissez les mini-liens associés pour accéder à des vidéos, animations, QCM...

BTS CG

L'ARTICULATION D'UN CHAPITRE

DÉCOUVERTE
MISE EN COMPÉTENCE

REMÉDIATION
APPROFONDISSEMENTS

MÉMORISATION

CONTEXTE

1

- Un rappel des compétences du référentiel
- Des liens P7 et PIX
- Une présentation du contexte professionnel et des missions

OBJECTIFS / TRAVAIL À FAIRE

2

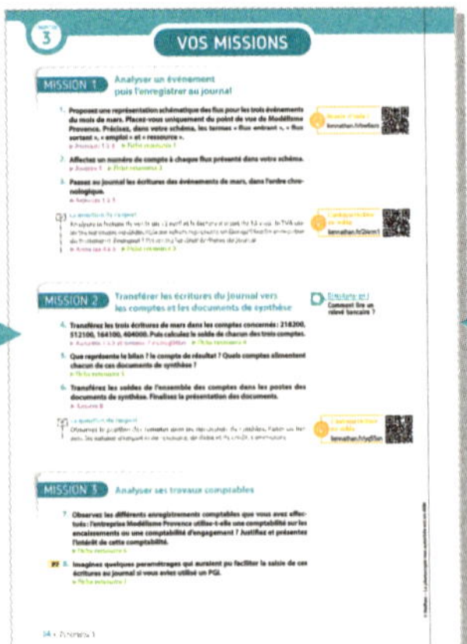

- Une présentation des missions à traiter (voir détail page 5)

DOSSIER PROFESSIONNEL

3

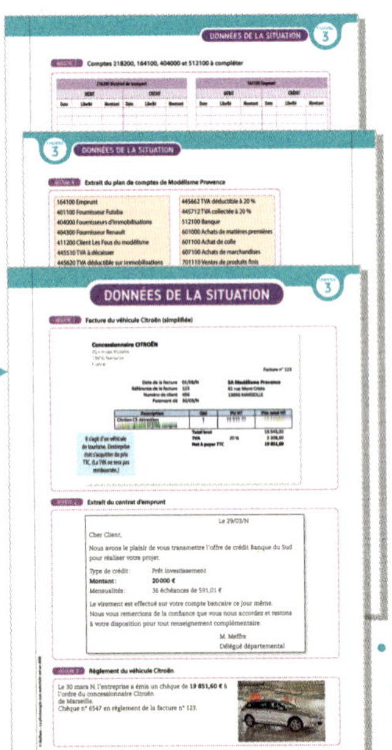

- Des annexes de forme variée : tableaux, dialogues, vidéos…

FICHES RESSOURCE NOTIONNELLES

4

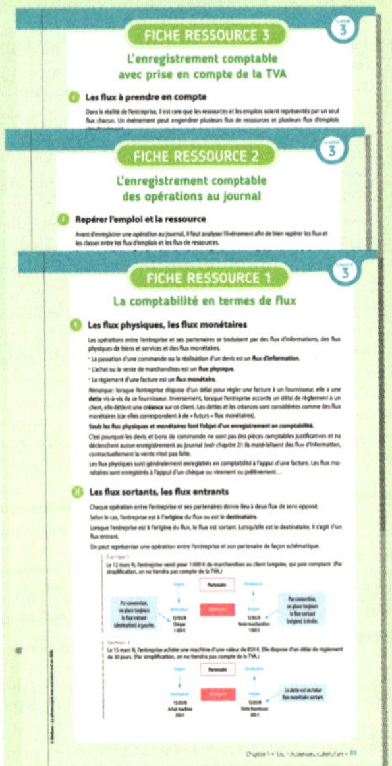

- Des fiches ressource détachables de 1 à 2 pages
- Une approche pratique, avec des exemples, des schémas, des tableaux…
- Pour vérifier ses acquis : « L'essentiel en une question » et sa réponse téléchargeable

APPLICATIONS

5

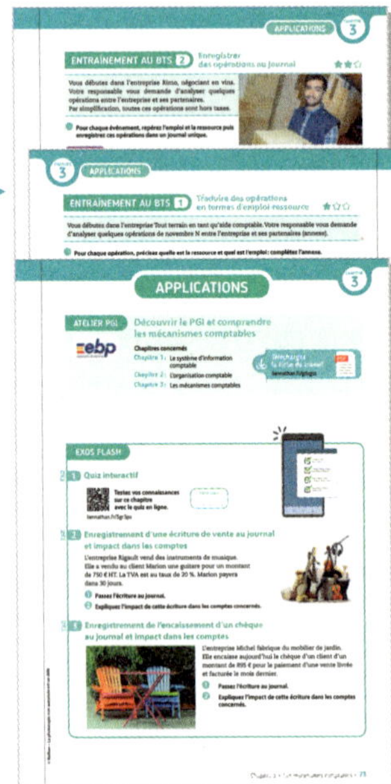

- Des applications variées (voir détail page 5)

Synthèse audio
liennathan.fr/aks8sn

SYNTHÈSE

6

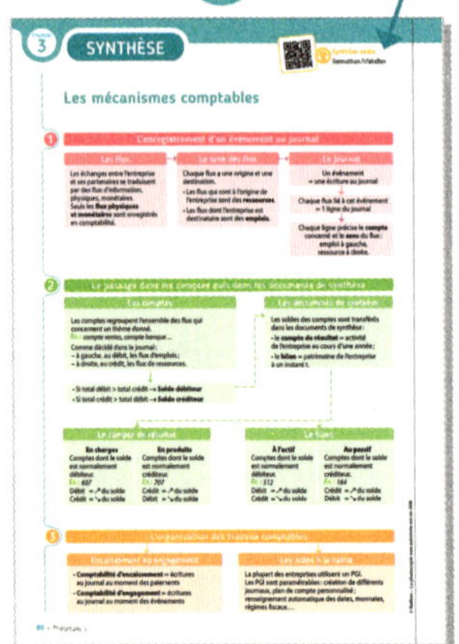

- Une synthèse en schéma, qui suit la progression des missions
- Une bande audio associée à disposition des étudiants

VOS MISSIONS

- Un questionnement guidant pour la découverte des notions
- Une utilisation progressive des annexes et ressources notionnelles

CHAPITRE 3

VOS MISSIONS

MISSION 1 Analyser un événement puis l'enregistrer au journal

1. Proposez une représentation schématique des flux pour les trois événements du mois de mars. Placez-vous uniquement du point de vue de Modélisme Provence. Précisez, dans votre schéma, les termes « flux entrant », « flux sortant », « emploi » et « ressource ».
▶ Annexes 1 à 3 ▶ Fiche ressource 1

Besoin d'aide ? liennathan.fr/ow6azs

2. Affectez un numéro de compte à chaque flux présenté dans votre schéma.
▶ Annexe 4 ▶ Fiche ressource 2

3. Passez au journal les écritures des événements de mars, dans l'ordre chronologique.
▶ Annexes 1 à 3

La question de l'expert
Analysez la facture de vente du 12 avril et la facture d'achat du 13 avril : la TVA collectée sur ventes ou déductible sur achats représente un flux qu'il faudra enregistrer distinctement. Pourquoi ? Présentez les deux écritures du journal.
▶ Annexes 4 à 6 ▶ Fiche ressource 3

L'autocorrection en vidéo liennathan.fr/2i4rm1

MISSION 2 Transférer les écritures du journal vers les comptes et les documents de synthèse

Discutons-en ! Comment lire un relevé bancaire ?

4. Transférez les trois écritures de mars dans les comptes concernés : 218200, 512100, 164100, 404000. Puis calculez le solde de chacun des trois comptes.
▶ Annexes 1 à 3 et annexe 7 à compléter ▶ Fiche ressource 4

5. Que représente le bilan ? le compte de résultat ? Quels comptes alimentent chacun de ces documents de synthèse ?
▶ Fiche ressource 5

6. Transférez les soldes de l'ensemble des comptes dans les postes des documents de synthèse. Finalisez la présentation des documents.
▶ Annexe 8

La question de l'expert
Observez la position des comptes dans les documents de synthèse. Faites un lien avec les notions d'emploi et de ressource, de débit et de crédit. Commentez.

L'autocorrection en vidéo liennathan.fr/yq55sn

Gestion des séquences :

- Un découpage du travail en 2 ou 3 missions au rythme des séances.
- Verbes d'action, mise en compétence

Gestion du temps :

- Un questionnement court, limité, réparti entre plusieurs missions

Pédagogie différenciée :

- **Besoin d'aide ?**
Des supports téléchargeables pour faciliter le travail sur une question donnée.
- Il reste un peu de temps avant la fin de la séance ? **Discutons-en !** Un sujet pratique ou d'actualité, en lien avec la mission, est proposé. Un corrigé est disponible pour l'enseignant.
- Envie d'aller plus loin ?
La question de l'expert est accessible en toute autonomie : un corrigé en vidéo accessible *via* QR Code permet l'autocorrection.

APPLICATIONS

Des ateliers PGI

- Répartis dans l'ouvrage, portant sur des thèmes communs à plusieurs chapitres (voir sommaire page 10)
- Travaux proposés en lien avec la base Jupiter Média de EBP, mobilisable dans les processus 1, 2 et 4
- Fiche de travail à télécharger

ATELIER PGI Découvrir le PGI et comprendre les mécanismes comptables

Chapitres concernés
Chapitre 1 : Le système d'information comptable
Chapitre 2 : L'organisation comptable
Chapitre 3 : Les mécanismes comptables

Téléchargez la fiche de travail liennathan.fr/gdxgss

Une série d'Exos flash

- Un quiz interactif de 10 questions dans chaque chapitre
- Plusieurs exercices courts, portant généralement sur des aspects techniques, pour acquérir des réflexes

EXOS FLASH

EXO 1 Quiz interactif

Testez vos connaissances sur ce chapitre avec le quiz en ligne.
liennathan.fr/3gr3po

Votre score

EXO 2 Enregistrement d'une écriture de vente au journal et impact dans les comptes

L'entreprise Rigault vend des instruments de musique. Elle a vendu au client Marion une guitare pour un montant de 750 € HT. La TVA est au taux de 20 %. Marion payera dans 30 jours.

1. Passez l'écriture au journal.
2. Expliquez l'impact de cette écriture dans les comptes concernés.

CHAPITRE 3 APPLICATIONS

ENTRAÎNEMENT AU BTS 1 Traduire des opérations en termes d'emploi-ressource ★☆☆

Vous débutez dans l'entreprise Tout terrain en tant qu'aide comptable. Votre responsable vous demande d'analyser quelques opérations de novembre N entre l'entreprise et ses partenaires (annexe).

- Pour chaque opération, précisez quelle est la ressource et quel est l'emploi : complétez l'annexe.

Des entraînements au BTS

- Il s'agit d'exercices plus longs, contextualisés, classés par niveau de difficulté.
- Ils proposent une mise en compétence technique et des analyses diverses, comme demandé à l'examen.

SOMMAIRE

SOMMAIRE DES FICHES RESSOURCE

SOMMAIRE DES ATELIERS PGI

EBP SOLUTIONS DE GESTION — + liens avec le P7

Ces ateliers PGI sont proposés en lien
avec la base **Jupiter Média mise à disposition** par EBP.

Cette base couvre les modules Comptabilité, Immobilisations, Paie et Gestion commerciale ; elle répond aux besoins du référentiel de BTS CG (les composantes d'activités sont mentionnées ci-dessous entre parenthèses).

CHAPITRE 1

Le système d'information comptable

Activité	Composante d'activité	Compétence	
1.1. Analyse du système d'information comptable (SIC)	1.1.1. Identification des caractéristiques du SIC dans l'entreprise et ses acteurs	Se situer et identifier le rôle et les ressources du système d'information comptable en termes de traitement d'informations	P7 La caractérisation d'un système d'information dans ses différentes composantes

SITUATION PROFESSIONNELLE

Passionné par la construction de voitures miniatures, Lucien Gari a créé Modélisme Provence à Marseille en 1960 et s'est spécialisé dans la fabrication et la distribution de modèles réduits. L'entreprise n'a cessé de croître et de se diversifier dans les produits affectés aux loisirs. Ses clients sont principalement des professionnels français et étrangers, mais elle s'adresse également aux particuliers par l'intermédiaire de son site Internet.

Philippe Gari, le fils du fondateur, dirige depuis une dizaine d'années cette PME familiale. Chef d'entreprise charismatique, il manage ses 25 salariés de façon très paternaliste mais adopte aussi un style participatif. Il est à l'écoute de ses collaborateurs. Une fois les orientations stratégiques déterminées, il attend une collaboration fondée sur la confiance et l'efficacité de la part du personnel. La transparence des flux d'informations est primordiale. Il organise régulièrement des événements internes pour conserver un bon climat social. La plupart des employés sont dans l'entreprise depuis plusieurs années.

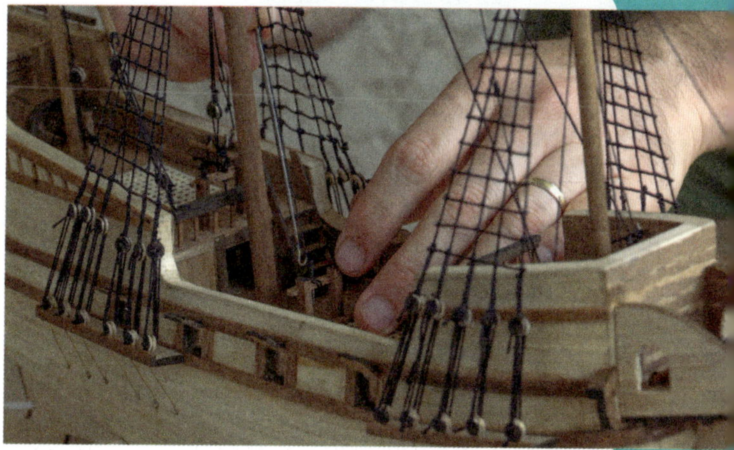

Face à la progression constante de son chiffre d'affaires et pour accompagner son expansion, Philippe Gari prévoit des investissements importants : il souhaite agrandir ses locaux afin de pouvoir organiser des événements qui pourront regrouper les amateurs de modélisme de toute l'Europe. Il lui faudra renouveler ses équipements vieillissants et prévoir l'achat d'un matériel de transport. Pour accompagner administrativement cette évolution, il envisage de renouveler son parc informatique mais également d'investir dans un nouveau système informatique plus performant (PGI).

Antoine Roche a assuré pendant dix ans la fonction de directeur administratif et financier. Il a pris une retraite bien méritée au début du mois. Son successeur, Anissa Lam, arrive aujourd'hui. Elle est expérimentée dans ce type de fonction mais ne connaît pas encore l'entreprise.

VOS MISSIONS

Très vite après sa prise de fonction, Anissa Lam décide de réaliser un audit de la circulation de l'information comptable dans l'entreprise. Vous avez obtenu un stage au sein de Modélisme Provence et commencez le même jour que la nouvelle directrice financière. Vous l'accompagnez dans sa découverte de l'entreprise et de son organisation.

- MISSION 1 **Observer l'entreprise et son système d'information** ▶ Fiches ressource 1 et 2
- MISSION 2 **Découvrir la gestion de l'entreprise** ▶ Fiche ressource 3
- MISSION 3 **Comprendre les notions élémentaires de la comptabilité** ▶ Fiches ressource 4 et 5

CHAPITRE 1

VOS MISSIONS

MISSION 1 Observer l'entreprise et son système d'information

Discutons-en !
Quel est l'impact de la transition numérique dans l'entreprise ?

1. **Identifiez précisément les caractéristiques actuelles de l'entreprise Modélisme Provence et comparez-les à celles de l'année N-10. Commentez.**
   ▶ Annexe 1 ▶ Fiche ressource 1

2. **Observez le schéma du système d'information proposé par Mme Lam. Quels éléments faudrait-il ajouter pour le compléter ?**
   ▶ Annexe 2 ▶ Fiche ressource 2

3. **Repérez les différentes composantes du système d'information mises en œuvre dans le traitement des commandes.**
   ▶ Annexe 3

La question de l'expert
Identifiez les modules du PGI nécessaires pour les différentes étapes des commandes clients.

L'autocorrection en vidéo
liennathan.fr/3ql79o

MISSION 2 Découvrir la gestion de l'entreprise

4. **Associez les différentes tâches réalisées au cours du mois d'avril aux activités de l'entreprise Modélisme Provence.**
   ▶ Annexe 4 ▶ Fiche ressource 3

Besoin d'aide ?
liennathan.fr/gfk3ps

5. **Examinez l'organisation des achats de l'entreprise. Pourquoi peut-on dire qu'il s'agit d'un processus ?**
   ▶ Annexe 5

6. **Quel est l'intérêt de mettre en place et d'appliquer correctement des outils de contrôle dans les processus de gestion de l'entreprise ?**
   ▶ Annexe 6

MISSION 3 Comprendre les notions élémentaires de la comptabilité

7. **Parmi les tâches réalisées dans le service comptable, identifiez celles qui relèvent de la comptabilité de gestion.**
   ▶ Annexe 7 ▶ Fiche ressource 4

8. **M. Ramirez et Mme Lam souhaitent être accompagnés dans l'élaboration des documents de synthèse. À quel partenaire faut-il faire appel ?**

9. **Grâce au bilan, identifiez les sources de financement à long terme et vérifiez que ces ressources couvrent bien la valeur des immobilisations.**
   ▶ Annexe 8 ▶ Fiche ressource 5

10. **L'équilibre du bilan est-il respecté ? Que traduit-il ?**

11. **Repérez, parmi les opérations réalisées pendant l'année, les charges et les produits, puis calculez le résultat réalisé. S'agit-il d'un bénéfice ou d'une perte ? Comparez avec le résultat mentionné dans le bilan. Que constatez-vous ?**
    ▶ Annexe 9

12. **Expliquez pourquoi le SIC est un outil de pilotage de l'entreprise.**

La question de l'expert
Présentez le compte de résultat, et déterminez l'utilisation des documents de synthèse que pourraient faire quelques partenaires de l'entreprise.

L'autocorrection en vidéo
liennathan.fr/9vzuf1

DONNÉES DE LA SITUATION

ANNEXE 1 **Éléments d'information sur l'entreprise Modélisme Provence**

Modélisme Provence a connu une croissance importante depuis l'arrivée de Philippe Gari à la direction en N-10.

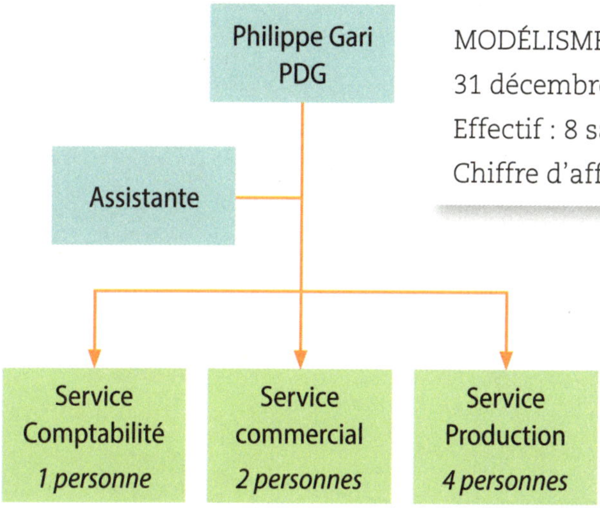

MODÉLISME PROVENCE
31 décembre N-10
Effectif : 8 salariés
Chiffre d'affaires : 250 000 €

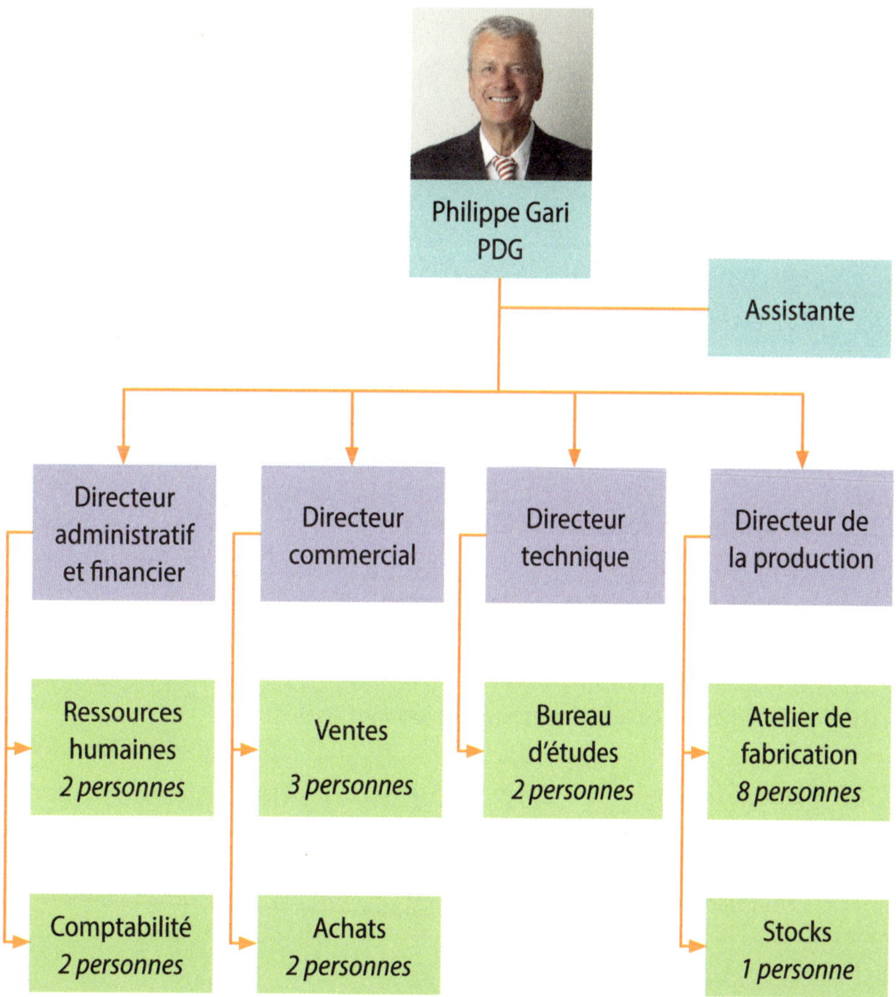

SA MODÉLISME PROVENCE
31 décembre N-1
Effectif : 25 salariés
Chiffre d'affaires : 2 115 000 €

ANNEXE 2 Schéma du système d'information réalisé par Mme Lam

LE SYSTÈME D'INFORMATION DE MODÉLISME PROVENCE

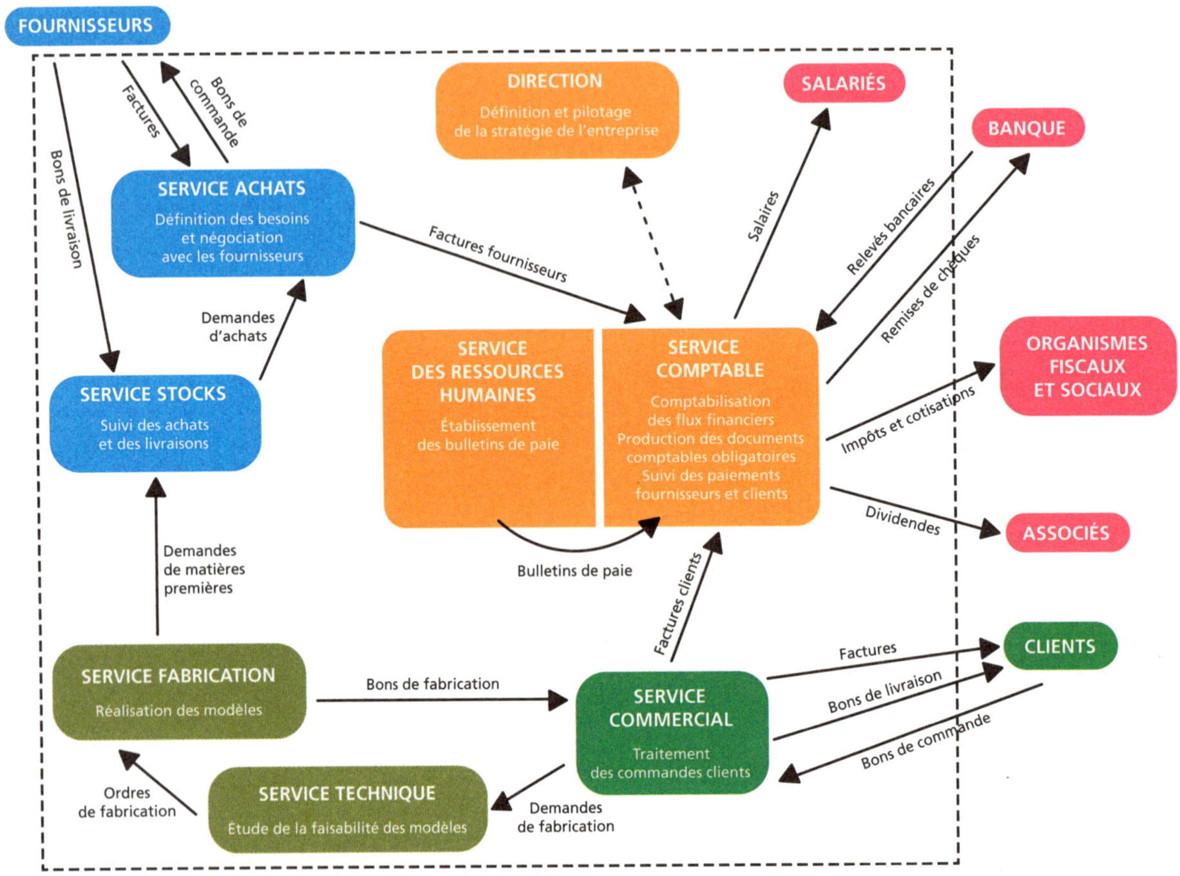

ANNEXE 3 Le traitement des commandes clients chez Modélisme Provence

Lisa Bachiri, l'assistante du service commercial, est responsable du traitement des commandes chez Modélisme Provence. Lorsqu'elle reçoit une commande, elle procède sur son PGI à plusieurs vérifications en fonction de la situation du client professionnel par rapport à l'entreprise.

Si c'est un nouveau client, elle s'informe sur le site infogreffe.fr pour évaluer sa situation et éviter ainsi les risques d'impayés.

Si c'est un client habituel, elle vérifie sur le PGI l'état de ses créances et les éventuelles commandes en attente.

Si la commande peut être traitée, Mme Bachiri vérifie les références et les désignations des produits commandés et crée sur le PGI une demande de fabrication qu'elle transfère au service technique. Enfin, elle envoie un accusé de réception au client et complète son tableau de suivi de commande sur le tableur Excel.

ANNEXE 4 Quelques tâches réalisées au sein de Modélisme Provence au cours du mois d'avril

1. Organisation d'une campagne de prospection client
2. Réalisation du modèle du client Racing Car
3. Enregistrement des règlements des achats
4. Préparation d'un appel d'offres aux fournisseurs pour la fourniture de marchandises
5. Établissement des factures de vente
6. Enregistrement des factures fournisseurs
7. Traitement des réclamations clients
8. Préparation des devis clients
9. Passation des commandes aux fournisseurs
10. Enregistrement des règlements des clients
11. Préparation des livraisons aux clients
12. Contrôle de la qualité des produits finis
13. Élaboration de la paie

ANNEXE 5 Les achats chez Modélisme Provence

Demande d'achat

- Le service qui a besoin de matériel transmet une demande au service Achats à l'aide d'un cahier des charges.

Commande

- Le responsable des achats rédige le bon de commande d'après les indications du service.
- Il envoie la commande au fournisseur choisi.
- Il s'assure du suivi et relance le fournisseur en cas de retard.

Réception de la marchandise

- Le responsable des stocks réceptionne la marchandise.
- Il la contrôle à l'aide du bon de commande et valide le bon de réception en apposant la mention « OK avec commande ».
- Il transmet ces documents au service Achats.

Facture

- Le service Achats reçoit la facture.
- Il la contrôle d'après le bon de commande et le bon de réception, appose sur la facture la mention « OK avec réception ».
- Il la transmet au service Comptabilité pour enregistrement et règlement.

ANNEXE 6 Anomalies relevées au cours du mois d'avril

Anomalies	Explications
Le service Comptabilité a enregistré et payé une facture d'achat à tort, les quantités facturées ne correspondent pas aux quantités livrées.	Le service Comptabilité pensait que le contrôle avec le bon de livraison avait été effectué en amont.
Un client a émis une réclamation car les produits qu'il avait commandés ont été livrés en retard.	Une rupture de stock a nécessité un réapprovisionnement.

ANNEXE 7 Tâches réalisées dans le service Comptabilité (extrait)

Tâches	Antonio RAMIREZ Chef comptable	Jérémy DI LUCCA Assistant comptable
Déclarations fiscales et sociales	✓	
Enregistrement des écritures de frais généraux		✓
Établissement de la déclaration de TVA	✓	
Gestion de la trésorerie	✓	
Gestion du dossier social (contrats, arrêts maladie, accidents du travail…)	✓	✓
Préparation de la clôture des comptes du mois	✓	
Préparation de la paie		✓
Préparation des budgets prévisionnels	✓	
Relations avec les partenaires extérieurs	✓	
Suivi des encaissements clients et relances		✓
Tableau de bord de gestion	✓	
Tri, classement et archivage	✓	✓
Vérification des pointages et des absences du personnel		✓
Vérification et règlement des factures fournisseurs de matières premières et de frais généraux		✓
Virement et saisie des opérations de paie		✓

ANNEXE 8 Extrait du bilan comptable au 31/12/N-1

ACTIF		PASSIF	
ACTIF IMMOBILISÉ		**CAPITAUX PROPRES**	
Immobilisations incorporelles	22 500	Capital	500 000
Immobilisations corporelles	642 810	Réserve légale	52 600
Immobilisations financières	19 180	Résultat net de l'exercice	125 645
TOTAL I	**684 490**	**TOTAL I**	**678 245**
ACTIF CIRCULANT		**EMPRUNTS ET DETTES**	
Stocks	40 960	Emprunts bancaires	199 500
Créances sur les clients	533 520	Dettes envers les fournisseurs	443 620
Disponibilités	62 395		
TOTAL II	**636 875**	**TOTAL II**	**643 120**
TOTAL GÉNÉRAL	**1 321 365**	**TOTAL GÉNÉRAL**	**1 321 365**

ANNEXE 9 Opérations réalisées pendant l'année

Opérations	Montants
Acquisition d'une machine	21 243,25
Achats de matières premières	1 218 078,19
Carburant	3 664,01
Ventes de marchandises	181 645,80
Fournitures administratives	322,80
Salaires	765 365,00

Opérations	Montants
Honoraires avocat	1 320,00
Ventes de produits finis	1 933 354,20
Intérêts perçus	595,00
Acquisition de mobilier de bureau	3 852,00
Frais de publicité	1 200,00
Acquisition d'un logiciel de dessin	2 400,00

FICHE RESSOURCE 1

L'entreprise et ses caractéristiques

I Les caractéristiques générales d'une entreprise

1. L'entreprise publique et l'entreprise privée

Le terme « entreprise » désigne une personne ou un ensemble de personnes travaillant ensemble afin de produire des biens ou des services qui seront vendus. Lorsque l'État ou une collectivité locale peut influencer l'entreprise (souvent grâce à la part importante du capital détenu), il s'agit d'une entreprise publique. Dans le cas contraire, il s'agit d'une entreprise privée. Plusieurs critères sont utilisés pour distinguer les entreprises, notamment leur forme juridique et leur taille.

2. Les différentes formes d'entreprises privées

La forme juridique est choisie par le(s) créateur(s) de l'entreprise. Elle détermine certaines obligations ou droits associés à l'entreprise. Les principales formes juridiques sont les suivantes :
- l'entreprise individuelle, qui n'a pas d'existence propre et se confond avec son créateur ;
- les entreprises sous forme sociétaire, qui sont juridiquement des personnes morales, différentes du ou des créateurs, parmi lesquelles on trouve principalement :
  - l'entreprise unipersonnelle à responsabilité limitée (EURL) et la société à responsabilité limitée (SARL) ;
  - la société anonyme (SA), pour des entreprises plus importantes ;
  - la société par actions simplifiée (SAS), qui offre une souplesse et une grande simplicité.

3. La taille de l'entreprise

La taille d'une entreprise se mesure principalement en fonction de deux critères : l'effectif et le montant du chiffre d'affaires.

Type d'entreprise	Effectif	Chiffre d'affaires (= total des ventes cumulées)
Microentreprise	Moins de 10 salariés	Moins de 2 millions d'euros
Petite et moyenne entreprise (PME)	Moins de 250 salariés	Moins de 50 millions d'euros
Entreprise de taille intermédiaire (ETI)	Moins de 5 000 salariés	Moins de 1,5 milliard d'euros
Grande entreprise (GE)	Au moins 5 000 salariés	À partir de 1,5 milliard d'euros

II La comptabilité privée et la comptabilité publique

La comptabilité est un outil qui permet de conserver une trace de l'ensemble des échanges que réalise une organisation (entreprise ou structure publique, associative, etc.) avec ses partenaires, afin d'avoir ensuite une vision d'ensemble de sa situation et de son patrimoine. Lorsqu'il s'agit d'une organisation privée, on parle de **comptabilité privée**, sinon il s'agit d'une **comptabilité publique**.

Exemple : une commune tient une comptabilité publique.

1. La comptabilité privée

La tenue d'une comptabilité privée est obligatoire dans la plupart des entreprises privées (article L123-12 du Code de commerce). On distingue toutefois la **comptabilité générale**, qui répond à l'obligation du Code de commerce, et la **comptabilité de gestion**, qui, elle, n'est pas obligatoire mais apporte des informations utiles à la gestion de l'entreprise par le dirigeant.

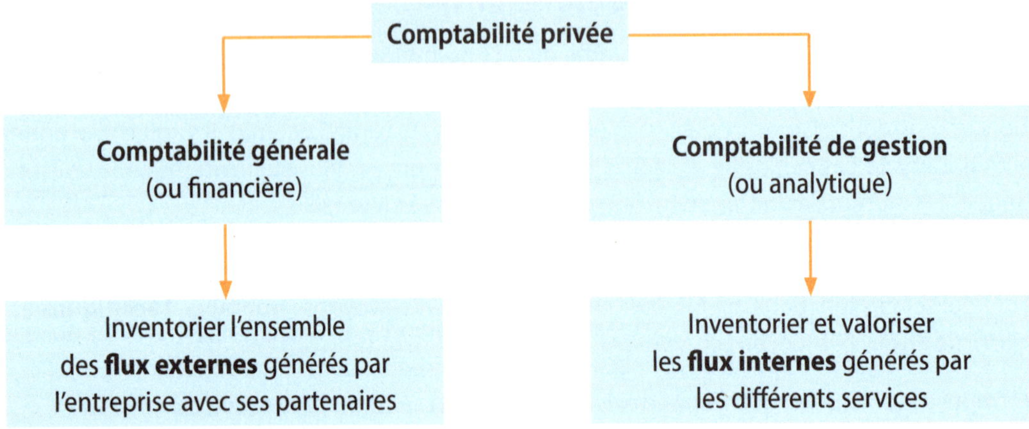

2. La comptabilité publique

La comptabilité publique correspond à l'enregistrement des recettes et des dépenses de l'État, des administrations et des collectivités publiques. Selon le type de collectivités (communes, départements, régions) et la nature de l'activité exercée, la comptabilité applicable sera différente.

III L'information au service du pilotage de l'entreprise

L'entreprise doit disposer d'informations pertinentes et récentes pour pouvoir agir avec efficacité. Tous les acteurs internes et externes émettent et traitent des informations qui seront transmises aux utilisateurs concernés, qui les exploiteront en fonction de leurs besoins.

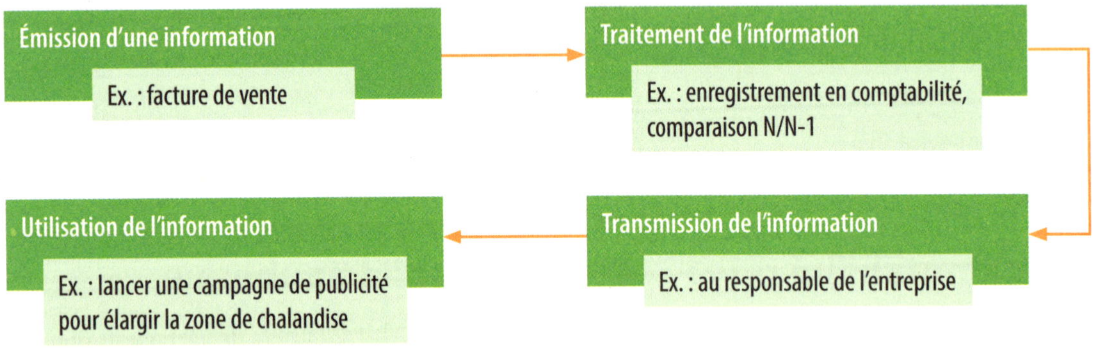

Les informations circulent et sont globalement traitées dans l'entreprise grâce à son **système d'information (SI)**. Lorsqu'il s'agit d'informations comptables, c'est une partie du système, le **SI comptable (SIC)**, qui est concernée.

L'essentiel en une question

Comment peut-on différencier les entreprises ?

Consultez le corrigé
liennathan.fr/nxw6bj

FICHE RESSOURCE 2

Le système d'information comptable

I Le rôle et les caractéristiques du système d'information comptable

Le système d'information comptable (SIC) permet d'avoir accès à l'ensemble des informations nécessaires à la réalisation des différents travaux comptables. Ces informations proviennent des partenaires (clients, fournisseurs, etc.) et concernent l'ensemble des échanges réalisés (achats, ventes, paiements effectués ou encaissés, etc.). Certaines peuvent provenir d'autres services de l'entreprise. Les différentes **fonctions du SIC** permettent donc de **disposer** des informations comptables (*comment les obtenir ?*), les **conserver** (*comment et sous quelle forme les stocker ?*), les utiliser (*quelles décisions prendre ?*) et les **transmettre** (*qui doit être informé ?*).

Afin de réaliser ces fonctions, un SIC met en œuvre différents **moyens** : **humains**, **techniques** et **organisationnels**. Ces moyens composent le SIC, que l'on peut donc illustrer ainsi :

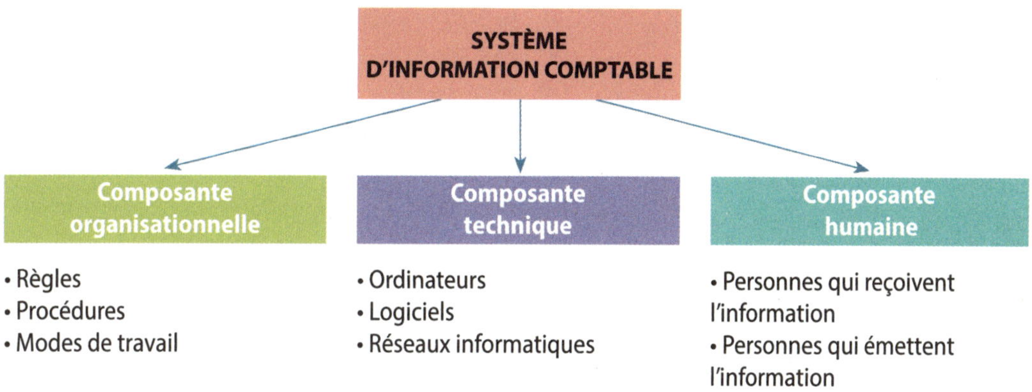

II Le progiciel de gestion intégré dans le SIC

Un **progiciel de gestion intégré (PGI)** correspond à un ensemble de logiciels qui prennent en charge la **plupart des besoins de gestion** de l'entreprise. Il est ainsi utilisé pour l'ensemble des opérations relatives aux achats, aux ventes, à la gestion des ressources humaines, de la production, etc.

Le PGI est donc un élément du système d'information, appartenant à la composante technique.

Chaque **besoin de gestion** est couvert par un **module** du PGI correspondant. Il existe donc un **module comptable** dédié aux différents travaux comptables, associé aux autres modules éventuellement nécessaires selon l'activité de l'entreprise (commercial, ressources humaines, production, etc.).

Chaque module du PGI exploite une **base de données unique** au sein du PGI, ce qui **facilite l'automatisation** de certains travaux, **diminue le risque d'erreur** et d'incohérence dans les données utilisées par l'entreprise et limite les ressaisies de données. Cela permet donc également de **gagner du temps**.

L'essentiel en une question

Pourquoi peut-on dire que le système d'information de l'entreprise ne se limite pas au PGI ?

Consultez le corrigé
liennathan.fr/74xy8w

CHAPITRE 1

FICHE RESSOURCE 3

La gestion de l'entreprise

I Les finalités de l'entreprise

Une entreprise a pour finalité principale la réalisation d'un profit (bénéfice). Mais elle peut aussi prendre en considération d'autres enjeux, associés, par exemple, à des aspects sociaux (vis-à-vis des salariés ou de la société au sens large) ou environnementaux.

II Les activités de l'entreprise

L'entreprise s'organise autour de quatre activités principales ayant chacune des fonctions bien précises.

Prévoir, organiser, commander, coordonner, contrôler	**Activité administrative**	**Activité commerciale**	Mettre à la disposition des clients les biens ou les services de l'entreprise
Transformer les ressources en biens ou en services pour satisfaire les besoins des clients	**Activité de production**	**Activité d'approvisionnement**	Mettre à la disposition des salariés de l'entreprise les biens ou les services dont ils ont besoin pour travailler

III Les processus

Un processus est une succession d'opérations réalisées par des acteurs de l'entreprise à l'aide de moyens et en vue d'une finalité : processus de gestion des commandes, processus de gestion de la qualité, processus de traitement des demandes d'achat, etc. Plus simplement, on peut représenter un processus de la façon suivante :

Exemple du processus de gestion des commandes clients

Données sources d'entrée →	**Processus** →	Données de sortie avec valeur ajoutée
Réception de la commande du client →	– Contrôle de la solvabilité du client – Vérification des stocks – Contrôle du délai de livraison →	Commande validée et transmise au service Livraisons.

IV Le contrôle interne

Tous les processus de l'entreprise concourent à un objectif principal, qui est la pérennisation de son activité. Afin d'atteindre cet objectif, l'entreprise doit instaurer un système de contrôle.

Ce contrôle a pour objectif de s'assurer que les différents processus de travail mis en place sont pertinents (pas de risque d'erreur ou de fraude) et de proposer d'éventuelles solutions d'amélioration.

Le contrôle peut être mené par un personnel dédié (on parle de « contrôle interne ») ou par une entreprise externe, par exemple un cabinet d'expertise comptable (on parle de « contrôle externe »).

? L'essentiel en une question

Trouvez un exemple de processus et le contrôle qui y est associé.

Consultez le corrigé
liennathan.fr/p7a92v

FICHE RESSOURCE 4

L'organisation comptable de l'entreprise

I Le rôle et les fonctions de la comptabilité

La comptabilité collecte des informations sur les événements économiques de l'entreprise. Ces informations sont ensuite triées, enregistrées et traitées selon des règles (normes) afin de fournir des éléments indispensables aux décideurs.

1. L'information comptable

L'information comptable a quatre rôles essentiels :

Rôles de l'information comptable	**Outil de communication interne et externe**	Personnel, salariés, banques, fournisseurs, administrations.
	Moyen de preuve	Justification de l'état du patrimoine auprès des banques et de l'administration fiscale. Justification d'une information en cas de litige avec un client, un fournisseur…
	Instrument d'analyse	Comparaison des résultats d'une année sur l'autre et réalisation de prévisions.
	Instrument d'aide à la prise de décision	Collecte et analyse indispensables avant toute prise de décision.

Afin de remplir ces quatre rôles, l'information comptable doit être de qualité. Il faut donc qu'elle offre des garanties en matière de fiabilité (ne pas être erronée), de pertinence (être adaptée à l'utilisation prévue) et actuelle (à jour par rapport aux besoins).

2. Les obligations comptables et fiscales

Le Code de commerce, le PCG (plan comptable général) et le Code général des impôts fixent plusieurs obligations comptables et fiscales. Ces obligations peuvent varier selon la structure juridique de l'entreprise, mais la tenue d'une comptabilité est essentielle. Elle repose sur :
- l'enregistrement des opérations effectuées avec les partenaires grâce aux pièces justificatives ;
- la production de documents de synthèse qui récapitulent l'activité et le patrimoine de l'entreprise (compte de résultat, bilan et autres documents produits en fin d'année).

3. La comptabilité générale et la comptabilité de gestion

La comptabilité a pour rôle de refléter la santé de l'entreprise, d'en expliciter son fonctionnement et d'en permettre le pilotage par le chef d'entreprise. Sa tâche provient aussi d'une obligation légale de l'administration fiscale. En effet, l'entreprise doit lui rendre compte de sa situation financière, comme elle doit le faire auprès des banques.

Pour atteindre ces deux objectifs, deux comptabilités coexistent : la comptabilité générale et la comptabilité de gestion.

La comptabilité générale (ou financière)	**La comptabilité de gestion** (ou analytique)
Elle est obligatoire.	Elle est facultative.
Elle a pour mission principale de présenter, au minimum une fois par an : – la valeur du patrimoine de l'entreprise (ensemble des biens et des dettes) ; – l'activité de l'année écoulée (ensemble des achats et des ventes). Elle fait apparaître le résultat comptable (bénéfice ou perte).	Elle a pour mission de valoriser les flux internes afin de calculer des coûts (coût de fabrication des produits, coût de fonctionnement des services, coût de revient d'une commande…). Elle calcule des indicateurs transmis aux divers responsables sous forme de tableaux de bord. Elle est uniquement destinée à un usage interne et doit permettre aux responsables de l'entreprise de prendre des décisions stratégiques qui engagent bien souvent l'avenir de l'entreprise.
Ces deux comptabilités sont complémentaires : la comptabilité générale est la principale source d'information de la comptabilité de gestion.	

II Les métiers de la comptabilité

Il existe de nombreux métiers liés à la comptabilité pour lesquels le niveau de qualification requis varie. Les plus fréquents sont les suivants :

Métiers	Rôles
Chef comptable	Il est chargé d'animer l'équipe comptable (dans les entreprises d'une certaine taille) et de réaliser les opérations comptables plus complexes (opérations de fin d'année afin d'obtenir les documents de synthèse).
Comptable	Il intervient dans le traitement des opérations comptables courantes. Dans les grandes structures, il peut être spécialisé dans les opérations avec les clients, les fournisseurs et la trésorerie.
Assistant comptable	Il réalise les tâches basiques (facturation, saisie comptable des opérations récurrentes, etc.).
Gestionnaire de paie	Il est spécialisé dans le traitement des opérations en rapport avec la paie des salariés du fait de la technicité importante requise (établissement des bulletins de paie, réalisation des déclarations sociales correspondantes, etc.).
Directeur administratif et financier (DAF)	Il coordonne les différents services dont il a la charge afin d'assurer une bonne gestion administrative et financière de l'entreprise, en accord avec la stratégie élaborée par la direction générale.
Contrôleur de gestion	Il élabore la prévision budgétaire, met en place des tableaux de bord afin d'optimiser et améliorer la performance de l'entreprise.
Expert-comptable	C'est un partenaire externe de l'entreprise. Il lui fournit des services variés et l'accompagne afin qu'elle respecte ses obligations comptables, fiscales et sociales. Il peut donc contribuer à l'élaboration des comptes et **attester** du respect des normes comptables. Il apporte également ses conseils à l'entreprise.
Commissaire aux comptes	C'est également un partenaire externe, parfois obligatoire selon la taille de l'entreprise. Son rôle principal consiste à vérifier que la comptabilité et les documents correspondants donnent une image fidèle de la situation réelle de l'entreprise. Il agit en tant que **contrôleur externe** afin de **certifier** les comptes de l'entreprise en toute indépendance.

? L'essentiel en une question

Sans compétences comptables, peut-on s'abstenir de tenir une comptabilité ?

Consultez le corrigé
liennathan.fr/9x44xg

FICHE RESSOURCE 5

Les concepts de base de la comptabilité

I La constitution de l'entreprise : capitaux et financement

Les associés effectuent des **apports** lors de la création de l'entreprise. Ils forment le **capital social**, qui sera utilisé pour l'acquisition des éléments nécessaires pour commencer l'activité (locaux, machines, installations, stocks, etc.). En contrepartie des apports, les associés, propriétaires de l'entreprise, vont recevoir des parts du capital (ou actions selon la forme de l'entreprise). Les apports appartiennent définitivement à l'entreprise, ils constituent les **capitaux propres**.

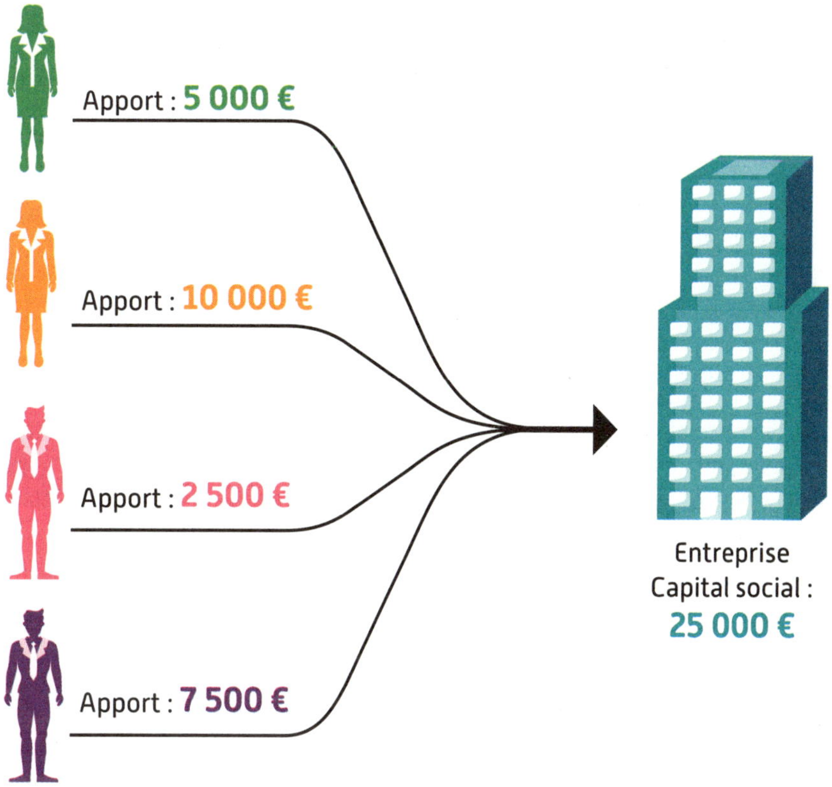

Lorsque les apports ne suffisent pas, il est possible d'effectuer un emprunt bancaire auprès d'un établissement financier. Ce type de financement (dettes financières) correspond à des **capitaux étrangers** que l'entreprise devra rembourser sur plusieurs années.
L'ensemble forme le **financement à long terme de l'entreprise**.
L'activité de l'entreprise permettra de dégager de nouvelles ressources qui vont venir accroître les capitaux propres (bénéfice de l'année ou bénéfices antérieurs et mis en réserve).

II Le patrimoine de l'entreprise : immobilisations et autres biens ou dettes

Le patrimoine est constitué de l'ensemble des biens et des dettes de l'entreprise.
Les **biens** comprennent les immobilisations, les stocks, les créances et les disponibilités bancaires. Les **dettes** correspondent à des délais de règlement à court terme accordés par les fournisseurs ou les administrations.
Les **immobilisations** correspondent aux biens destinés à servir de façon durable (long terme) à l'activité de l'entreprise. C'est pourquoi elles sont, dans la plupart des situations, financées par des ressources à long terme.

Le document qui présente le patrimoine de l'entreprise à un moment précis est le bilan, qui a la forme simplifiée suivante :

Actif : ensemble des éléments détenus par l'entreprise.

Passif : ressources utilisées pour obtenir les éléments de l'actif.

ACTIF	PASSIF
Actif immobilisé Immobilisations incorporelles Immobilisations corporelles Immobilisations financières	**Capitaux propres** Capital Réserves Résultat de l'exercice
Actif circulant Stocks Créances Disponibilités (banque, caisse)	**Dettes** Dettes financières Autres dettes
Total actif	**Total passif**

Le **total de l'actif** et toujours égal au **total du passif** (pour obtenir des éléments, il faut disposer des ressources nécessaires).

III L'activité de l'entreprise : les charges et les produits

En cours de fonctionnement, l'entreprise réalise des opérations quotidiennes : achats, ventes, locations, règlement des salaires… Certaines opérations enrichissent l'entreprise, d'autres l'appauvrissent.
Le **compte de résultat** regroupe l'ensemble de ces opérations. Il est, comme le bilan, établi au moins une fois par an, en fin d'année comptable (exercice).

Les **charges** correspondent aux éléments consommés pour réaliser l'activité. Elles appauvrissent l'entreprise.

Les **produits** correspondent aux éléments qui enrichissent l'entreprise. Il s'agit essentiellement des ventes réalisées.

CHARGES	PRODUITS
Charges d'exploitation Charges financières Charges exceptionnelles	Produits d'exploitation Produits financiers Produits exceptionnels
TOTAL DES CHARGES	**TOTAL DES PRODUITS**
Bénéfice (si produits > charges)	Perte (si charges > produits)
TOTAL GÉNÉRAL	**TOTAL GÉNÉRAL**

– Les **éléments d'exploitation** sont liés à l'activité normale de l'entreprise.
– Les **éléments financiers** sont essentiellement associés aux opérations en lien avec des emprunts ou des placements effectués.
– Les **éléments exceptionnels** correspondent à des événements non récurrents, qui n'ont pas vocation à se reproduire régulièrement.

Une fois les totaux effectués, la différence entre le total des produits et le total des charges permet de déterminer le résultat de l'entreprise, pouvant être un bénéfice ou une perte. Ce total doit coïncider avec celui du bilan.

? L'essentiel en une question

Puisque le montant du résultat est présent, le bilan a-t-il un rôle identique à celui du compte de résultat ?

Consultez le corrigé
liennathan.fr/tzjr53

APPLICATIONS

EXOS FLASH

EXO 1 Quiz interactif

Testez vos connaissances sur ce chapitre avec le quiz en ligne.

liennathan.fr/umtwdk

Votre score ....

EXO 2 Caractérisation d'une entreprise

Le cabinet Astro exerce une activité principale d'expertise-comptable. Il fournit une large palette de près de 400 services à ses clients. Doté d'un capital de 80 000 € et de 35 salariés, il réalise un chiffre d'affaires d'environ 3,5 millions d'euros.

- **Caractérisez l'entreprise Astro.**

EXO 3 Distinction entre chiffre d'affaires et résultat

Une entreprise commercialise du matériel informatique. À la fin de la journée, 20 ordinateurs ont été vendus. Le prix de vente unitaire s'élève à 500 €, alors qu'un ordinateur est acheté 400 € auprès du fournisseur.

- **Compte tenu des informations dont vous disposez, déterminez le chiffre d'affaires réalisé dans la journée et le résultat dégagé.**

EXO 4 Rôle des documents comptables

Le rapport du commissaire aux comptes de l'entreprise Hypervolt mentionne : « *Nous certifions que les comptes annuels sont, au regard des règles et principes comptables français, réguliers et sincères, et donnent une image fidèle du résultat des opérations de l'exercice écoulé ainsi que de la situation financière et du patrimoine de la société à la fin de cet exercice.* »

- **Déterminez quels documents ont pu être utilisés par le commissaire aux comptes pour fonder son opinion et ce que signifient les termes de son rapport.**

EXO 5 Optimisation d'un processus

TopMatériels est une petite entreprise de location de matériels de BTP. Elle utilise plusieurs logiciels afin de couvrir ses différents besoins. Le logiciel de gestion des locations permet de gérer le fichier clients, le planning des locations (et donc connaître la disponibilité des matériels) et réaliser la facturation. Ce logiciel est ancien mais donne satisfaction. Les factures sont ensuite remises au comptable sous forme de fichiers PDF afin qu'il puisse les enregistrer dans la comptabilité de l'entreprise. Parfois, il manque des factures que le chargé de clientèle a oubliées dans son export PDF. D'autres fois, certaines factures sont envoyées à plusieurs reprises.

- **Quel(s) problème(s) pose l'organisation actuelle et comment y remédier ?**

ENTRAÎNEMENT AU BTS 1 Schématiser un système d'information

★☆☆

Kathy Vocanson est gérante d'une PME de création et d'agencement d'intérieur, plus particulièrement spécialisée dans les cuisines, les salles de bains et les dressings. Elle joue avec les volumes, les matières, les couleurs et les lumières pour harmoniser et structurer l'espace en alliant esthétisme et fonctionnalité. Elle est associée avec Emmanuel Lisoy, menuisier, qui réalise le mobilier et effectue avec deux salariés la pose des agencements.

1. **À l'aide de l'annexe 1, complétez le schéma des flux d'informations (annexe 2).**
2. **Quelle est l'utilité d'un tel schéma ?**
3. **Sur quels documents va s'appuyer l'assistante pour émettre la facture ?**

ANNEXE 1 Processus de gestion des commandes clients et fournisseurs

Lorsqu'un client souhaite réaliser un agencement, il s'entretient tout d'abord longuement avec Kathy Vocanson afin de choisir les modèles et les couleurs. Mme Vocanson réalise ensuite les plans sur un logiciel 3D et élabore le devis. Son assistante transmet le devis au client. S'il est d'accord, l'assistante crée un bon de commande et l'envoie au client pour accord. Le client retourne à l'entreprise un exemplaire du bon de commande signé avec la mention « bon pour accord » et un chèque d'acompte de 30 %.

L'assistante commande l'électroménager et M. Lisoy le bois nécessaire pour réaliser les meubles. La livraison de l'électroménager et du bois, matérialisée par des bons de livraison, déclenche la facture des fournisseurs.

M. Lisoy prépare alors la commande dans son atelier. Lorsque la fabrication est terminée, il prend contact avec le client pour fixer le jour de livraison et de pose de l'électroménager et des meubles. L'assistante édite un bon de livraison qui est remis au client lors de la livraison. M. Lisoy effectue la pose des meubles avec deux salariés. Une fois la pose terminée, il complète un état de fin de chantier qu'il fait signer au client en double exemplaire. Une copie est transmise à l'assistante, qui émet alors la facture et l'envoie au client pour règlement.

ANNEXE 2 Schéma des flux d'informations

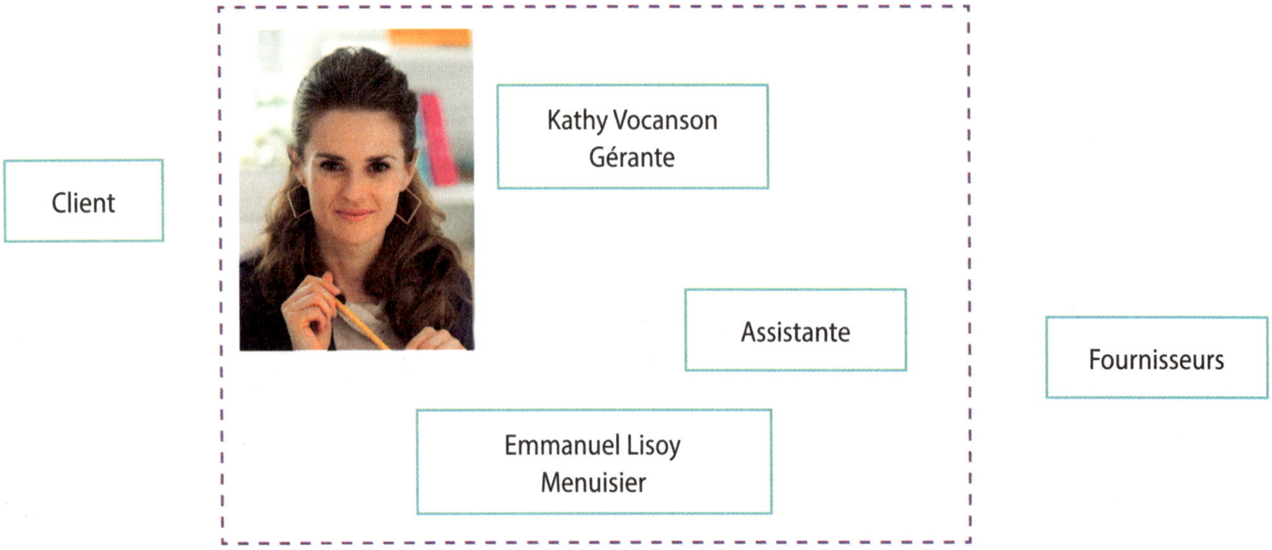

ENTRAÎNEMENT AU BTS 2 Opter pour un PGI ★☆☆

Frédéric Roussin a créé, il y a cinq ans, une agence de services à la personne : aide ménagère, accompagnement des personnes âgées, jardinage, bricolage et même garde d'animaux. Il s'occupe de la partie commerciale et son épouse a pris en charge la gestion administrative et comptable. L'entreprise a acquis une certaine notoriété et l'activité progresse chaque année. M. et Mme Roussin emploient aujourd'hui 16 personnes.

1 À l'aide de l'annexe, indiquez si M. et Mme Roussin saisissent les informations dans le même logiciel.

2 Mme Roussin utilise un logiciel comptable professionnel et commet pourtant des erreurs. À quel moment dans le processus d'élaboration des factures peut-on identifier un risque ?

3 Un PGI devrait alléger la tâche de Mme Roussin et réduire les risques d'erreur. Pourquoi ?

ANNEXE Processus d'élaboration des pièces comptables

À partir des devis et commandes réalisés par son époux sur un tableur, Mme Roussin saisit les factures sur un logiciel comptable professionnel. Elle peut alors réaliser la saisie des enregistrements comptables, qui seront ensuite validés par l'expert-comptable.
Les devis sont amenés à être modifiés plusieurs fois avant d'être validés ; de même, les commandes sont souvent corrigées. Mme Roussin n'est pas toujours sûre de disposer du dernier fichier à jour. Elle s'aperçoit qu'elle passe beaucoup de temps à la saisie et au contrôle des éléments de chaque facture. Malgré tout, la semaine dernière, un client a contesté sa facture.

ENTRAÎNEMENT AU BTS 3 Appréhender les enjeux liés à l'information comptable ★★★

La société Xadorec est spécialisée dans la fabrication d'équipement de protection individuelle et plus spécialement dans les vêtements. Mme Marquez vous accueille deux mois en stage. Vous observez le processus d'élaboration des documents comptables et êtes surpris(e) par les nombreux moyens de contrôle imposés tout au long du processus : attente de validation par une personne, attente d'un bon pour accord, liste de contrôle, pointage des documents, « rapprochements », « lettrage »... Vous avez le sentiment que cela cloisonne et ralentit fortement le travail.

1 Observez la facture du fournisseur Grégoire Tissus. Selon vous, qui a tamponné « Reçu le 21/09/N » ? Pourquoi ?

2 Le comptable de l'entreprise Xadorec a apposé sur cette facture deux autres mentions : lesquelles ? Quel contrôle permettent-elles ?

3 L'information comptable est un outil à la fois de communication, de preuve, d'analyse et d'aide à la décision. Au regard de ces différentes fonctions, justifiez les différents moyens de contrôle mis en place dans l'entreprise Xadorec.

Facture n° 09248

Grégoire Tissus
24 route du Rhin
68280 Rouffach

Comptabilisé

Reçu le 21/09/N

DOIT **Xadorec**
2 route de Kinzheim
67730 Chatenois

Le 18/09/N

PAYÉ le 21/09/N

Réf.	Libellé	Qté	Prix HT	Total
MIR01	Coton tissé	40	8,00	320,00
POI05	Toile lin beige	25	9,50	237,50
		Total brut		557,50
		Remise	5,00 %	27,88
		Net commercial		529,63
		TVA	20,00 %	105,93
		Net à payer TTC		**635,55**

Synthèse audio
liennathan.fr/13no93

Le système d'information comptable

1 Le système d'information de l'entreprise

La tenue d'une comptabilité

Comptabilité générale

- Obligatoire.
- S'appuie sur les échanges entre l'entreprise et ses partenaires externes.

Comptabilité de gestion

- Facultative.
- S'appuie sur les échanges internes.

La **tenue d'une comptabilité** s'appuie sur le système d'information.

→

Le SI

Système d'information = ensemble des composantes :

- **organisationnelles** *(ex. : procédures)*
- **techniques** *(ex. : outils informatiques)*
- **humaines**

→

Le SIC

SI comptable = ensemble des composantes du SI nécessaires à la réalisation des travaux comptables

↓

Le PGI

Élément technique du SI

- Ensemble des logiciels qui permettent la gestion de l'entreprise : **1 besoin de gestion = 1 module**
  Ex. : modules achats, ventes, RH, production
- Base de données unique

2 La gestion de l'entreprise

Les activités

- Approvisionnement
- Production
- Activité commerciale
- Activité administrative

→

Les processus

Permettent d'organiser les activités.
Ex. : processus de réception des commandes clients

→

Le contrôle interne

Permet de vérifier le bon respect des processus et la gestion efficace de toutes les activités.

3 Les notions élémentaires de comptabilité

Mise en forme d'information

Comptabilité générale

Une fois par an : bilan et compte de résultat

Comptabilité de gestion

À la demande : calculs de coûts

→

Compte de résultat

- Présente l'activité de l'entreprise pendant un an.
- Compare les produits *(ex. : ventes)* et les charges *(ex. : achats)*.
- Permet de calculer le résultat comptable (bénéfice ou perte).

→

Bilan comptable

- Présente la valeur du patrimoine de l'entreprise à un instant t.
- Montre comment les ressources (passif) ont financé les emplois (actif).
- Permet de calculer la valeur nette de l'entreprise.

CHAPITRE 2

L'organisation comptable

Activité	Composantes d'activité	Compétences	
1.1. Analyse du système d'information comptable (SIC)	**1.1.2.** Repérage de l'organisation comptable : la hiérarchie des travaux comptables **1.1.3.** Repérage des sources du droit comptable et des obligations liées à l'exercice du métier	– Décrire et adapter l'organisation comptable et la hiérarchisation des étapes de réalisation des travaux comptables (comptes, journaux, procédures) en fonction des contingences – Identifier et rechercher les textes légaux et réglementaires à mettre en œuvre dans l'organisation	**P7** – Le repérage des acteurs de l'organisation et de leur rôle dans les activités – L'identification des besoins d'information des acteurs – L'identification des sources d'information

SITUATION PROFESSIONNELLE

La SA Modélisme Provence est spécialisée dans la fabrication et la distribution de modèles réduits. L'entreprise s'est considérablement développée depuis sa création. Le directeur administratif et financier a pris sa retraite le 31 mars N et son successeur, Mme Lam, a réalisé un audit de l'entreprise auquel vous avez également participé.

Le service comptable est composé de deux personnes qui travaillent désormais sous la responsabilité de Mme Lam : Antonio Ramirez et Jérémy Di Lucca. Chacun d'entre eux a en charge des opérations particulières.

M. Ramirez dont l'ancienneté et l'expérience sont plus importantes, s'occupe des opérations périodiques et/ou plus complexes, des déclarations fiscales et des relations avec les partenaires extérieurs, alors que M. Di Lucca a en charge les opérations plus courantes.

VOS MISSIONS

À l'occasion de sa prise de fonctions, Mme Lam vous demande de lui présenter la façon dont les travaux comptables sont organisés dans l'entreprise.

- MISSION 1 **Observer l'organisation comptable chez Modélisme Provence** ▶ Fiche ressource 1
- MISSION 2 **Étudier un enregistrement au journal** ▶ Fiches ressource 2 et 3
- MISSION 3 **Observer le transfert des informations, du journal aux documents de synthèse** ▶ Fiches ressource 4 à 7

VOS MISSIONS

MISSION 1 Observer l'organisation comptable chez Modélisme Provence

1. Dans l'entreprise Modélisme Provence, M. Di Lucca prend en charge les travaux comptables quotidiens, M. Ramirez les travaux mensuels. Mme Lam s'occupera désormais des travaux annuels. Complétez l'annexe 1.
▶ Annexe 1 ▶ Fiche ressource 1

2. À quel rythme le bilan et le compte de résultat sont-ils édités chez Modélisme Provence ? Justifiez.

3. Quels sont les point d'entrée et point final des travaux comptables ? Selon vous, quels partenaires de l'entreprise sont concernés dans chacun des cas ?

Besoin d'aide ?
liennathan.fr/rwz461

MISSION 2 Étudier un enregistrement au journal

Discutons-en !
Quelle différence y a-t-il entre un devis et bon de commande ?

4. Présentez le rôle de chaque document établi pour le client Aéro Club 13. Pourquoi, tant que la facture n'a pas été faite, il n'y a pas d'enregistrement au journal ?
▶ Annexe 2 ▶ Fiche ressource 2

5. Repérez dans l'écriture au journal les informations en provenance de la pièce comptable. Quel est l'intérêt de préciser le numéro de la facture ?
▶ Annexe 3 ▶ Fiche ressource 3

6. Démontrez que cette opération a été enregistrée en respectant le principe de la partie double. Comment vérifier que l'enregistrement est correct ?

La question de l'expert
Pourquoi Jérémy Di Lucca a-t-il dû isoler la TVA dans un compte de dettes ?

L'autocorrection en vidéo
liennathan.fr/w6dwae

MISSION 3 Observer le transfert des informations, du journal aux documents de synthèse

7. Surlignez, dans les comptes concernés, les informations en provenance de l'écriture saisie au journal le 14/04/N (annexe 3). Quel élément dans le journal informe que certaines valeurs devaient être enregistrées dans les comptes en colonne de gauche, d'autres en colonne de droite ?
▶ Annexes 3 et 4 ▶ Fiche ressource 4

8. Observez le plan de compte de Modélisme Provence. Démontrez qu'il est personnalisé mais respecte néanmoins le cadre légal. Donnez des exemples.
▶ Annexe 5

9. Surlignez, dans les comptes concernés (annexe 4), les informations reportées dans la balance. Pouvez-vous répondre à la question 8 en lisant la balance ? Concluez sur les rôles respectifs des comptes et de la balance.
▶ Annexes 4 et 6 ▶ Fiche ressource 5

10. Quels sont les comptes dont les soldes affecteront le bilan ? le compte de résultat ? Justifiez.
▶ Annexe 7 ▶ Fiche ressource 6

11. Pourquoi ne retrouve-t-on pas, dans les documents de synthèse, les soldes des trois comptes concernés par l'écriture au journal de Jérémy Di Lucca ?

12. Lors de sa prise de fonction, Mme Lam a étudié ces documents de synthèse au 30/04/N. Pourquoi a-t-elle confiance dans les documents qui lui sont présentés ?
▶ Fiche ressource 7

DONNÉES DE LA SITUATION

ANNEXE 1 Liste des tâches effectuées par chacune des personnes du service comptable

Tâches	Mme Lam (DAF)	M. Ramirez	M. Di Lucca
Saisie des factures d'achat			
Saisie et virement des opérations de paie			
Déclaration de TVA			
Travaux d'inventaire			
Saisie des factures de vente			
Déclarations fiscales et sociales annuelles			
Saisie des règlements			

ANNEXE 2 Bon de commande et facture du client Aéro Club 13

SA Modelisme Provence
61 rue Monte Cristo
13006 Marseille

COMMANDE n° 125
AERO CLUB 13
Rue des Lilas
13006 Marseille

Le 03/04/N

Conditions de paiement : 30 jours fin de mois
Conditions d'expédition : moins de 15 jours après date de commande

Réf.	Libellé	Q	Prix HT	Total
A460007	Etrier de frein en alu	5	118,93	594,65
A460017	Radiateur moteur en alu	3	24,68	74,04
A460011	Ressort d'amortisseur	10	17,95	179,50

Total brut		848,19
Remise	8,00%	67,86
Net commercial HT		780,33

SA Modélisme Provence
61 rue Monte Cristo
13006 Marseille

FACTURE n° 04320

DOIT
AÉRO CLUB 13
Rue des Lilas
13006 Marseille

Le 14/04/N

Réf.	Libellé	Q	Prix HT	Total
A460007	Étrier de frein en alu	5	118,93	594,65
A460017	Radiateur moteur en alu	3	24,68	74,04
A460011	Ressort d'amortisseur	10	17,95	179,50
	Total brut			848,19
	Remise		8 %	67,86
	Net commercial			780,33
	TVA			156,07
	Net à payer TTC			**936,40**

À payer à 30 jours fin de mois

ANNEXE 3 Enregistrement de la pièce comptable au journal

		14/04/N		
411999		AÉRO CLUB 13	936,40	
	707003	Vente d'accessoires		780,33
	445712	État, TVA collectée 20 %		156,07
		Facture 04320		

ANNEXE 4 Extrait du grand-livre

411999 Clients divers					
DÉBIT			CRÉDIT		
Dates	Libellés	Montants	Dates	Libellés	Montants
21/01/N	Facture 01418	546,00	28/02/N	Chq 457825	546,00
03/02/N	Facture 02056	612,00			
17/03/N	Facture 03258	5 820,00			
05/04/N	Facture 04098	4 800,00			
14/04/N	Facture 04320	936,40			
	Total débit	**12 714,40**	**Total crédit**	**546,00**	
	Solde créditeur	**0,00**	**Solde débiteur**	**12 168,40**	
	Total	**12 714,40**	**Total**	**12 714,40**	

445712 TVA collectée 20 %					
DÉBIT			CRÉDIT		
Dates	Libellés	Montants	Dates	Libellés	Montants
31/01/N	Déclaration TVA 01	91,00	21/01/N	Facture 01418	91,00
28/02/N	Déclaration TVA 02	102,00	03/02/N	Facture 02056	102,00
31/03/N	Déclaration TVA 03	970,00	17/03/N	Facture 03258	970,00
			05/04/N	Facture 04098	800,00
			14/04/N	Facture 04320	156,07
	Total débit	**1 163,00**		**Total crédit**	**2 119,07**
	Solde créditeur	**956,07**		**Solde débiteur**	**0,00**
	Total	**2 119,07**		**Total**	**2 119,07**

707003 Ventes d'accessoires					
DÉBIT			CRÉDIT		
Dates	Libellés	Montants	Dates	Libellés	Montants
			21/01/N	Facture 01418	455,00
			03/02/N	Facture 02056	510,00
			17/03/N	Facture 03258	4 850,00
			05/04/N	Facture 04098	4 000,00
			14/04/N	Facture 04320	780,33
	Total débit	**0,00**		**Total crédit**	**10 595,33**
	Solde créditeur	**10 595,33**		**Solde débiteur**	**0,00**
	Total	**10 595,33**		**Total**	**10 595,33**

ANNEXE 5 Extrait du plan de compte de l'entreprise Modélisme Provence

Compte	Intitulé
101000	Capital
106100	Réserve légale
106800	Autres réserves
145000	Amortissements dérogatoires
151000	Provisions pour risques
164100	Emprunts
164200	Emprunt CA
201100	Frais de constitution
205000	Concessions et droits similaires, brevets, licences, marques
211100	Terrains nus
213100	Bâtiments
218200	Matériel de transport
218210	Véhicule – Moteur
218220	Véhicule – Caisse
218300	Matériel de bureau et matériel informatique
261100	Titres Gourmandise
261200	Titres Douceur
273100	Titres Vivendi
273200	Titres Peugeot
311000	Matières (ou groupe) A
355100	Produits finis (ou groupe) A
371000	Marchandises (ou groupe) A
401 100	Fournisseur SA Futaba
401101	Fournisseur Ruta
401200	Fournisseur Tunning Pro
401500	EDF
401600	Orange
401999	Fournisseurs divers
404000	Fournisseurs d'immobilisations
411010	Client Plane

Compte	Intitulé
411100	Client compétition Team
411200	Client Les Fous du modélisme
411300	Client Racing Car
411400	Client Winner Compétition
411600	Client Les Ailes volantes du 13
411999	Clients divers
421000	Personnel – Rémunérations dues
431000	Sécurité sociale
445620	TVA sur immobilisations 20 % – Débits
445662	TVA déductible 20 % – Débits
445712	TVA collectée à 20 %
512100	Banque principale
601000	Achats stockés – Matières premières (et fournitures)
607100	Marchandise (ou groupe) A
615000	Entretien et réparations
623100	Annonces et insertions
624100	Transports sur achats
625100	Voyages et déplacements
626100	Frais de télécommunications
627200	Commissions et frais sur émission d'emprunts
630000	Impôts
641000	Rémunérations du personnel
645100	Cotisations à l'URSSAF
661000	Charges d'intérêts
665000	Escomptes accordés
701100	Produits finis (ou groupe) A
706000	Prestations de services
707000	Ventes de marchandises
707003	Ventes d'accessoires
708500	Ports et frais accessoires facturés

ANNEXE 6 Édition d'un extrait de la balance

Balance Modélisme Provence au 30/04/N					
Nos de compte	Libellés	Totaux		Soldes	
		Débit	Crédit	Débiteurs	Créditeurs
…	…	…	…	…	…
…	…	…	…	…	…
…	…	…	…	…	…
411999	Clients Divers	12 714,40	546,00	12 168,45	0,00
…	…	…	…	…	…
445712	TVA collectée 20 %	1 163,00	2 119,07	0,00	956,07
707003	Ventes d'accessoires	0,00	10 595,33	0,00	10 595,33
	Totaux	…	…	…	…

ANNEXE 7 Situation provisoire fin avril N

COMPTE DE RÉSULTAT MODÉLISME PROVENCE (simplifié) au 30/04//N			
Charges	**Montants N**	**Produits**	**Montants N**
Charges d'exploitation		**Produits d'exploitation**	
Achats de marchandises	145 678,00	Ventes de marchandises	167 890,00
Variation de stock		Production vendue	347 865,00
Achats de matières premières	56 789,00	Prestations de services	143 521,00
Variation de stock		**Sous-total A - Montant du chiffre d'affaires**	**659 276,00**
Autres achats et charges externes	54 567,00		
Impôts, taxes et versements assimilés	15 890,00	Production stockée	
Salaires et traitements	189 098,00	Reprise sur provisions et transferts de charges	
Charges sociales	86 987,00	Autres produits	
Dotations aux amortissements et provisions		**Sous-total B**	
Autres charges			
Total Charges d'exploitation	**549 009,00**	**Total Produits d'exploitation (A + B)**	**659 276,00**
Charges financières		**Produits financiers**	
Dotations aux amortissements et provisions		De participation	
Intérêts et charges assimilés	65 432,00	Intérêts et autres produits	
Charges nettes sur cessions de VMP		Produits nets sur cessions de VMP	
Charges exceptionnelles		**Produits exceptionnels**	
Sur opérations de gestion		Sur opérations de gestion	
Sur opérations en capital		Sur opérations en capital	
Dotations aux amortissements et provisions		Reprises sur provisions	
Impôts sur les bénéfices			
Total des charges	**614 441,00**	**Total des produits**	**659 276,00**
Solde créditeur (bénéfice)	**44 835,00**	**Solde débiteur (perte)**	**0,00**
TOTAL GÉNÉRAL	**659 276,00**	**TOTAL GÉNÉRAL**	**659 276,00**

BILAN MODÉLISME PROVENCE (simplifié) au 30/04/N					
ACTIF				PASSIF	
Actif immobilisé	Brut	Amort./dép.	Net	**Capitaux propres**	
Immobilisations incorporelles				Capital	615 000,00
Frais d'établissement	17 000,00		17 000,00	Réserve légale	2 500,00
Frais de recherche				Réserves statutaires	
Concessions, brevets				Autres réserves	
Fonds commercial				Report à nouveau	
Immobilisations corporelles				Résultat de l'exercice	44 835,00
Terrain	150 000,00		150 000,00	Provisions	25 076,00
Constructions	300 000,00	55 000,00	245 000,00		
Matériel et outillage	150 765,00	60 654,00	90 111,00	**Total Capitaux propres**	**687 411,00**
Autres	100 000,00	48 000,00	52 000,00		
Immobilisations financières					
Créances rattachées à des part.	5 432,00		5 432,00		
Autres titres immobilisés					
Autres					
Total Actif immobilisé	**723 197,00**	**163 654,00**	**559 543,00**		
Actif circulant				**Dettes**	
Stocks	210 765,00		210 765,00	Emprunts et dettes	185 678,00
Créances clients	224 112,00		224 112,00	Fournisseurs	124 654,00
Autres				Dettes fiscales et sociales	54 321,00
VMP				Autres dettes	65 788,00
Disponibilités	123 432,00		123 432,00		
Total Actif circulant	**558 309,00**		**558 309,00**	**Total Dettes**	**430 441,00**
Total général	**1 281 506,00**	**163 654,00**	**1 117 852,00**	**Total général**	**1 117 852,00**

Créances clients : Y compris 12 168,45 € de créances diverses

Dettes fiscales et sociales : Y compris 956,07 € de TVA collectée sur clients divers, prise en compte dans la TVA à décaisser

FICHE RESSOURCE 1

La hiérarchie des travaux comptables

I Pourquoi réaliser des travaux comptables ?

1. Une obligation fiscale

Fiscalement, l'entreprise a l'obligation de payer des impôts sur ses revenus, comme toute personne (juridiquement, l'entreprise est une personne morale). Ces impôts sont dus une fois par an. L'entreprise doit donc calculer précisément chaque année les gains de l'année pour les déclarer à l'administration fiscale. C'est le rôle de la comptabilité de calculer, une fois par an au moins, les revenus de l'entreprise.

2. Une obligation légale

Le Code de commerce (article L123-12) impose aux entreprises d'établir une comptabilité.
Il précise qu'il faut :

« – procéder chronologiquement à l'enregistrement comptable des opérations affectant le patrimoine de l'entreprise. Les livres obligatoires retracent ces enregistrements, à l'appui de pièces justificatives ;	*Par exemple, inscrire en comptabilité une vente de marchandises le 22 mai N pour 1 234 € au client Grégoire.*
– contrôler l'existence et la valeur des éléments actifs et passifs du patrimoine par un inventaire au moins tous les 12 mois ;	*Par exemple, vérifier la valeur des matériels détenus par l'entreprise en fin d'année.*
– établir des comptes annuels à la clôture de l'exercice (année) (le bilan, le compte de résultat et les annexes). »	*Le compte de résultat permet le calcul des bénéfices de l'année, le bilan présente la valeur du patrimoine détenu par l'entreprise.*

Par ailleurs, l'entreprise a l'obligation de rendre des comptes chaque année à ses propriétaires (associés). Les comptes annuels établis à la clôture de l'exercice sont présentés aux associés au cours d'une réunion appelée « **assemblée générale ordinaire** » **(AGO)**.

3. Une nécessité pour prendre des décisions

D'autres acteurs ont aussi besoin d'être informés de la situation de l'entreprise.

En interne : le dirigeant a besoin d'informations pour comprendre les résultats et prendre des décisions, les représentants du personnel ont un droit de communication sur les documents comptables de l'entreprise (en particulier en cas de licenciement économique).

En externe : les partenaires de l'entreprise sont intéressés de connaître sa situation financière avant d'engager des transactions avec elle. C'est le cas du banquier qui veut s'assurer de la capacité de l'entreprise à rembourser un emprunt, d'un fournisseur qui veut vérifier la solvabilité de l'entreprise, un éventuel repreneur…

II La durée des travaux comptables : l'exercice comptable

Ainsi, pour des raisons légales et pratiques, la vie de l'entreprise est obligatoirement découpée en périodes d'un an à l'issue desquelles l'entreprise doit calculer et présenter ses comptes. Cette période de 12 mois consécutifs s'appelle l'**exercice comptable**.

La loi n'impose pas les dates de début et de fin, l'exercice comptable peut donc coïncider ou non avec l'année civile. Ainsi, une entreprise de location de skis peut décider d'une durée d'exercice comptable du 1er octobre au 30 septembre de l'année suivante, afin de suivre la « saison ».

III La hiérarchie des travaux comptables

Les travaux comptables sont organisés selon une échelle temporelle précise : certains travaux sont **quotidiens** (l'enregistrement des ventes en comptabilité…), d'autres **mensuels** (l'enregistrement des salaires…), d'autres **annuels** (la réalisation de l'inventaire…).

Par ailleurs, ces différents travaux présentent des degrés de complexité variables, requérant donc des compétences et des qualifications plus ou moins élevées.

Une hiérarchie s'impose alors dans la réalisation de ces travaux comptables.

① Centralisation des **pièces justificatives** (factures, fiches de paie, relevés de comptes bancaires) Enregistrement au jour le jour (au **journal**)

← Le journal représente la première production comptable. Toutes les pièces justificatives sont « enregistrées » au journal, c'est-à-dire traduites dans le langage de la comptabilité.

La centralisation des pièces justificatives et la saisie quotidienne au journal sont généralement confiées à l'assistant comptable.

↓

② Report dans les **comptes** de l'entreprise (dans le grand-livre)

← Le grand-livre est le récapitulatif de tous les comptes utilisés dans le journal, présentés de façon détaillée.

Le report des données du journal dans les comptes de l'entreprise et l'établissement de la balance sont automatiques quand l'entreprise est dotée d'un logiciel comptable (ou d'un PGI). Sinon, c'est le comptable qui assure ces tâches.

↓

③ Établissement de la **balance**

← La balance reprend les totaux de chaque compte et recalcule les soldes. Elle est éditée généralement une fois par mois pour, notamment, disposer des informations nécessaires à la déclaration de TVA.

↓

④ Élaboration des **documents de synthèse** : compte de résultat et bilan

← Les documents de synthèse sont construits à partir des soldes de la balance. Le compte de résultat présente l'activité de l'entreprise pendant les 12 mois de l'exercice comptable. Le bilan présente le patrimoine de l'entreprise à la fin de cet exercice comptable.

Les documents de synthèse sont élaborés au moins une fois par an, à l'issue de l'inventaire comptable réalisé par le chef comptable (ou l'expert-comptable en cas d'externalisation de la comptabilité).

Remarque : grâce à l'utilisation d'un logiciel métier (PGI), le gestionnaire n'est pas obligé d'attendre la fin de l'exercice comptable et les travaux d'inventaire pour voir le bilan et le compte de résultat de l'entreprise. Les transferts depuis la saisie dans le journal étant automatiques, des situations appelées « **situations intermédiaires** » peuvent être éditées et analysées à tout moment, en fonction des besoins des dirigeants.

? L'essentiel en une question

Pourquoi dit-on que les travaux comptables sont organisés de façon hiérarchique ?

Consultez le corrigé
liennathan.fr/pjv2sm

FICHE RESSOURCE 2

L'enregistrement comptable au journal

I Les pièces justificatives

1. La notion de pièce justificative

Dans le cadre de son activité, l'entreprise réalise des opérations avec de multiples partenaires (fournisseurs, clients, État, salariés…) qui donnent lieu à l'élaboration de nombreux documents dont certains sont considérés comme des « pièces justificatives », d'autres non.

Documents commerciaux divers	Pièces justificatives
Cahier des charges, devis, bon de livraison, bon de réception…	Facture, ticket de caisse, relevé de compte bancaire, fiche de paie, ticket de carte bleue, note de frais…

On parle de pièce « justificative » lorsque le document est reconnu comme **pouvant « justifier » un événement** dans la vie des affaires de l'entreprise et **servir de preuve** en cas de litige.

> Exemple
> La facture prouve que des marchandises ont été vendues, le devis non.

Les pièces justificatives peuvent donc être demandées par l'administration fiscale en cas de contrôle. C'est pourquoi elles doivent obligatoirement **être classées et conservées** par les entreprises.

2. Les pièces justificatives et les enregistrements comptables

La pièce justificative est le point de départ des travaux en comptabilité puisqu'elle (et elle seule) autorise les **enregistrements comptables.** On retrouve donc en comptabilité des éléments qui proviennent de cette pièce : date de l'opération, montant de l'opération, nom du client, montant de la TVA…

Ainsi, chaque enregistrement en comptabilité est lié à une pièce justificative que l'on doit pouvoir retrouver. C'est pourquoi, à chaque enregistrement sont précisées les références de la pièce justificative associée : le numéro de la facture, le numéro du chèque…

II L'enregistrement comptable en « partie double »

1. Principe et limites de la tenue des comptes en partie simple

La tenue des comptes en partie simple consiste à regrouper toutes les opérations dans un tableau unique (appelé « compte ») **dont le seul objectif est de calculer (compter) le solde bancaire. On parle de partie simple.**

> Exemple
> Ci-contre, le montant restant sur le compte bancaire à la fin du mois d'août apparaît clairement. En revanche, on ne voit pas le total des frais d'essence du mois, des frais de péage ou de sortie…

Ce mode de comptabilité ne convient donc qu'aux particuliers, petites associations et très petites entreprises (TPE), dont les opérations sont très simples et peu nombreuses.

Budget personnel d'Antoine : la partie simple

	Date		Montant
Recettes	1-août	Rémunération	850 €
		Total	850 €
Dépenses	1-août	CB essence	50 €
	2-août	CB péage	2 €
	4-août	CB courses	34 €
	7-août	CB jean	70 €
	10-août	CB péage	2 €
	10-août	CB DVD FNAC	10 €
	13-août	Retrait d'espèces	30 €
	14-août	CB essence	48 €
	14-août	Retrait d'espèces	20 €
	16-août	CB cinéma	12 €
	16-août	CB péage	2 €
	20-août	CB courses	25 €
	21-août	Retrait d'espèces	20 €
	21-août	CB essence	54 €
	23-août	CB livres FNAC	12 €
	24-août	Retrait d'espèces	20 €
	26-août	CB courses	27 €
	26-août	CB péage	2 €
	29-août	Prél. abonnement tél. port.	30 €
	30-août	Prél. abonnement Internet	30 €
		Total	500 €
		Reste sur le compte	350 €

2. Le principe de la partie double

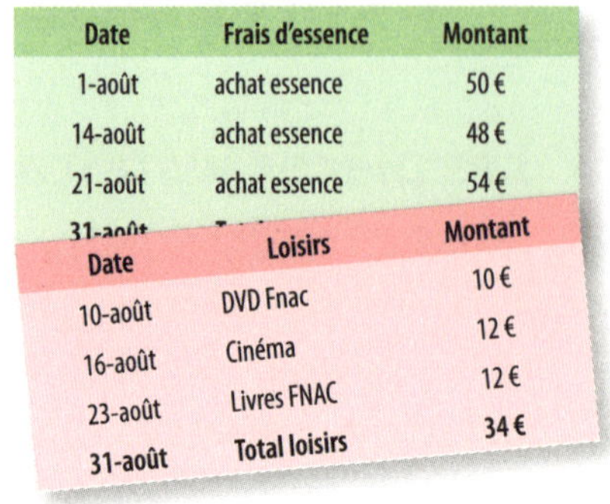

Date	Frais d'essence	Montant
1-août	achat essence	50 €
14-août	achat essence	48 €
21-août	achat essence	54 €
31-août	Tot[illegible]	

Date	Loisirs	Montant
10-août	DVD Fnac	10 €
16-août	Cinéma	12 €
23-août	Livres FNAC	12 €
31-août	Total loisirs	34 €

Dans la plupart des entreprises, les opérations sont enregistrées « en double », c'est-à-dire en deux temps, dans deux tableaux (comptes) différents.

> **Exemple (suite)**
> L'opération du 01/08 de 50 € sera enregistrée à la fois dans le compte « Banque » et dans le compte « Achat d'essence ».
> L'opération du 16/08 de 12 € sera enregistrée dans le même compte « Banque » et dans le compte « Loisirs ».
> Grâce à ces doubles enregistrements, on connaîtra à la fois le montant des sommes à disposition en banque et ce que ces dépenses ont permis : le total des achats d'essence, de péage, de loisirs…

En pratique, une entreprise utilise de très nombreux comptes. Elle peut décomposer à l'infini, selon ses besoins.

III La saisie des écritures au journal

La transcription des opérations en partie double est lourde et fastidieuse car elle nécessite de manipuler de nombreux tableaux. C'est pourquoi l'enregistrement comptable n'est jamais réalisé dans ces tableaux mais dans un document appelé « **journal** ».

Le journal permet d'enregistrer, chaque jour, facilement et rapidement, tous les événements en comptabilité sans manipuler les comptes. Les informations, classées par dates, sont codifiées pour pouvoir ensuite être reportées automatiquement dans les comptes concernés.

1 événement = 1 pièce comptable justificative = 1 écriture au journal

Une écriture est composée de plusieurs lignes qui correspondent chacune à un compte.

> **Exemple**
> Enregistrement comptable d'un achat de marchandises payé comptant par carte bleue[1].

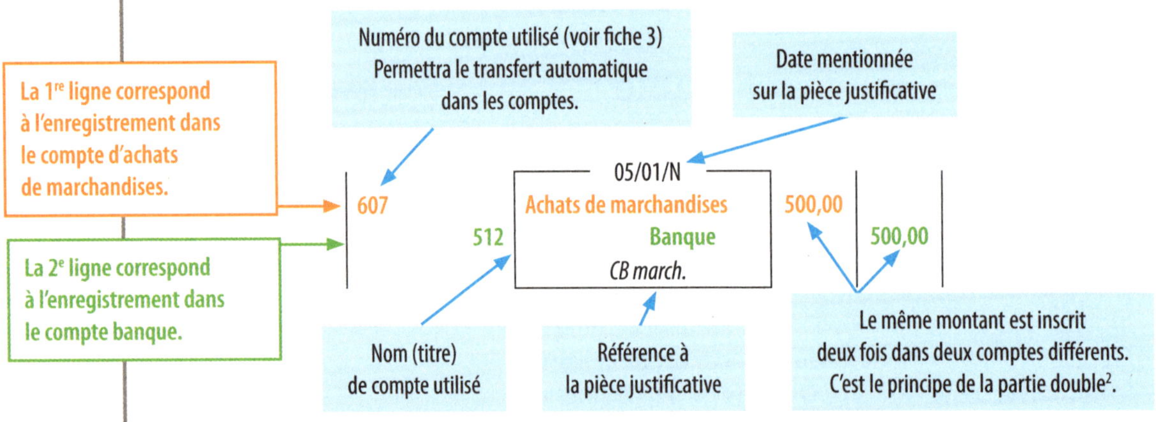

1. Ici, cette écriture est simplifiée et ne tient pas compte de la TVA.
2. Un montant est inscrit colonne de droite, l'autre colonne de gauche. Cela n'est pas fait par hasard et a une conséquence en comptabilité. Ce principe sera traité au chapitre 3.

Lorsque l'entreprise est munie d'un **PGI**, la saisie de certaines écritures comptables est automatisée. Par exemple, l'élaboration d'une facture de vente par le service commercial déclenche automatiquement l'enregistrement comptable dans le journal de vente.

? L'essentiel en une question

Pourquoi une erreur de saisie dans le journal fausse-t-elle automatiquement les documents de synthèse ?

Consultez le corrigé
liennathan.fr/wrzaju

FICHE RESSOURCE 3

Anticiper les obligations liées à la TVA dès l'écriture au journal

I Présentation générale du mécanisme de la TVA

1. Un impôt payé par le consommateur final

La taxe sur la valeur ajoutée (TVA) est un impôt indirect sur la consommation payé par le consommateur « final », c'est-à-dire le particulier qui achète pour ses besoins personnels.

Chaque jour, à chaque achat, ce client paie, en plus du prix du produit, une taxe calculée sur le prix de vente. Il paie ainsi un prix affiché TTC qui tient compte de cette taxe.

TTC (toutes taxes comprises) = HT (hors taxes) + TVA (taxe sur la valeur ajoutée)

L'entreprise n'est pas redevable de cette TVA car elle achète pour les besoins de son activité, elle n'est pas considérée comme un consommateur final.

2. Un impôt transmis à l'État par l'entreprise

Par simplification, les clients ne paient pas directement la TVA à l'État. Ils paient au vendeur le prix TTC, à charge pour celui-ci de reverser ensuite cette TVA à l'État. Ainsi, l'entreprise joue le **rôle de collecteur d'impôt** auprès des consommateurs (ses clients) au bénéfice de l'administration fiscale.	Par simplification toujours, l'entreprise paie de la TVA sur ses propres achats. Ainsi, le vendeur n'a pas à facturer HT pour les professionnels et TTC pour les particuliers. Il facture TTC à tout le monde. En revanche, l'entreprise acheteuse pourra se faire rembourser cette TVA payée à tort. Elle la déduira du montant collecté auprès de ses clients.
C'est pourquoi, dans la comptabilité du vendeur, cette TVA est isolée dans un compte de dettes appelé « TVA collectée ».	C'est pourquoi, en comptabilité, cette TVA sur achat est isolée dans un compte de créances appelé « TVA déductible ».
Chaque mois, l'entreprise calcule le total de la TVA collectée auprès des clients, de la TVA déductible payée à tort et reverse (décaisse) à l'État la différence entre les deux.	

3. Un impôt sur la valeur ajoutée

La valeur ajoutée correspond à la richesse créée par l'entreprise lorsqu'elle achemine ou transforme un produit.

> **Exemple**
> Une entreprise achète des planches 100 € et revend une commode 500 €. En transformant les planches en commode, elle a créé 400 € de valeur (500 – 100).

La TVA est un impôt calculé sur la valeur ajoutée.

Mais le prix proposé au consommateur final correspond mathématiquement à la somme des valeurs ajoutées par toutes les entreprises qui ont participé à la fabrication du produit. Calculer la TVA sur le prix de vente final revient à la calculer sur toutes les VA créées par les entreprises successives et à la faire payer en une fois, uniquement par le consommateur final.

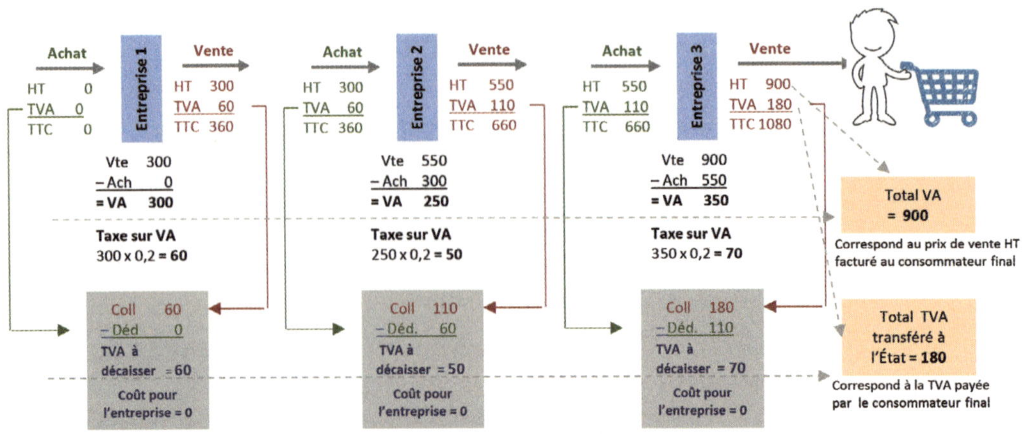

Remarque : les entreprises se remboursent la TVA payée sur leurs achats. Le seul qui n'est pas remboursé est le consommateur final. Dans l'exemple, il a payé 180 € de TVA, ce qui correspond au total de la TVA reversée à l'État par les trois entreprises.

Dessine-moi l'éco
liennathan.fr/1u8eha

II La prise en compte de la TVA lors des enregistrements au journal

Nous avons vu qu'à chaque événement, l'enregistrement en comptabilité se faisait selon le principe de la partie double, c'est-à-dire dans plusieurs comptes à la fois.
Même si on paie les factures TTC, la TVA doit être enregistrée dans des comptes spécifiques afin de pouvoir facilement retrouver ce que l'entreprise doit à l'État et ce que l'État doit lui rendre.

> **Exemple**
> Enregistrement comptable de l'achat de marchandises payé comptant par carte bleue (suite FR2).

		05/01/N		
607		Achats de marchandises	416,67	
44566		TVA déductible	83,33	
	512	Banque		500,00
		CB march.		

Montant HT des marchandises acquises par l'entreprise
TVA à se faire rembourser
Montant TTC à payer au fournisseur
3 lignes dans cette écriture car 3 comptes utilisés
Total colonne de gauche 500,00
Total colonne de droite 500,00

L'essentiel en une question
Pourquoi le montant payé par un client ne revient-il pas intégralement à l'entreprise ?

Consultez le corrigé
liennathan.fr/04k9ww

FICHE RESSOURCE 4

Les comptes du grand-livre

I Le transfert des informations du journal vers les comptes

1. Les comptes

Un compte est la plus petite unité utilisée pour le classement et l'enregistrement des événements comptables. Chaque compte a un numéro et un nom (ou intitulé) et est présenté sous la forme d'un tableau qui regroupe des informations de même « nature » : les achats de marchandises, les dettes fournisseurs, les loyers, les ventes de produits, les intérêts bancaires…

Il constitue à la fois une source d'information pour le gestionnaire et un moyen de preuve.

On appelle « **grand-livre** » l'ensemble de tous les comptes. Cette expression date de l'époque où la comptabilité était tenue à la main. On appelait « grand-livre » le registre dans lequel étaient tenus les comptes car il avait une taille et un poids assez importants.

2. La présentation d'un compte

Il existe plusieurs présentations possibles des comptes.
Prenons l'exemple d'un compte banque en colonnes séparées :

512 BANQUE					
Entrées (Débit)			Sorties (Crédit)		
Dates	Libellés	Montants	Dates	Libellés	Montants
01/01	**À-nouveaux**	**2 345,00**	**05/01**	CB march.	500,00
02/01	Chq 453 – Martin	3 421,00	14/01	Chq 543 – Grant	2 765,00
12/01	Virt Dufour	654,00	19/01	Chq 544 – Marci	5 987,00
25/01	Remise chèques	8 654,00	31/01	Paie Robert	1 357,00
	Total débit	**15 074,00**		**Total crédit**	**10 609,00**
	Solde créditeur			**Solde débiteur**	**4 465,00**
	Total général	**15 074,00**		**Total général**	**15 074,00**

À gauche, les sommes qui entrent en banque

À droite, les sommes qui sortent de la banque

Au 31 janvier, il reste 4 465 € sur le compte bancaire.

3. Du journal vers les comptes

Les **informations** inscrites dans les comptes **proviennent du journal**. Le numéro de compte, le libellé de l'opération et les montants sont transférés dans les comptes concernés.

> Exemple
> Enregistrement comptable de l'achat de marchandises payé comptant par carte bleue (suite FR3).
> Trois comptes ont été impactés par l'écriture au journal : 607, 44566, 512.
> Regardons, par exemple, l'impact dans le compte 512 Banque.

Date qui sera reportée

Sens de l'opération : la dépense de 500 € est inscrite en colonne de droite (crédit).

		05/01/N		
607		Achats de marchandises	416,67	
44566		TVA déductible	83,33	
	512	Banque		500,00
		CB march.		

Compte concerné

Libellé qui sera reporté

Montant qui sera reporté

Sens de l'opération

512 BANQUE					
Entrées (Débit)			Sorties (Crédit)		
Dates	Libellés	Montants	Dates	Libellés	Montants
01/01	À-nouveaux	2 345,00	05/01	CB march.	500,00
02/01	Chq 453 – Martin	3 421,00	14/01	Ch 543 – Grant	2 765,00
12/01	Virt Dufour	654,00	19/01	Ch 544 – Marci	5 987,00
25/01	Remise chèques	8 654,00	31/01	Paie Robert	1 357,00
	Total débit	15 074,00		Total crédit	10 609,00
	Solde créditeur			Solde débiteur	4 465,00
	Total général	15 074,00		Total général	15 074,00

Les montants inscrits dans la colonne de droite dans le journal s'inscrivent dans la colonne de droite dans les comptes (et inversement).

II La création des comptes

Le **plan comptable général** (PCG) regroupe l'ensemble des règles et normes que l'entreprise doit respecter pour tenir sa comptabilité. Les règles du PCG prévoient, entre autres, les comptes que l'entreprise peut utiliser.

2 Comptes d'immobilisations
↳ 20 Immobilisations incorporelles
21 Immobilisations corporelles
↳ 211 Terrains
213 Constructions

Les numéros et intitulés des comptes sont donc imposés par la législation comptable, ce qui présente l'intérêt de pouvoir comparer les données comptables des différentes entreprises.

Le PCG prévoit de regrouper les comptes en sept « **classes** » numérotées de 1 à 7. Chaque classe est décomposée en comptes et sous-comptes de manière arborescente.

Les comptes utilisés en entreprise sont composés d'au moins trois chiffres, souvent davantage. Ils commencent toujours par le numéro de la classe à laquelle ils appartiennent.

Tous les comptes qui commencent par…		… correspondent :
Comptes de bilan	1	à des ressources de financement acquises à long terme.
	2	à des biens dont l'entreprise est propriétaire et qui seront utilisés plusieurs années.
	3	aux stocks : matières et produits qui seront très vite consommés ou vendus.
	4	à des créances (on nous doit de l'argent) ou des dettes (on doit de l'argent) qui seront remboursés rapidement, à court terme.
	5	aux disponibilités de l'entreprise (argent détenu en banque, caisse…).
Comptes de gestion	6	aux charges, c'est-à-dire aux événements qui coûtent à l'entreprise dans le cadre de son activité (ex. : des achats).
	7	aux produits, c'est-à-dire aux événements qui enrichissent l'entreprise dans le cadre de son activité (ex. : des ventes).

« Le résumé du plan de comptes [qui] présente pour chaque classe la liste des comptes à deux chiffres constitue le cadre comptable » (article 431.1 PCG). L'entreprise doit respecter le cadre comptable avant de personnaliser, éventuellement, le détail de ses comptes.

Extrait du cadre comptable

COMPTES DE BILAN	CLASSE 1 Comptes de capitaux	10. Capital et réserves – 12. Résultat de l'exercice – 16. Emprunts
	CLASSE 2 Comptes d'immobilisations	20. Immobilisations incorporelles – 21. Immobilisations corporelles – 26. Immobilisations financières – 27. Autres immobilisations financières
	CLASSE 3 Comptes de stocks	31. Matières premières – 35. Stocks de produits – 37. Stocks de marchandises
	CLASSE 4 Comptes de tiers	40. Fournisseurs – 41. Clients – 42. Personnel – 43. Sécurité sociale – 44. État – 46. Débiteurs et créditeurs divers
	CLASSE 5 Comptes financiers	50. VMP – 51. Banques – 53. Caisses
COMPTES DE GESTION	CLASSE 6 Comptes de charges	60. Achats – 61. Services extérieurs – 62. Autres services extérieurs – 63. Impôts, taxes – 64. Charges de personnel – 66. Charges financières – 67. Charges exceptionnelles
	CLASSE 7 Comptes de produits	70. Ventes – 76. Produits financiers – 77. Produits exceptionnels

Plus de détails sur le site www.plancomptable.com (liennathan.fr/7j0296)

L'essentiel en une question

Pourquoi le numéro de compte est-il plus important que son libellé ?

Consultez le corrigé
liennathan.fr/q00s1c

FICHE RESSOURCE 5

Le transfert des soldes des comptes dans la balance

I Présentation d'une balance

La balance est un document qui reprend tous les comptes utilisés par l'entreprise. Elle se présente sous la forme d'un tableau qui laisse apparaître le total des montants rajoutés ou déduits de chaque compte *(les notions de débit ou crédit seront précisées au chapitre 3)* et les soldes des comptes, c'est-à-dire les valeurs restant en compte à la date d'édition de la balance.

Exemple : balance (simplifiée) de l'entreprise Douceurs au 31/12/N.

Une ligne par compte utilisé. Classés dans l'ordre des classes 1 à 7

Exemple : le compte client Arthur

Total des créances de l'année : 16 690,06 €

Total des remboursements de l'année : 12 372,50 €

En fin d'année, le client Arthur nous doit encore 4 317,56 € (solde du compte).

N° comptes	Libellés	Totaux		Soldes	
		Débit	Crédit	Débiteurs	Créditeurs
101	CAPITAL	0,00	100 000,00		100 000,00
106	RESERVES	0,00	15 000,00		15 000,00
164	EMPRUNTS AUPRES ETS. DE CREDIT	900,00	28 000,00		27 100,00
215	I. T. MAT. ET OUT. INDUSTRIELS	80 000,00	0,00	80 000,00	
2182	MATERIEL DE TRANSPORT	69 730,00	0,00	69 730,00	
2183	MATERIEL DE BUREAU ET INFORMAT.	3 700,00	0,00	3 700,00	
2184	MOBILIER	2 150,00	0,00	2 150,00	
2815	AMT DES I. T. MAT. ET OUT. INDUSTRIELS	0,00	42 100,00		42 100,00
28182	AMT DU MAT. DE TRANSPORT	0,00	8 450,00		8 450,00
28183	AMT DU MAT. DE BUREAU ET INFORMAT.	0,00	1 800,00		1 800,00
28184	AMT DU MOBILIER	0,00	1 850,00		1 850,00
311	STOCK DE SUCRE	5 632,31	0,00	5 632,31	
326	STOCK D'EMBALLAGES	5 198,35	0,00	5 198,35	
401001	Fournisseur soleil	0,00	1 738,79		1 738,79
401002	Fournisseur FRUITS normands	436,54	436,54		0,00
401005	Fournisseur les iles	0,00	1 267,76		1 267,76
401006	Fournisseur les glaciers	782,18	782,18		0,00
401999	Fournisseur DIVERS	294,22	712,82		418,60
404	Fournisseur d'immobilisations	0,00	54 095,08		54 095,08
411001	Client Arthur	16 690,06	12 372,50	4 317,56	
411002	Client carrond	8 970,00	8 970,00	0,00	
411003	Client douceurs	8 428,12	8 428,12	0,00	
411004	Client pernois	6 123,52	6 123,52	0,00	
411005	Client sucreries	9 041,76	0,00	9 041,76	
411006	Client snacks	4 664,40	4 664,40	0,00	
411999	Clients DIVERS	452,09	452,09	0,00	
431000	SECURITE SOCIALE	0,00	5 361,50		5 361,50
43700	AUTRES ORGANISMES SOCIAUX	0,00	3 116,75		3 116,75
44551	TVA à décaisser	7 401,38	7 401,38		0,00
44566	TVA dedéductible sur abs	169,68	0,00	169,68	
44562	TVA deductible sur immobilisations	8 865,08	0,00	8 865,08	
4457	TVA collectée	0,00	781,65		781,65
503	VMP	28 302,76	0,00	28 302,76	
512	BANQUE	58 193,69	10 393,22	47 800,47	
531	CAISSE	115,00	50,00	65,00	
601	Achat fruits	875,00	0,00	875,00	
6064	[illegible]	246,00	0,00	246,00	
[illegible]	[illegible]	374,16	0,00	374,16	
[illegible]	[illegible]	50,00	0,00	50,00	
[illegible]	[illegible]	550,00	0,00	550,00	
[illegible]	[illegible]	0,00	3 988,00		3 988,00
	Totaux	328 336,30	328 336,30	267 068,13	267 068,13

411001 Client Arthur

DÉBIT			CRÉDIT		
Date	Libellés	Montants	Date	Libellés	Montants
1/12	À nouveaux	16 233,41	1/12	Règlements arthur	11 915,85
2/12	Vente facture 546	456,65	3/12	Chque Arthur n° 76!	456,65
	Total débit	16 690,06		Total crédit	12 372,50
	Solde créditeur	0,00		Solde débiteur	4 317,56
	Total	16 690,06		Total	16 690,06

II Le rôle de la balance

Les comptes du grand-livre présentent l'ensemble des événements réalisés dans l'année. Tous les achats, ventes, règlements, emprunts, versements de salaires... peuvent être retrouvés dans le grand-livre avec, pour chaque événement, sa date, son montant, la pièce comptable correspondante...

Tous les comptes présentent un **solde : il s'agit du montant restant en compte à un moment donné** (par exemple, au 31/12).

Par rapport au grand-livre, la balance présente deux intérêts :

- **elle synthétise les totaux et les soldes de chaque compte** sur une ou deux pages seulement, ce qui est très pratique au gestionnaire ;
- en mettant en évidence les soldes de chaque compte, **elle prépare les documents de synthèse**, bilan et compte de résultat.

III Les règles de contrôle

N° comptes	Libellés	Totaux		Soldes	
		Débit	Crédit	Débiteurs	Créditeurs
661	Intérêts sur emprunts	550,00	0,00	550,00	
701	Vente produits	0,00	3 988,00		3 988,00
	Totaux	**328 336,30**	**328 336,30**	**267 068,13**	**267 068,13**

Cette égalité permet de vérifier le respect du principe de la partie double : chaque événement a été enregistré au journal dans deux comptes.

Cette égalité assure que les documents de synthèse seront équilibrés.

Elle représente un moyen de contrôle des enregistrements. Elle permet de vérifier que, pour chaque opération, la règle de la partie double a été respectée.

Toutefois, une balance équilibrée ne signifie pas que toutes les écritures sont correctes ; elle ne permet pas de déceler une mauvaise imputation de compte (exemple : un compte d'achat de marchandises au lieu d'un compte d'achat de matières premières).

IV Le rôle du PGI dans la construction de la balance

Le PGI prend tout son intérêt pour ce transfert puisqu'il est automatique. Les totaux et les soldes de tous les comptes du grand-livre sont reportés automatiquement dans la balance.

? L'essentiel en une question

Quel est l'aspect pratique de la balance ?

Consultez le corrigé
liennathan.fr/bm133b

FICHE RESSOURCE 6

CHAPITRE 2

De la balance aux documents de synthèse

I Le passage des soldes de la balance aux documents de synthèse

La balance est le premier document qui propose une synthèse globale de la comptabilité pendant l'exercice, elle est à l'origine de l'élaboration des deux documents de synthèse : le bilan et le compte de résultat. Les documents de synthèse sont construits à partir des soldes des comptes recensés dans les deux dernières colonnes de la balance. Sachant qu'il s'agit de documents de « synthèse », le détail de chaque compte n'apparaît pas. Dans le bilan et le compte de résultat, les comptes sont souvent regroupés en « rubriques ».

> **Exemple :** les créances clients

N° comptes	Libellés	Totaux		Soldes	
		Débit	Crédit	Débiteurs	Créditeurs
411001	Client Arthur	16 690,06	12 372,50	4 317,56	
411002	Client Carrond	8 970,00	8 970,00	0,00	
411003	Client Douceurs	8 428,12	8 428,12	0,00	
411004	Client Pernois	6 123,52	6 123,52	0,00	
411005	Client Sucreries	9 041,76		9 041,76	
411006	Client Snacks	4 664,40	4 664,40	0,00	
411999	Clients DIVERS	452,09	452,09	0,00	

Au bilan apparaîtra une rubrique « créances clients » = 13 359,32 €

II Le bilan

1. Les éléments du bilan

Le bilan est un document de synthèse qui fait apparaître le patrimoine de l'entreprise, composé :
– des biens et droits possédés qui constituent des éléments d'actif ;
– des dettes de l'entreprise qui font partie du passif.

La différence entre la valeur des biens et le montant des dettes à rembourser correspond à la valeur nette du patrimoine de l'entreprise.

2. La présentation du bilan

Le bilan est construit à partir des comptes de bilan : classes 1 à 5.

BILAN *(simplifié)* **au 31/12/N**

ACTIF				PASSIF	
Actif immobilisé	Brut	Amort/dép.	Net	**Capitaux propres**	
Immobilisations incorporelles				Capital	100 000,00
Frais établissement				Réserve légale	15 000,00
Frais de recherche				Réserves statutaires	
Concessions, brevets				Autres réserves	
Fonds commercial				Report à nouveau	
Immobilisations corporelles				Résultat de l'exercice	1 892,84
Terrain				Provisions	
Constructions					
Matériel et outillage	80 000,00	42 100,00	37 900,00	**Total capitaux propres**	**116 892,84**
Autres	75 580,00	12 100,00	63 480,00		
Immobilisations financières					
Créances rattachées à des part.					
Autres titres immobilisés					
Autres					
Total actif immobilisé	**155 580,00**	54 200,00	**101 380,00**		
Actif circulant				**Dettes**	
Stocks	10 830,66		10 830,66	Emprunts et dettes	27 100,00
Créances clients	13 359,32		13 359,32	Fournisseurs	57 520,23
Autres	9 034,76		9 034,76	Dettes fiscales et sociales	9 259,90
VMP	28 302,76		28 302,76	Autres dettes	
Disponibilités	47 865,47		47 865,47		
Total actif circulant	**109 392,97**		**109 392,97**	**Total des dettes**	**93 880,13**
Total général	**264 972,97**	54 200,00	**210 772,97**	**Total général**	**210 772,97**

Valeur d'origine

Perte de valeur, usure…

Valeur restante

Total des créances clients = 13 359,32 € = total des soldes des comptes 411 issus de la balance

Le bénéfice de 1 892,84 € a été calculé dans le compte de résultat et reporté au bilan.

Le total des capitaux propres correspond à la valeur nette du patrimoine de l'entreprise (biens – dettes).

Les dettes apparaissent au passif.

III Le compte de résultat

1. Les éléments du compte de résultat

Le compte de résultat a pour vocation de faire apparaître le résultat de l'activité (d'où son nom) en fin d'exercice comptable en comparant les charges et les produits de l'année. L'article L123-13 du Code de commerce précise : « Le compte de résultat récapitule les produits et les charges de l'exercice, sans qu'il soit tenu compte de leur date d'encaissement ou de paiement [...]. »

Si le total des produits est supérieur au total des charges, l'entreprise a réalisé un bénéfice. Dans le cas contraire, il s'agit d'une perte. La génération d'un bénéfice atteste de la rentabilité de l'entreprise.

Le compte de résultat est donc construit à partir des soldes des comptes de gestion (classes 6 et 7) issus de la balance.

2. Présentation du compte de résultat

Ensemble des comptes de charges
Appauvrissement de l'entreprise

Ensemble des comptes de produits
Enrichissement de l'entreprise

L'exploitation correspond à l'activité normale de l'entreprise.

Charges et produits en lien avec le financement de l'entreprise

Charges et produits exceptionnels, sans lien avec l'activité de l'entreprise et non susceptibles de se renouveler

COMPTE DE RÉSULTAT (simplifié) au 31/12/N

Charges	Montants N	Produits	Montants N
Charges d'exploitation		**Produits d'exploitation**	
Achats de marchandises		Ventes de marchandises	
Variation de stock		Production vendue	3 988,00
Achats de matières premières	875,00	**Sous-total A - Montant du chiffre d'affaires**	3 988,00
Variation de stock		Production stockée	
Autres achats et charges externes	670,16	Reprise sur provisions et transferts de charges	
Impôts, taxes et versements assimilés			
Salaires et traitements		Autres produits	
Charges sociales		**Sous-total B**	
Dotations aux amortissements et prov.		**Total Produits d'exploitation (A + B)**	**3 988,00**
Autres charges			
Total Charges d'exploitation	**1545,16**		
Charges financières		**Produits financiers**	
Dotations aux amortissements et prov.		De participation	
Intérêts et charges assimilés	550,00	Intérêts et autres produits	
Charges nettes sur cessions de VMP		Produits nets sur cession de VMP	
Charges exceptionnelles		**Produits exceptionnels**	
Sur opérations de gestion		Sur opérations de gestion	
Sur opérations en capital		Sur opérations en capital	
Dotations aux amortissements et prov.		Reprises sur provisions	
Impôts sur les bénéfices			
Total des charges	**2 095,16**	**Total des produits**	**3 988,00**
Solde créditeur (bénéfice)	**1 892,84**	**Solde débiteur (perte)**	**0,00**
TOTAL GÉNÉRAL	**3 988,00**	**TOTAL GÉNÉRAL**	**3 988,00**

Produits > Charges
L'entreprise réalise un bénéfice de 1 892,84 €.

Le résultat comptable peut être un bénéfice ou une perte.
Il est reporté au bilan, dans les capitaux propres.

IV Le rôle du PGI

Le PGI achève la chaîne documentaire comptable en assurant le transfert des éléments contenus dans la balance vers les documents de synthèse.

? L'essentiel en une question

Quel est l'intérêt des documents de synthèse par rapport à la balance des comptes ?

Consultez le corrigé
liennathan.fr/9korjk

FICHE RESSOURCE 7

Les sources du droit comptable et la déontologie de la profession

I La notion de norme comptable

Les règles qui définissent la gestion des travaux comptables en entreprise s'appellent des **normes**. Ce terme est important car il englobe non seulement les textes de loi, les règlements, mais aussi des règles sans portée juridique, des coutumes, des critères, des principes auxquels les comptables doivent obligatoirement se référer. Ces normes vont donc au-delà de la simple réglementation ; elles définissent et organisent un état d'esprit, une pratique du métier, une déontologie.

Grâce au respect des normes comptables, les données financières des entreprises sont parfaitement **comparables** entre elles.

Les normes comptables évoluent régulièrement pour s'adapter aux évolutions du marché et des entreprises, mais aussi pour harmoniser encore et toujours les règles appliquées par les entreprises, quel que soit le territoire sur lequel elles résident. C'est ce que l'on appelle le **processus de normalisation**.

Aller plus loin

L'Autorité des normes comptables

En France, c'est l'**Autorité des normes comptables** (ANC) qui établit et fait évoluer l'ensemble des normes comptables.

www.anc.gouv.fr

II Les sources de la réglementation comptable

• **En France**, de nombreuses institutions participent à la création et à l'évolution des textes de loi comptables : le Parlement vote les lois, le gouvernement est à l'origine des décrets ou ordonnances, la Direction générale des finances publiques (DGFIP) est à l'origine des textes du Code général des impôts, le Code de commerce impose à toutes les entreprises l'obligation de tenir une comptabilité, etc.

Un organisme spécifique, l'ANC, publie avis, recommandations, règlements dans le **plan comptable général (PCG)**. C'est dans le PCG que l'on trouve toutes les informations pratiques pour la tenue des comptes (par exemple, la nomenclature des comptes). Le PCG est donc à la fois une liste de comptes avec leur classification et un ensemble de textes explicatifs.

On peut noter aussi que l'Ordre des experts-comptables (OEC) propose des textes en lien avec la déontologie, que l'Autorité des marchés financiers (AMF) publie des recommandations…

Aller plus loin

Le plan comptable

www.plancomptable.com

• **En Europe**, la Commission européenne est à l'origine des directives et règlements européens.

• **Au niveau international**, un comité des normes comptables internationales (**IASB**) crée et publie les normes IFRS (*International Financial Reporting Standards*) qui sont une référence pour toutes les transactions internationales. Les sociétés cotées en Bourse ont l'obligation de respecter ces normes IFRS.

III L'activité de veille

Toute personne travaillant dans le secteur de la comptabilité doit mettre en place une activité minimale de veille afin d'avoir connaissance de l'évolution régulière de la réglementation.

Parmi les sources les plus réputées, nous pouvons citer :

Légifrance	Ce site permet de retrouver les journaux officiels.	www.legifrance.gouv.fr
Revue française de comptabilité	Cette revue de référence de la profession comptable est éditée par l'Ordre des experts-comptables. (Il existe une base gratuite, une autre payante.)	revuefrancaisedecomptabilite.fr
Revue fiduciaire	Ce site dispose des volets social, fiscal, comptable, etc.	revuefiduciaire.grouperf.com

IV La finalité des normes comptables

1. L'objectif à viser : des comptes réguliers, sincères, fidèles

L'article L123-14 du Code de commerce précise que les comptes doivent être réguliers, sincères et donner une image fidèle de la situation financière et du résultat de l'entreprise.

– **Réguliers :** les comptes d'une entreprise sont établis par référence à des principes et règles comptables. Lorsque des options existent sur les modalités d'application de ces principes, ces options doivent être appliquées de manière constante d'un exercice à l'autre.

– **Sincères :** les règles doivent être appliquées de bonne foi. La traduction comptable de la situation économique doit être effectuée de manière loyale.

– **Image fidèle :** les documents comptables doivent représenter fidèlement la réalité de la situation économique de l'entreprise.

2. Les moyens pour y parvenir : les principes comptables

Pour atteindre les objectifs d'image fidèle, le comptable doit s'appuyer sur des principes. Lorsqu'il se pose une question pratique et que la règle générale ne donne pas de réponse assez précise, il doit, pour décider de la traduction comptable à mettre en œuvre, revenir sur ces principes comptables de base :

Nom	Sujet	Exemples
Principe de continuité d'exploitation	Ce principe permet d'intégrer, lors de l'établissement du bilan, le fait que l'entreprise va poursuivre son exploitation au-delà de la date de clôture de l'exercice.	– Les biens sont évalués selon un plan anticipé pour plusieurs années, et non selon une valeur de revente en fin d'exercice comptable. – Le bilan d'ouverture d'un exercice doit correspondre au bilan de clôture de l'exercice précédent.
Principe d'indépendance des exercices	Selon ce principe, il ne faut intégrer dans les comptes d'un exercice comptable que les charges et les produits qui s'y rapportent, c'est-à-dire qui ont servi à l'exercice.	L'impact sur le résultat de l'année des achats de marchandises ou matières premières qui n'auraient pas été utilisées dans l'exercice et qui bénéficieront à l'exercice suivant est neutralisé grâce à une écriture comptable de variation des stocks et reporté sur l'exercice suivant.
Principe des coûts historiques	Ce principe veut qu'à leur date d'entrée dans l'entreprise, les biens achetés sont enregistrés à leur coût d'acquisition, et les biens produits à leur coût de production.	L'actif du bilan présente 3 colonnes. La colonne « Brut » présente la valeur d'origine des biens. Cette valeur reste visible tant que le bien fait partie du patrimoine de l'entreprise.
Principe de prudence	Ce principe insiste sur le fait que la comptabilité doit être établie sur la base d'appréciations prudentes.	On enregistre en comptabilité les risques de perte (même si rien n'est certain) mais jamais les possibilités de gain.
Principe de permanence des méthodes	Les choix d'enregistrements comptables réalisés une année doivent être reconduits les années suivantes, afin que les comptes soient comparables d'une année sur l'autre.	Si l'entreprise choisit de valoriser ses stocks selon la méthode du CMP (par exemple), elle doit garder cette méthode chaque année. Elle ne peut sans raison passer de la méthode CUMP à la méthode FIFO ou LIFO.

L'essentiel en une question

Quelle différence faites-vous entre une règle et un principe ?

Consultez le corrigé
liennathan.fr/foll6x

APPLICATIONS

EXOS FLASH

EXO 1 Quiz interactif

Testez vos connaissances sur ce chapitre avec le quiz en ligne.

liennathan.fr/zdl4gg

Votre score ....

EXO 2 Associer un thème à un compte à deux chiffres

- **Inspirez-vous du cadre comptable pour proposer un compte à deux chiffres aux éléments présentés en annexe.**

ANNEXE **Informations pour lesquelles il faut trouver un compte**

Vente de marchandise		Montant des emprunts dus à la banque	
Achat de marchandises		Valeur des machines possédées par l'entreprise	
Locations dues à un fournisseur de marchandises		Valeur des stocks	
Frais d'assurance		Montant des créances clients	
Coût du personnel		Montant des dettes fournisseurs	
Intérêts bancaires dus ce mois		Valeur sur le compte bancaire de l'entreprise	

EXO 3 Comprendre l'origine des informations dans une écriture au journal

1 **L'entreprise Plantes&Vie est spécialisée dans la vente de plantes exotiques. Le comptable a enregistré une écriture de vente au journal (annexe). Repérez, dans cette écriture, les éléments qui proviennent de la facture et ceux qui ont été choisis par le comptable.**

2 **Quel est l'objectif de ceux choisis par le comptable ?**

ANNEXE **Enregistrement de la facture de vente au client Samuel**

		01/03/N		
411		Créance client	1 020,00	
	707	Vente de marchandises		850,00
	4457	TVA collectée		170,00
		Facture n° 78 à Samuel		

EXO 4 Comprendre l'origine des informations dans un compte

- **Observez les trois comptes (annexe). Quelles informations proviennent d'une écriture comptable commune ? Surlignez-les, puis reconstituez cette écriture.**

ANNEXE **Trois comptes extraits du grand-livre de l'entreprise Richard**

601100 Achats de tissu au mètre					
DÉBIT			CRÉDIT		
Dates	Libellés	Montants	Dates	Libellés	Montants
01/02	Fact. 23 Durant	1 523,00			
10/02	Fact. 32 Durant	750,00			
12/02	Fact. 15 Soho	2 120,00			
25/02	Fact. 63 plon	1 075,00			
	Total débit	5 468,00		Total crédit	0,00
	Solde créditeur	0,00		Solde débiteur	5 468,00
	Total	5 468,00		Total	5 468,00

445660 TVA déductible sur autres biens et services					
DÉBIT			CRÉDIT		
Dates	Libellés	Montants	Dates	Libellés	Montants
01/02	Fact. 23 Durant	304,60			
03/02	Fact. 29 Albert	125,00			
05/02	Fact. 08 Soho	590,00			
10/02	Fact. 32 Durant	150,00			
12/02	Fact. 15 Soho	424,00			
25/02	Fact. 63 plon	215,00			
26/02	Fact. 56 Soho	130,83			
	Total débit	1 939,43		Total crédit	0,00
	Solde créditeur	0,00		Solde débiteur	1 939,43
	Total	1 939,43		Total	1 939,43

401200 Fournisseur Soho					
DÉBIT			CRÉDIT		
Dates	Libellés	Montants	Dates	Libellés	Montants
10/02	Chq 546	3 540,00	05/02	Fact. 08 Soho	3 540,00
			12/02	Fact. 15 Soho	2 544,00
			26/02	Fact. 56 Soho	785,00
	Total débit	3 540,00		Total crédit	6 869,00
	Solde créditeur	3 329,00		Solde débiteur	0,00
	Total	6 869,00		Total	6 869,00

EXO 5 Comprendre la présentation d'un compte

- **Observez et complétez le compte banque présenté en annexe. Combien reste-t-il en banque à la fin de l'année ?**

ANNEXE **Compte banque au 31/12/N**

512 BANQUE					
DÉBIT			CRÉDIT		
Dates	Libellés	Montants	Dates	Libellés	Montants
01/12	À-nouveaux	48 429,04	05/12	Virt EDF	546,00
03/12	Chq Salim n° 765	456,65	14/12	Chq 543 – Les Volcans	2 503,22
12/12	Virt Bono	654,00	19/12	Chq 544 – Iris	5 987,00
25/12	Remise chèques	8 654,00	31/12	Paie Bernard	1 357,00
	Total débit			Total crédit	
	Solde créditeur			Solde débiteur	
	Total			Total	

EXO 6 Comprendre l'origine des informations dans les documents de synthèse

L'entreprise Richard est spécialisée dans la pose et la conception de cuisines haut de gamme pour particuliers et restaurateurs. Observez l'extrait de balance de l'entreprise (annexe) puis répondez aux questions suivantes.

1 À quel document de synthèse sont destinées les informations relevées dans cet extrait ?

2 Quel montant apparaîtra dans la rubrique « Créances clients » du bilan ? Dans la rubrique « Dettes fournisseurs » ? dans la rubrique « Disponibilités » ?

ANNEXE **Balance de l'entreprise Richard au 31/12/N (extrait)**

Nos	Comptes	Totaux		Soldes	
		Débit	Crédit	Débiteurs	Créditeurs
[...]				[...]	[...]
205	Logiciels	0	0	0	
207	Fonds commercial	0	0	0	
215	Installations techn., matériel	80 000	0	80 000	
2181	Agencements	150 000	0	150 000	
2182	Véhicules de transport	74 432	0	74 432	
2183	Mat. de bureau et mat. infom.	7 689	0	7 689	
2184	Mobilier	5 560	0	5 560	
2815	Amort. matériel	0	0		0
28181	Amort. agencements	0	0		0
28182	Amort. véhicules de transport	0	27 331		27 331
28183	Amort. mat. de bureau et mat. inform.	0	5 678		5 678
28184	Amort. mobilier	0	25 000		25 000
371	Stocks de marchandises	0	0	0	
401 100	Dettes SA Thé	658 974	785 648		126 674
401200	Dettes Amory	456 328	569 874		113 546
401500	Dettes SAS Luciole	12 587	45 987		33 400
401900	Dettes autres	596 369	658 741		62 372
411100	Créances Bernard	488 963	412 369	76 594	
411200	Créances SA Clo	700 632	589 632	111 000	
411300	Créances SARL Grin	351 123	298 254	52 869	
411 900	Créances diverses	123 698	98 632	25 066	
416	Créances douteuses	0	0	0	
5031	VMP	0	0	0	
512100	LCL	1 236 547	1 203 698	32 849	
512 200	Banque populaire	521 545	489 321	32 224	
				[...]	[...]
	Totaux	**7 805 049**	**7 805 049**	**2 935 981**	**2 935 981**

ENTRAÎNEMENT AU BTS 1 Appréhender l'organisation comptable ★★☆

M. Marchand a fondé l'entreprise CréaLoisirs, spécialisée dans la revente de produits de plein air.
Vous débutez dans cette PME en tant qu'assistant comptable et administratif.
Par simplification, tous les fournisseurs de l'entreprise sont regroupés dans un compte unique (401). Il en est de même pour les clients (411).
Vous avez enregistré dans le journal de l'entreprise, les opérations du premier mois de l'année qui ont automatiquement été intégrées dans les comptes (par simplification, il n'y a pas de TVA).
Vous aimeriez connaître l'impact de ces écritures dans les documents de synthèse.

1. **Transférez les informations des comptes vers la balance.**
2. **Transférez les informations de la balance vers les documents de synthèse.**
3. **Quel est le résultat comptable du mois de janvier ?**

ANNEXE 1 **Journal (simplifié) du mois de janvier N**

164 EMPRUNT					
DÉBIT			CRÉDIT		
Dates	Libellés	Montants	Dates	Libellés	Montants
			07/01	Emprunt BNP	50 000,00
	Total débit	0,00		Total crédit	50 000,00
	Solde créditeur	50 000,00		Solde débiteur	0,00
	Total	50 000,00		Total	50 000,00

215 MACHINE					
DÉBIT			CRÉDIT		
Dates	Libellés	Montants	Dates	Libellés	Montants
08/01	Machine Chabert	10 000,00			
	Total débit	10 000,00		Total crédit	0,00
	Solde créditeur	0,00		Solde débiteur	10 000,00
	Total	10 000,00		Total	10 000,00

401 FOURNISSEUR					
DÉBIT			CRÉDIT		
Dates	Libellés	Montants	Dates	Libellés	Montants
07/01	Four Tibi	5 000,00	03/01	Four Tibi	5 000,00
	Total débit	5 000,00		Total crédit	5 000,00
	Solde créditeur	0,00		Solde débiteur	0,00
	Total	5 000,00		Total	5 000,00

411 CLIENT					
DÉBIT			CRÉDIT		
Dates	Libellés	Montants	Dates	Libellés	Montants
03/01	Client Ray	25 000,00			
	Total débit	25 000,00		Total crédit	0,00
	Solde créditeur	0,00		Solde débiteur	25 000,00
	Total	25 000,00		Total	25 000,00

512 BANQUE					
DÉBIT			CRÉDIT		
Dates	Libellés	Montants	Dates	Libellés	Montants
07/01	Emprunt	50 000,00	01/01	Paiement Fidani	15 000,00
10/01	Encaissement Bono	2 000,00	04/01	Règlmt électricien	1 300,00
			07/01	Encaissement Tibi	5 000,00
			08/01	Règlmt Chabert	10 000,00
			08/01	Règlmt impôts	5 000,00
			31/01	Rémun. Dumas	1 500,00
	Total débit	52 000,00		Total crédit	37 800,00
	Solde créditeur	0,00		Solde débiteur	14 200,00
	Total	52 000,00		Total	52 000,00

601 ACHAT MATIÈRES PREMIÈRES					
DÉBIT			CRÉDIT		
Dates	Libellés	Montants	Dates	Libellés	Montants
03/01	Achat mat. prem. Tibi	5 000,00			
	Total débit	5 000,00		Total crédit	0,00
	Solde créditeur	0,00		Solde débiteur	5 000,00
	Total	5 000,00		Total	5 000,00

607 ACHAT MARCHANDISES					
DÉBIT			CRÉDIT		
Dates	Libellés	Montants	Dates	Libellés	Montants
01/01	Marchandises Fidani	15 000,00			
	Total débit	15 000,00		Total crédit	0,00
	Solde créditeur	0,00		Solde débiteur	15 000,00
	Total	15 000,00		Total	15 000,00

615 ENTRETIEN RÉPARATION					
DÉBIT			CRÉDIT		
Dates	Libellés	Montants	Dates	Libellés	Montants
04/01	Facture électricité	1 300,00			
	Total débit	1 300,00		Total crédit	0,00
	Solde créditeur	0,00		Solde débiteur	1 300,00
	Total	1 300,00		Total	1 300,00

63 IMPÔTS					
DÉBIT			CRÉDIT		
Dates	Libellés	Montants	Dates	Libellés	Montants
08/01	Impôts	5 000,00			
	Total débit	5 000,00		Total crédit	0,00
	Solde créditeur	0,00		Solde débiteur	5 000,00
	Total	5 000,00		Total	5 000,00

641 RÉMUNÉRATION DU PERSONNEL					
DÉBIT			CRÉDIT		
Dates	Libellés	Montants	Dates	Libellés	Montants
31/01	Rémun. Dumas	1 500,00			
	Total débit	1 500,00		Total crédit	0,00
	Solde créditeur	0,00		Solde débiteur	1 500,00
	Total	1 500,00		Total	1 500,00

707 VENTE MARCHANDISES					
DÉBIT			CRÉDIT		
Dates	Libellés	Montants	Dates	Libellés	Montants
			03/01	Vente Ray	25 000,00
			10/01	Vente Bono	2 000,00
	Total débit	0,00		Total crédit	27 000,00
	Solde créditeur	27 000,00		Solde débiteur	0,00
	Total	27 000,00		Total	27 000,00

ANNEXE 2 Balance au 31/01/N à compléter

Nos	Comptes	Totaux		Soldes	
		Débit	Crédit	Débiteur	Créditeur
	Totaux				

ANNEXE 3 Documents de synthèse au 31/01/N à compléter

COMPTE DE RÉSULTAT

Charges d'exploitation		**Produits d'exploitation**	
Achats marchandises		Ventes de marchandises	
Achats matières 1res et consommables		Ventes de produits finis	
Autres charges externes		**Total du chiffre d'affaires**	
Impôts, taxes et versements assimilés		Autres produits	
Salaires et traitements			
Dotations aux amortissements			
Total charges d'exploitation		**Total produits d'exploitation**	
Charges financières		**Produits financiers**	
Total des charges		**Total des produits**	
Solde créditeur : **Bénéfice**		*Solde débiteur :* **Perte**	
Total général		**Total général**	

BILAN

ACTIF		PASSIF	
Actif immobilisé		**Capitaux propres**	
Immobilisations incorporelles		Capital	
Immobilisations corporelles		**Résultat de l'exercice**	
Immobilisations financières			
Total actif immobilisé		***Total capitaux***	
Actif circulant		**Dettes**	
Stocks		Emprunts et dettes	
Créances clients		Fournisseurs	
Banque		Dettes fiscales et sociales	
Caisse			
Total actif circulant		***Total dettes***	
Total général		**Total général**	

SYNTHÈSE

Synthèse audio
liennathan.fr/a07mec

L'organisation comptable

1 L'organisation des travaux comptables

La fréquence des travaux comptables

L'entreprise doit clôturer et publier les comptes tous les 12 mois.

= **Exercice comptable**

Les travaux se déroulent tout au long de l'exercice comptable. Certaines tâches sont **quotidiennes**, d'autres **mensuelles**, d'autres **annuelles**.

Ils sont organisés de façon **hiérarchique**.

La hiérarchie des travaux comptables

Le journal

Saisie à date des événements (achats, ventes…) en comptabilité à partir des pièces justificatives

↓

Les comptes

Tableaux récapitulatifs des événements sur un sujet donné :
Ex. : un compte « Emprunts », un compte « Ventes ».

→ Informations détaillées

↓

La balance

Tableau récapitulatif des valeurs finales dans chaque compte, à un instant t, sans donner le détail.

↓

Les documents de synthèse

Reprise, regroupement, classement des éléments de la balance pour présenter la **situation patrimoniale** de l'entreprise (**bilan**), son activité au cours de l'exercice comptable (**compte de résultat**) et le **résultat comptable** de l'année.

2 L'enregistrement des pièces justificatives en comptabilité

Les pièces justificatives

- Elles servent de preuve dans la vie des affaires.
- Elles déclenchent l'enregistrement en comptabilité.

Ex. : facture, ticket de caisse, relevé bancaire.

Le report des éléments au journal

Date de la pièce justificative, montant HT, TVA, TTC, référence de la pièce *(Ex. : numéro de facture)*

↓

Enregistrement en partie double

Choix des comptes concernés, représentés par un numéro cohérent avec le cadre comptable du PCG

3 Le cheminement des données jusqu'aux documents de synthèse

Des reports successifs

- Les valeurs du **journal** sont reportées dans les **comptes**, en colonne de gauche ou de droite selon le sens donné au journal.
- Les totaux des comptes sont transférés dans la **balance**.
- Les soldes de la balance alimentent les **documents de synthèse**.

Dans le respect des normes…

L'**ANC** définit et fait évoluer les normes comptables françaises dans un objectif d'**harmonisation**.
Impact dans le **PCG**
Influence des normes communautaires et internationales (IFRS)

↓

… et des principes comptables

Différents principes (prudence, continuité, permanence des méthodes…) complètent les règles.

Objectif : comptes **réguliers, sincères,** représentant une **image fidèle** de la situation de l'entreprise.

CHAPITRE

3 Les mécanismes comptables

Activité
1.1. Analyse du système d'information comptable

Composante d'activité
1.1.4. Analyse et description des mécanismes comptables : les modèles comptables, les principes d'enregistrement

Compétence
Appréhender les mécanismes comptables et les principes de l'enregistrement comptable de base

P7 L'utilisation du PGI pour effectuer les enregistrements et mettre à jour les données

SITUATION PROFESSIONNELLE

La SA Modélisme Provence est spécialisée dans la fabrication et la distribution de modèles réduits. Mme Lam, récemment embauchée pour exercer les fonctions de responsable administratif, supervise les traitements comptables.
Antonio Ramirez et Jérémy Di Lucca, ses collaborateurs, sont expérimentés et se sont réparti les tâches comptables de façon précise. M. Di Lucca assure les opérations courantes : il a en charge d'enregistrer les événements quotidiens dans le journal de l'entreprise. M. Ramirez s'occupe des traitements mensuels (paie, déclaration de TVA…) et annuelles (élaboration des documents de synthèse avec l'expert-comptable). Tous deux utilisent le PGI de l'entreprise.
Votre intégration dans le service Comptabilité se passe très bien. Vous prenez votre rôle au sérieux et espérez participer le plus activement possible aux traitements comptables quotidiens. Mme Lam a été intéressée par votre réflexion sur la hiérarchie des travaux comptables et décide de vous faire participer désormais aux opérations comptables courantes.

VOS MISSIONS

Vous travaillez avec Jérémy Di Lucca à l'enregistrement des écritures courantes au journal de l'entreprise. Vous n'avez aucune expérience pratique à ce jour. Jérémy, prudent, vous confie progressivement quelques situations.

MISSION 1 **Analyser un événement puis l'enregistrer au journal** ▶ Fiches ressource 1 à 3

MISSION 2 **Transférer les écritures du journal vers les comptes et les documents de synthèse** ▶ Fiches ressource 4 et 5

MISSION 3 **Analyser ses travaux comptables** ▶ Fiches ressource 6 et 7

VOS MISSIONS

MISSION 1 Analyser un événement puis l'enregistrer au journal

1. Proposez une représentation schématique des flux pour les trois événements du mois de mars. Placez-vous uniquement du point de vue de Modélisme Provence. Précisez, dans votre schéma, les termes « flux entrant », « flux sortant », « emploi » et « ressource ».
▶ Annexes 1 à 3 ▶ Fiche ressource 1

2. Affectez un numéro de compte à chaque flux présenté dans votre schéma.
▶ Annexe 4 ▶ Fiche ressource 2

3. Passez au journal les écritures des événements de mars, dans l'ordre chronologique.
▶ Annexes 1 à 3

Besoin d'aide ?
liennathan.fr/ow6azs

La question de l'expert
Analysez la facture de vente du 12 avril et la facture d'achat du 13 avril : la TVA collectée sur ventes ou déductible sur achats représente un flux qu'il faudra enregistrer distinctement. Pourquoi ? Présentez les deux écritures du journal.
▶ Annexes 4 à 6 ▶ Fiche ressource 3

L'autocorrection en vidéo
liennathan.fr/2i4rm1

MISSION 2 Transférer les écritures du journal vers les comptes et les documents de synthèse

Discutons-en !
Comment lire un relevé bancaire ?

4. Transférez les trois écritures de mars dans les comptes concernés : 218200, 512100, 164100, 404000. Puis calculez le solde de chacun des trois comptes.
▶ Annexes 1 à 3 et annexe 7 à compléter ▶ Fiche ressource 4

5. Que représente le bilan ? le compte de résultat ? Quels comptes alimentent chacun de ces documents de synthèse ?
▶ Fiche ressource 5

6. Transférez les soldes de l'ensemble des comptes dans les postes des documents de synthèse. Finalisez la présentation des documents.
▶ Annexe 8

La question de l'expert
Observez la position des comptes dans les documents de synthèse. Faites un lien avec les notions d'emploi et de ressource, de débit et de crédit. Commentez.

L'autocorrection en vidéo
liennathan.fr/yq55sn

MISSION 3 Analyser ses travaux comptables

7. Observez les différents enregistrements comptables que vous avez effectués : l'entreprise Modélisme Provence utilise-t-elle une comptabilité sur les encaissements ou une comptabilité d'engagement ? Justifiez et présentez l'intérêt de cette comptabilité.
▶ Fiche ressource 6

P7 8. Imaginez quelques paramétrages qui auraient pu faciliter la saisie de ces écritures au journal si vous aviez utilisé un PGI.
▶ Fiche ressource 7

DONNÉES DE LA SITUATION

ANNEXE 1 Facture du véhicule Citroën (simplifiée)

Concessionnaire CITROËN
22 avenue Voltaire
13000 Marseille
France

Facture n° 123

Date de la facture 01/03/N
Référence de la facture 123
Numéro de client 456
Paiement dû 30/03/N

SA Modélisme Provence
61 rue Mont Cristo
13006 MARSEILLE

Description	Qté	PU HT	Prix total HT
Citröen C5 Attraction *Toutes options et frais compris*	1	16 543,00	16 543,00

Total brut		16 543,00
TVA	20 %	3 308,60
Net à payer TTC		**19 851,60**

Il s'agit d'un véhicule de tourisme. L'entreprise doit s'acquitter du prix TTC. (La TVA ne sera pas remboursée.)

ANNEXE 2 Extrait du contrat d'emprunt

Le 29/03/N

Cher Client,

Nous avons le plaisir de vous transmettre l'offre de crédit Banque du Sud pour réaliser votre projet.

Type de crédit : Prêt investissement
Montant : 20 000 €
Mensualités : 36 échéances de 591,01 €

Le virement est effectué sur votre compte bancaire ce jour même.
Nous vous remercions de la confiance que vous nous accordez et restons à votre disposition pour tout renseignement complémentaire.

M. Meffre
Délégué départemental

ANNEXE 3 Règlement du véhicule Citroën

Le 30 mars N, l'entreprise a émis un chèque de **19 851,60 €** à l'ordre du concessionnaire Citroën de Marseille.
Chèque n° 6547 en règlement de la facture n° 123.

ANNEXE 4 Extrait du plan de comptes de Modélisme Provence

164100 Emprunt	445662 TVA déductible à 20 %
401100 Fournisseur Futaba	445712 TVA collectée à 20 %
404000 Fournisseurs d'immobilisations	512100 Banque
404300 Fournisseur Renault	601000 Achats de matières premières
411200 Client Les Fous du modélisme	601100 Achat de colle
445510 TVA à décaisser	607100 Achats de marchandises
445620 TVA déductible sur immobilisations	701110 Ventes de produits finis

ANNEXE 5 Facture de vente de l'hélicoptère T-Rex 800 (simplifiée)

Modélisme Provence
61 rue Monte Cristo
13006 Marseille
France

Les Fous du modélisme
147 rue du Chapeau rouge
13000 MARSEILLE

Date de la facture : 12/04/N
Numéro de client : 411200

Référence de la facture : 567
Paiement dû : 30 jours

Description	Qté	PU HT	Prix total HT
T-Rex 800E Pro DFC + Kit Motorisation Align	2	1 190,00	2 380,00
	Total brut		2 380,00
	TVA	20 %	476,00
	Net à payer TTC		**2 856,00**

ANNEXE 6 Facture d'achat de colle du fournisseur Futaba (simplifiée)

SA FUTABA
18 allée des Myosotis
13000 Marseille
France

Facture n° 453

Date de la facture 13/04/N
Référence de la facture 453
Numéro de client 411987
Paiement dû 30 j

SA Modélisme Provence
61 rue Mont Cristo
13006 MARSEILLE

Description	Qté	PU HT	Prix total HT
Colle Clearfix 28 ml	75	2,44	183,00
	Total brut		183,00
	TVA	20 %	36,60
	Net à payer TTC		**219,60**

ANNEXE 7 Comptes 218200, 164100, 404000 et 512100 à compléter

218200 Matériel de transport					
DÉBIT			CRÉDIT		
Date	Libellé	Montant	Date	Libellé	Montant

164100 Emprunt					
DÉBIT			CRÉDIT		
Date	Libellé	Montant	Date	Libellé	Montant

411200 Client Les Fous du modélisme					
DÉBIT			CRÉDIT		
Date	Libellé	Montant	Date	Libellé	Montant
12/04/N	Facture n° 567	2 856,00			
	Total débit	2 856,00		Total crédit	0,00
	Solde créditeur	0,00		Solde débiteur	2 856,00
	Total	2 856,00		Total	2 856,00

401100 Fournisseur Futaba					
DÉBIT			CRÉDIT		
Date	Libellé	Montant	Date	Libellé	Montant
			13/04/N	Facture n° 453	219,60
	Total débit	0,00		Total crédit	219,60
	Solde créditeur	219,60		Solde débiteur	0,00
	Total	219,60		Total	219,60

445662 TVA déductible sur autres biens et services					
DÉBIT			CRÉDIT		
Date	Libellé	Montant	Date	Libellé	Montant
13/04/N	Facture n° 453	36,60			
	Total débit	36,60		Total crédit	0,00
	Solde créditeur	0,00		Solde débiteur	36,60
	Total	36,60		Total	36,60

404000 Fournisseurs d'immobilisations					
DÉBIT			CRÉDIT		
Date	Libellé	Montant	Date	Libellé	Montant

512100 Banque					
DÉBIT			CRÉDIT		
Date	Libellé	Montant	Date	Libellé	Montant

445712 TVA collectée					
DÉBIT			CRÉDIT		
Date	Libellé	Montant	Date	Libellé	Montant
			12/04/N	Facture n° 567	476,00
	Total débit	0,00		Total crédit	476,00
	Solde créditeur	476,00		Solde débiteur	0,00
	Total	476,00		Total	476,00

601000 Achats de matières premières					
DÉBIT			CRÉDIT		
Date	Libellé	Montant	Date	Libellé	Montant
13/04/N	Facture n° 453	183,00			
	Total débit	183,00		Total crédit	0,00
	Solde créditeur	0,00		Solde débiteur	183,00
	Total	183,00		Total	183,00

701110 Ventes de produits finis					
DÉBIT			CRÉDIT		
Date	Libellé	Montant	Date	Libellé	Montant
			12/04/N	Facture n° 567	2 380,00
	Total débit	0,00		Total crédit	2 380,00
	Solde créditeur	2 380,00		Solde débiteur	0,00
	Total	2 380,00		Total	2 380,00

ANNEXE 8 Documents de synthèse simplifiés

COMPTE DE RÉSULTAT Modélisme Provence simplifié

Charges d'exploitation		**Produits d'exploitation**	
Achats marchandises		Ventes de marchandises	
Achats matières 1res et consommables		Ventes de produits finis	
Autres charges externes		**Total du chiffre d'affaires**	
Impôts, taxes et versements assimilés		Autres produits	
Salaires et traitements			
Dotations aux amortissements			
Total charges d'exploitation		**Total produits d'exploitation**	
Charges financières		**Produits financiers**	
Total des charges		**Total des produits**	
Solde créditeur : **Bénéfice**		*Solde débiteur :* **Perte**	
Total général		**Total général**	

BILAN Modélisme Provence simplifié

ACTIF		PASSIF	
Actif immobilisé		**Capitaux propres**	
Immobilisations incorporelles		Capital	
Immobilisations corporelles		**Résultat de l'exercice**	
Immobilisations financières			
Total actif immobilisé		***Total capitaux propres***	
Actif circulant		**Dettes**	
Stocks		Emprunts et dettes	
Créances clients		Fournisseurs	
Créances fiscales		Dettes fiscales et sociales	
Banque			
Caisse			
Total actif circulant		***Total des dettes***	
Total général		**Total général**	

FICHE RESSOURCE 1

La comptabilité en termes de flux

I Les flux physiques, les flux monétaires

Les opérations entre l'entreprise et ses partenaires se traduisent par des flux d'informations, des flux physiques de biens et services et des flux monétaires.

- La passation d'une commande ou la réalisation d'un devis est un **flux d'information**.
- L'achat ou la vente de marchandises est un **flux physique**.
- Le règlement d'une facture est un **flux monétaire**.

Remarque : lorsque l'entreprise dispose d'un délai pour régler une facture à un fournisseur, elle a une **dette** vis-à-vis de ce fournisseur. Inversement, lorsque l'entreprise accorde un délai de règlement à un client, elle détient une **créance** sur ce client. Les dettes et les créances sont considérées comme des flux monétaires (car elles correspondent à de « futurs » flux monétaires).

Seuls les flux physiques et monétaires font l'objet d'un enregistrement en comptabilité.

C'est pourquoi les devis et bons de commande ne sont pas des pièces comptables justificatives et ne déclenchent aucun enregistrement au journal *(voir chapitre 2)* : ils matérialisent des flux d'information, contractuellement la vente n'est pas faite.

Les flux physiques sont généralement enregistrés en comptabilité à l'appui d'une facture. Les flux monétaires sont enregistrés à l'appui d'un chèque ou virement ou prélèvement…

II Les flux sortants, les flux entrants

Chaque opération entre l'entreprise et ses partenaires donne lieu à deux flux de sens opposé.

Selon le cas, l'entreprise est à l'**origine** du flux ou est le **destinataire**.

Lorsque l'entreprise est à l'origine du flux, le flux est sortant. Lorsqu'elle est le destinataire, il s'agit d'un flux entrant.

On peut représenter une opération entre l'entreprise et son partenaire de façon schématique.

Exemple 1

Le 12 mars N, l'entreprise vend pour 1 000 € de marchandises au client Grégoire, qui paie comptant. (Par simplification, on ne tiendra pas compte de la TVA.)

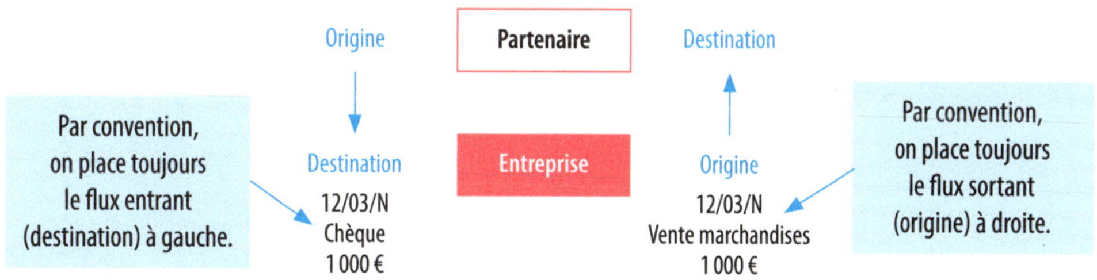

Exemple 2

Le 15 mars N, l'entreprise achète une machine d'une valeur de 850 €. Elle dispose d'un délai de règlement de 30 jours. (Par simplification, on ne tiendra pas compte de la TVA.)

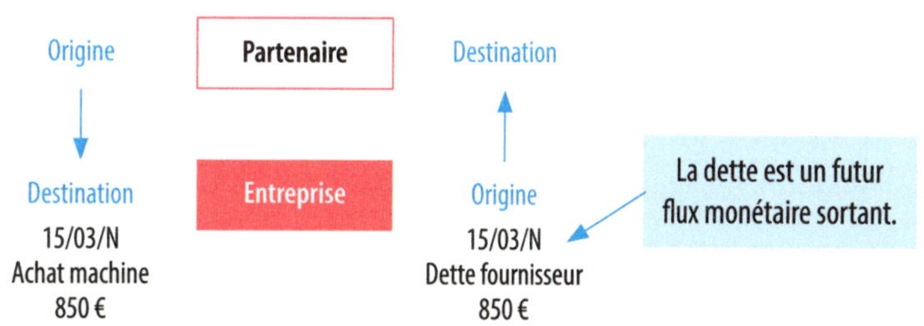

III Les ressources, les emplois

1. Analyser les flux du point de vue de l'entreprise seulement

Du point de vue de l'entreprise, et pour chaque opération, on peut dire que les **flux sortants sont à l'origine des flux entrants** *(ou que les flux sortants permettent les flux entrants)*.

Exemple 1 (suite)

Le 12 mars, l'entreprise a vendu pour 1 000 € de marchandises (flux sortant) et va donc recevoir 1 000 € par chèque (flux entrant).
La vente de marchandises a permis de recevoir un chèque. L'objectif est de gagner de l'argent.
Les 1 000 € de marchandises sont donc à l'origine du chèque de 1 000 € reçu.

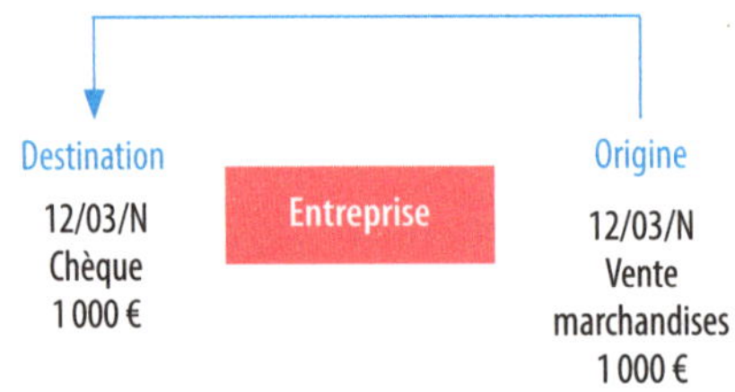

2. Utiliser un vocabulaire approprié

Lorsqu'on analyse les flux du point de vue de l'entreprise, on emploie un vocabulaire différent :

Les flux sortants (origine) sont appelés **ressources**.
Les flux entrants (destination) sont appelés **emplois**.
⇒ Les ressources sont à l'origine des emplois. Ou les ressources permettent les emplois.

Exemple 2 (suite)

Le 15 mars, l'obtention d'une dette a permis d'acheter une machine d'une valeur de 850 €.

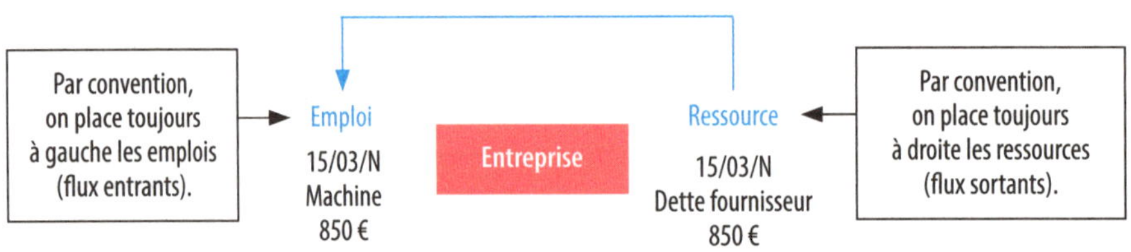

Attention : ce n'est pas l'achat de la machine qui a permis la dette mais bien l'inverse. L'objectif (emploi) est bien d'avoir une machine, pas une dette.

3. Synthèse du vocabulaire

Le débutant en comptabilité utilise le vocabulaire qui lui semble le plus guidant pour analyser les événements. Petit à petit, les notions d'emploi et de ressource s'imposeront. Mais dans tous les cas, il faut respecter la convention droite / gauche !

– Origine, flux sortant, futur flux sortant ou ressource : toujours à droite.

– Destination, flux entrant, futur flux entrant, emploi : toujours à gauche.

L'essentiel en une question

Lors de la transcription d'un événement en comptabilité, comment repérer les flux de ressources (à droite) et ceux d'emplois (à gauche) ?

Consultez le corrigé
liennathan.fr/g3lk0n

FICHE RESSOURCE 2

L'enregistrement comptable des opérations au journal

I Repérer l'emploi et la ressource

Avant d'enregistrer une opération au journal, il faut analyser l'événement afin de bien repérer les flux et les classer entre les flux d'emplois et les flux de ressources.

Il peut y avoir plusieurs flux d'emplois et/ou plusieurs flux de ressources. Mais la valeur totale des emplois doit toujours être égale à la valeur totale des ressources. Cette règle correspond au principe de l'enregistrement en partie double *(voir chapitre 2)*.

Exemple

Le 01/02/N, l'entreprise Dalet achète des marchandises pour 500 €. Elle obtient des délais de règlement de 3 jours pour payer une tranche de 200 € puis 30 jours pour le reste. (Par simplification, il n'y a pas de TVA.)

Emploi : Achat de marchandises 500 €

Ressource : Dette fournisseur 500 €

Le 02/02/N, l'entreprise contracte un emprunt de 20 000 € viré le jour même sur le compte bancaire.

Emploi : Virement de la somme en banque 20 000 €

Ressource : Emprunt accordé 20 000 €

Le 03/02/N, l'entreprise rembourse pour partie le fournisseur.

Emploi : Réduction de la dette fournisseur de 200 €

Ressource : Chèque de 200 €

II Repérer les comptes concernés

À partir des comptes du plan comptable ou de celui de l'entreprise, il faut repérer la classe concernée (1, 2, 3, 4, 5, 6, ou 7) puis le compte dans la classe.

Exemple (suite)

01/02/N	**Achat de marchandises :** Classe 6 (comptes de charges) Compte 607 « Achats de marchandises »	**Dette fournisseur :** Classe 4 (comptes de tiers) Compte 401 « Dettes fournisseurs »
02/02/N	**Banque :** Classe 5 (comptes financiers) Compte 512 « Banque »	**Emprunt :** Classe 1 (comptes de capitaux, financement à long terme) Compte 164 « Emprunts bancaires »
03/02/N	**Dette fournisseur :** Classe 4 (comptes de tiers) Compte 401 « Dettes fournisseurs »	**Banque :** Classe 5 (comptes financiers) Compte 512 « Banque »

Remarque : un même compte peut être sollicité en emploi ou en ressource. Par exemple, la dette fournisseur (compte 401) est une ressource le 01/02/N car elle permet d'acheter, ce jour, les marchandises, mais elle est un emploi le 03/02/N. En effet, le 03/02/N le chèque a été fait pour réduire la dette. Le chèque est donc bien à l'origine (ressource) et l'annulation de la dette l'emploi.
On remarque qu'une nouvelle dette est toujours une ressource alors qu'une diminution de dette est toujours un emploi.

III Passer l'écriture au journal

Les écritures au journal ressemblent au schéma des flux.

Le flux de ressources est enregistré dans un compte dont la valeur est inscrite à droite, le flux d'emplois est enregistré dans un compte dont la valeur est inscrite à gauche.

Exemple (suite)

Écritures au journal pour l'achat du 1er février

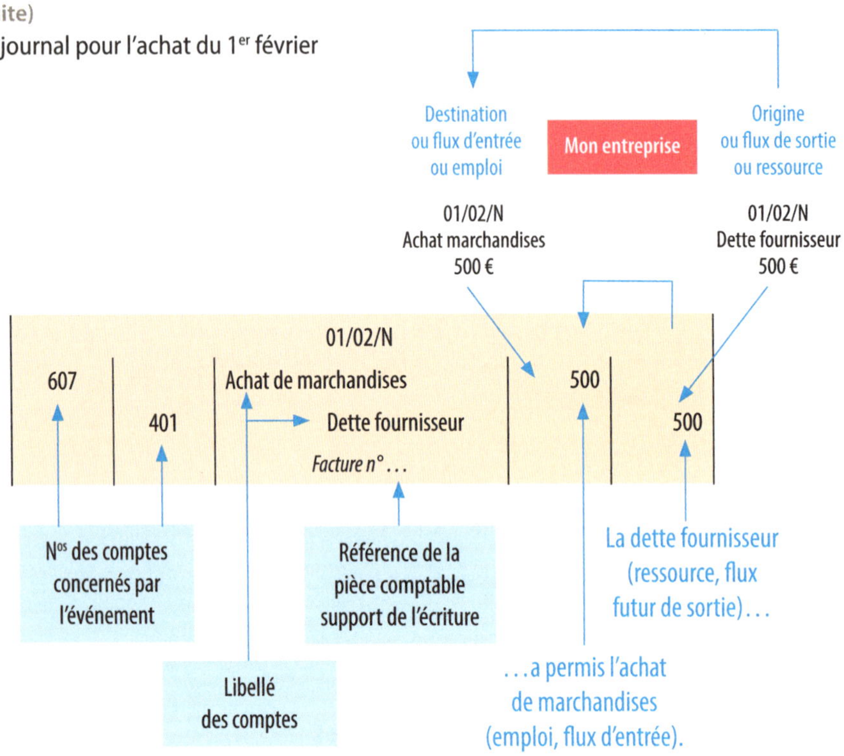

Écritures au journal pour les opérations des 2 et 3 février

		02/02/N		
512		Virement bancaire	20 000	
	164	Emprunt		20 000
		Emprunt du . . .		

L'obtention d'un emprunt a permis de virer 20 000 € en banque.

		03/02/N		
401		Règlement dette fournisseur	200	
	512	Banque		200
		Chèque n° . . .		

Le règlement de 200 € a permis d'annuler une partie de la dette.

IV Respecter l'enregistrement en partie double

La plupart des événements sont transcrits au journal dans des écritures mobilisant plusieurs comptes (donc plusieurs lignes). Dans ce cas, le total des valeurs inscrites en ressources doit être égal au total des valeurs inscrites en emplois.

Tenir une comptabilité en « partie double » consiste à enregistrer, pour chaque événement, à la fois **les emplois et les ressources**, quel que soit le nombre de comptes à utiliser.

? L'essentiel en une question

Pourquoi ne faut-il pas se tromper de « sens » (ressource ou emploi) lorsque l'on enregistre une écriture au journal ?

Consultez le corrigé
liennathan.fr/fx2yya

FICHE RESSOURCE 3

L'enregistrement comptable avec prise en compte de la TVA

I Les flux à prendre en compte

Dans la réalité de l'entreprise, il est rare que les ressources et les emplois soient représentés par un seul flux chacun. Un événement peut engendrer plusieurs flux de ressources et plusieurs flux d'emplois simultanément.

II L'enregistrement comptable avec une dette de TVA

1. Rappel du principe

Lorsque l'entreprise vend des biens ou des prestations de services, elle facture au client, en plus du prix du bien, une TVA généralement égale à 20 % de la valeur HT du bien.

Cette TVA collectée n'est pas pour l'entreprise mais pour l'État. L'entreprise est chargée de facturer, collecter et transférer cet impôt à l'État.

Ainsi, lorsqu'un client s'acquitte d'une facture, une part revient à l'entreprise, l'autre à l'État.

> **Exemple**
> Un client règle une dette de 600 € TTC : → 500 € (HT) resteront dans l'entreprise ;
> → 100 € (TVA) seront reversés à l'État par l'entreprise.

2. L'utilisation d'un compte de dette fiscale

À la fin de chaque mois, l'entreprise établit une « déclaration de TVA » dans laquelle elle recense le total de la TVA collectée dans le mois. À l'appui de cette déclaration, elle reversera à l'État la TVA collectée. En attendant ce reversement en fin de mois, la TVA collectée est mémorisée dans un compte de dette fiscale (4457 « TVA collectée »). Cette dette est un futur flux de sortie. C'est aussi une ressource pour l'entreprise qui profite de cette somme en attendant de la rendre : elle doit donc être enregistrée au crédit.

3. L'enregistrement au journal

Une vente soumise à TVA donne lieu à au moins trois flux. La vente HT et la dette de TVA sont des ressources qui ont permis d'obtenir une créance TTC.

Exemple

L'entreprise Dalet vend des marchandises pour 500 €. TVA 20 %. Elle accorde un délai de règlement de 30 jours.

		xx/xx/N		
411		Créance client (TTC)	600	
	707	Vente de marchandises (HT)		500
	4457	État, TVA collectée		100
		Facture n° …		

Emploi
Créance ↗

Ressources
Ventes ↗
Dette fiscale ↗

TVA réclamée au client, sera reversée à l'État

La vente et la collecte de TVA sont à l'origine d'une créance de 600 €.

3 flux = 3 lignes au journal

III L'enregistrement comptable avec une créance de TVA

1. Rappel du principe

Lorsque l'entreprise achète des biens ou des prestations de services, le fournisseur lui réclame en sus une TVA généralement égale à 20 % de la valeur HT du bien. Cette TVA est à payer par l'entreprise alors qu'elle n'y est pas assujettie (c'est-à-dire qu'elle ne devrait pas payer de TVA).

2. L'utilisation d'un compte de créance fiscale

À la fin de chaque mois, l'entreprise peut « récupérer » cette TVA payée à tort (sur les achats) en la **déduisant** de la TVA collectée (sur les ventes) qu'elle doit reverser à l'État. C'est pourquoi cette TVA payée sur achats s'appelle « TVA déductible ».

TVA collectée – TVA déductible = TVA à reverser à l'État

En attendant ce « remboursement », la TVA déductible est mémorisée dans un compte de créance fiscale (44566 ou 44562, « TVA déductible »). Cette créance est un futur flux d'entrée. C'est aussi un emploi, comme l'achat auquel elle est associée. Elle est donc enregistrée au débit.

3. L'enregistrement au journal

Un achat soumis à TVA donne lieu à au moins trois flux. L'achat HT et la créance de TVA sont des emplois permis par une dette fournisseur TTC.

Exemple

L'entreprise Dalet achète des marchandises pour 300 €. TVA 20 %. Elle obtient un délai de règlement de 30 jours.

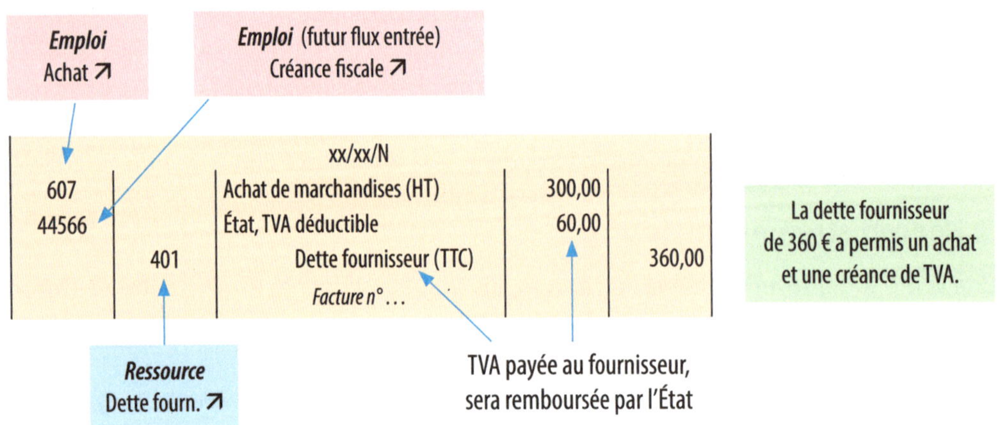

IV L'enregistrement de factures plus complexes

Les factures d'achat ou de vente peuvent donner lieu à des enregistrements plus complexes au journal. Certaines factures peuvent tenir compte de réductions financières, de frais de transport, de droit de douane, de frais d'installation, d'emballages consignés, d'acomptes déjà versés, de TVA… Autant de spécificités à bien analyser car elles correspondent à des flux distincts et donc à des enregistrements dans des comptes spécifiques. Mais dans tous les cas, le total des valeurs au débit (emploi) correspond au total des valeurs au crédit (ressource).

L'essentiel en une question

Pourquoi doit-on ressortir la TVA lorsque l'on enregistre une facture au journal ?

Consultez le corrigé
liennathan.fr/rc9xdu

FICHE RESSOURCE 4

La transcription des mouvements des comptes

I Le débit, le crédit

1. Principe

Comme les schémas de représentation des flux, comme le journal, les comptes sont constitués de deux colonnes. **La colonne de gauche est nommée « débit », celle de droite « crédit ».**

Le solde d'un compte correspond à la différence entre le total du débit et le total du crédit. Il représente ce qu'il reste en compte à une date donnée.

Si total débit > total crédit → Solde débiteur (SD)

Si total crédit > total débit → Solde créditeur (SC)

Ainsi, selon que les valeurs sont inscrites au débit ou au crédit, elles augmentent ou réduisent le solde.

2. Le lien entre débit, crédit, emploi et ressource

Peu importe qu'ils augmentent ou réduisent le solde, tous les enregistrements au crédit d'un compte traduisent une ressource et tous les enregistrements au débit d'un compte traduisent un emploi.

Exemples

Débiter un compte est la traduction comptable d'un emploi. Débiter un compte de créance client de 100 € signifie que l'entreprise accorde un délai de règlement à un client qui lui doit 100 €. C'est un emploi car cette créance est la conséquence d'une vente.	**Créditer un compte est la traduction comptable d'une ressource.** Créditer un compte de banque de 100 € signifie que l'entreprise sort de l'argent de son compte bancaire. C'est une ressource car cette dépense permet un achat ou le remboursement d'une dette.

3. Présentations des comptes et calcul des soldes

Présentation à colonnes séparées

512 BANQUE					
DÉBIT			CRÉDIT		
Date	Libellé	Montant	Date	Libellé	Montant
01/12	**À-nouveaux**	**12 345,00**	05/12	Virt EDF	546,00
03/12	Chque 453 – Martin	3 421,00	14/12	Chque 543 – Grant	2 765,00
12/12	Virt Dufour	654,00	19/12	Chque 544 – Marci	5 987,00
25/12	Remise chèques	8 654,00	31/12	Paie Robert	1 357,00
	Total débit	25 074,00		Total débit	10 655,00
	Solde créditeur	**0,00**		**Solde créditeur**	**14 419,00**
	Total	**25 074,00**		**Total**	**25 074,00**

Valeur en compte en **début de période**

Ensemble des opérations enregistrées au débit

Ensemble des opérations enregistrées au crédit

Calcul du solde
Soit **créditeur** (total crédit > total débit)
Soit **débiteur** (total débit > total crédit)

Présentation à colonnes mariées

512 BANQUE					
		Montant		Solde	
Date	Libellé	Débit	Crédit	Débiteur	Créditeur
01/12	**À-nouveaux**	**12 345,00**		12 345,00	
03/12	Chque 453 – Martin	3 421,00		15 766,00	
05/12	Virt EDF	546,00		15 220,00	
12/12	Virt Dufour	654,00		15 874,00	
14/12	Chque 543 – Grant		2 765,00	13 109,00	
19/12	Chque 544 – Marci		5 987,00	7 122,00	
25/12	Remise chèques	8 654,00		15 776,00	
31/12	Paie Robert	1 357,00	1 357,00	**14 419,00**	
31/12	**Total des opérations**	**25 074,00**	**10 655,00**		

= Valeur en compte en **fin de période**

Traditionnellement, les comptables utilisent une **présentation en « T »** lorsqu'ils tracent un compte manuellement sur papier. Il s'agit d'une présentation de travail qui a l'avantage d'être réalisée rapidement *(voir paragraphe III)*.

II L'écriture au journal prépare l'inscription au débit ou au crédit des comptes

Lorsque les montants sont placés en colonne de gauche du journal, ils apparaîtront au débit du compte concerné. Lorsqu'ils sont placés en colonne de droite, ils apparaîtront au crédit.

Exemple (suite)

Écriture du 01/02/N (*voir Fiche ressource 2*).

Le compte Achat de marchandises est débité de 500 €.

Le compte Dette fournisseur est crédité de 500 €.

Valeurs à transférer au **débit** des comptes

Valeurs à transférer au **crédit** des comptes

		01/02/N		
607		Achat de marchandises	500	
	401	Dette fournisseur		500
		Facture n°…		

III Observer l'impact dans les comptes

Les écritures au journal sont donc transcrites dans les comptes concernés, au débit ou au crédit selon ce qui a été inscrit dans le journal.

Remarque : on observe que, depuis la pièce comptable, la « règle droite / gauche » est respectée. En effet, les valeurs inscrites à droite comme une ressource sont placées à droite dans le journal et à droite dans les comptes (au crédit). Inversement pour les valeurs représentant des emplois.

Exemple (suite)

Écritures du 02/02/N et du 03/02/N (*voir Fiche ressource 2*). Par simplification : comptes en T.

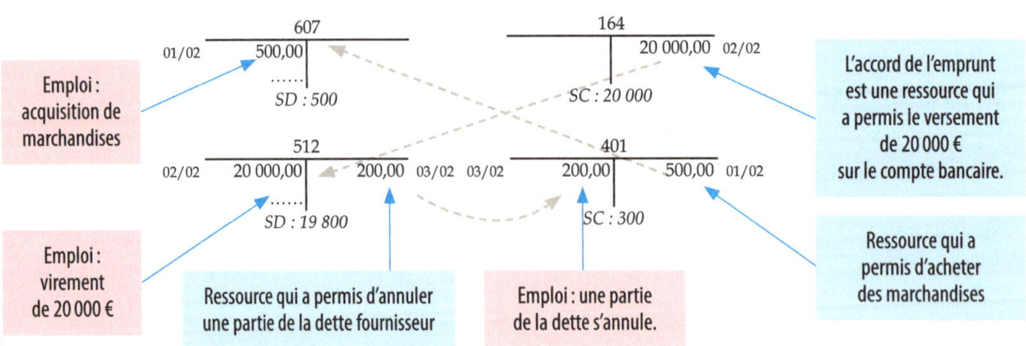

IV Analyser le solde des comptes

Seuls les soldes des comptes sont transférés dans les documents de synthèse. Ils correspondent à la position (valeur restante) du compte à un instant t.

Dans presque la majorité des cas :

– tous les comptes dont le solde est débiteur sont placés en colonne de gauche du document de synthèse concerné et correspondent à un emploi pour l'entreprise ;

– tous les comptes dont le solde est créditeur sont placés en colonne de droite et correspondent à une ressource pour l'entreprise.

L'essentiel en une question

Quelle est la différence entre un journal et un compte ?

Consultez le corrigé
liennathan.fr/b756lv

FICHE RESSOURCE 5

La transcription des flux d'emplois et de ressources dans les documents de synthèse

I L'impact des flux d'emplois et de ressources dans le bilan

Le bilan est un document de synthèse qui récapitule l'ensemble des biens et des dettes qui composent le patrimoine de l'entreprise à un instant t.

Ce document est composé de deux colonnes :

- à droite, le **passif** regroupe dans des postes (rubriques) des comptes dont le solde est créditeur et représente traditionnellement une ressource ;
- à gauche, l'**actif** regroupe des comptes dont le solde est débiteur et représente traditionnellement un emploi.

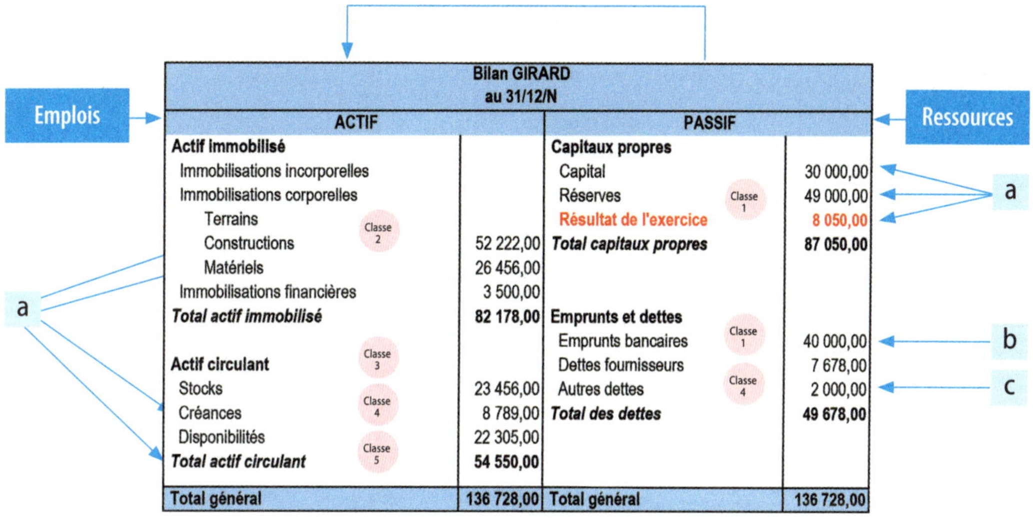

Bilan GIRARD au 31/12/N

ACTIF		PASSIF	
Actif immobilisé		**Capitaux propres**	
Immobilisations incorporelles		Capital	30 000,00
Immobilisations corporelles		Réserves	49 000,00
Terrains		Résultat de l'exercice	8 050,00
Constructions	52 222,00	***Total capitaux propres***	**87 050,00**
Matériels	26 456,00		
Immobilisations financières	3 500,00		
Total actif immobilisé	**82 178,00**	**Emprunts et dettes**	
		Emprunts bancaires	40 000,00
Actif circulant		Dettes fournisseurs	7 678,00
Stocks	23 456,00	Autres dettes	2 000,00
Créances	8 789,00	***Total des dettes***	**49 678,00**
Disponibilités	22 305,00		
Total actif circulant	**54 550,00**		
Total général	136 728,00	Total général	136 728,00

a Les **capitaux propres** (classe 1) représentent des ressources en provenance des créateurs de l'entreprise : le **capital** correspond aux apports réalisés pour financer l'entreprise, les **réserves** correspondent aux bénéfices antérieurs que les associés ont choisi de laisser dans l'entreprise, le résultat correspond au bénéfice de l'année N.

b Les **emprunts** (classe 1) sont des ressources à long terme acquises auprès des établissements financiers.

c Les **dettes** (classe 4) sont des ressources à court terme. Elles ont permis d'acheter des marchandises, par exemple.

Comme dans la représentation schématique des flux, ces postes de ressources sont placés à droite.

d Toutes ces ressources ont permis d'acquérir des biens [**immobilisations** (classe 2), **stocks** (classe 3), **créances** (classe 4) ou **disponibilités** (classe 5)] lors de la création de l'entreprise ou tout au long de sa vie. Ces biens sont des **emplois**. Par exemple, le terrain et les constructions datent très certainement de la création de l'entreprise. Mais les résultats, emprunts et/ou dettes ont permis ensuite d'acquérir d'autres matériels, des stocks, ou de laisser des disponibilités en banque…

Comme dans la représentation schématique des flux, ces emplois sont placés à gauche.

Si le total de l'actif doit toujours être égal au total du passif, c'est parce que le passif représente l'ensemble des ressources qui ont permis d'acquérir l'ensemble des éléments de l'actif. À tout emploi correspond forcément une ressource.

II L'impact des flux d'emplois et de ressources dans le compte de résultat

Le compte de résultat est un document de synthèse qui récapitule l'ensemble des charges (classe 6) et des produits (classe 7) réalisés pendant les 12 mois de l'année N. Les charges correspondent à des opérations d'appauvrissement (achats, par exemple), les produits à des opérations d'enrichissement (ventes, par exemple). La différence entre les deux représente le résultat de l'année, bénéfice ou perte.

Ce document est, comme le bilan, composé de deux colonnes :
– à droite, les produits correspondent à des flux de sortie dont les comptes sont créditeurs ;
– à gauche, les charges correspondent à des flux d'entrée dont les comptes sont débiteurs.

Flux d'entrée → Charges ; Flux de sortie → Produits

Compte de résultat GIRARD
Année N

Charges		**Produits**	
Charges d'exploitation		**Produits d'exploitation**	
Achats marchandises	2 250,00	Vente de marchandises	4 567,00
Achats matières 1res et consommables	34 567,00	Vente de produits finis	88 909,00
Autres charges externes	12 345,00	*Total CA*	*93 476,00*
Impôts, taxes et $vers^{ts}$ assimilés	8 765,00	Autres produits	
Salaires et traitements	23 456,00		
Dotation aux amortissements	5 678,00		
Total charges d'exploitation	***87 061,00***	*Total produits d'exploitation*	***93 476,00***
Charges financières		**Produits financiers**	
Intérets bancaires	654,00	Revenus de placements	400,00
Charges exceptionnelles		**Produits exceptionnels**	
Sur opérations de gestion	5 678,00	Sur opérations de gestion	7 567,00
Total des charges	93 393,00	**Total des produits**	101 443,00
Solde créditeur : Bénéfice	8 050,00	*Solde débiteur :* Perte	0
Total général	**101 443,00**	**Total général**	**101 443,00**

a Les produits sont, pour la plupart, des ventes de marchandises, de produits finis ou de prestations de services. Ces ventes correspondent à des **flux physiques de sortie**.

b Les produits financiers ou exceptionnels correspondent à des événements, à la marge de l'activité normale de l'entreprise, qui permettent de réaliser des gains.

L'ensemble des produits sont des **ressources** pour l'entreprise puisqu'ils correspondent à des événements qui ont permis d'acquérir des créances clients ou des liquidités à placer sur le compte bancaire.

Comme dans la représentation schématique des flux, les ventes et autres produits, flux de sortie, sont placés à droite du compte de résultat.

c Les charges correspondent à des achats de marchandises, matières premières ou prestations de services (loyers). Elles correspondent à des **flux physiques d'entrée**.

Elles représentent les besoins nécessaires au bon fonctionnement de l'entreprise. Ce sont des **emplois** rendus possibles grâce aux emprunts, aux dettes ou toute autre ressource.

Comme dans la représentation schématique des flux, les achats et autres charges, flux d'entrée, sont placés à gauche du compte de résultat.

? L'essentiel en une question

Par quel cheminement les informations des pièces comptables (par exemple, une facture) sont-elles inscrites dans les postes des documents de synthèse ?

Consultez le corrigé
liennathan.fr/8cdxvh

FICHE RESSOURCE 6

À quel moment enregistrer les opérations dans le journal ?

	La comptabilité sur les encaissements	La comptabilité d'engagement
Principe	La comptabilité sur les encaissements est la forme de comptabilité la plus simple : elle consiste à enregistrer les événements en comptabilité uniquement au moment des encaissements ou des décaissements. Exemple Le 12 juin, une entreprise achète des marchandises. Le fournisseur lui accorde un délai de règlement jusqu'au 30 juin. L'achat sera enregistré en comptabilité le 30 juin, au moment du règlement.	La comptabilité d'engagement (ou comptabilité sur les débits) est le système de base de notre comptabilité : elle consiste à enregistrer les événements en comptabilité dès l'achat ou la vente (payés ou non) à partir des pièces comptables (factures…). Exemple Le 12 juin, une entreprise achète des marchandises. Le fournisseur lui accorde un délai de règlement jusqu'au 30 juin. Le 12 juin, on enregistre l'achat et la dette correspondante. Le 30 juin, on enregistre le règlement et l'annulation de la dette.
Entreprises concernées	Les entreprises qui relèvent du régime fiscal appelé « BNC » (bénéfices non commerciaux) peuvent enregistrer une comptabilité sur les encaissements. Exemples Médecins, architectes, experts-comptables, avocats.	Pour de nombreuses entreprises, la comptabilité d'engagement est obligatoire. Par exemple, les entreprises qui relèvent du régime des BIC (bénéfices industriels et commerciaux) ou les entreprises soumises à l'IS (impôt sur les sociétés). Mais toutes les autres entreprises ou associations peuvent choisir, si elles le souhaitent, de tenir une comptabilité d'engagement (option).
Avantages et limites	La comptabilité est simplifiée car les comptes clients (créances) et fournisseurs (dettes) ne sont jamais utilisés. Par contre, les enregistrements comptables ne permettent pas d'alerter si une facture a été payée deux fois ou si une vente n'a jamais été encaissée. Il faut donc, en parallèle (souvent sur un tableur de type Excel), organiser un suivi des factures émises et encaissées.	Cette comptabilité permet le suivi des créances et des dettes. Elle présente en fin d'année, à travers les documents comptables, bilan, compte de résultat et annexes, l'ensemble des « engagements » de l'entreprise. Par contre, presque tous les événements font l'objet de deux enregistrements. Il faut aussi réaliser des « rapprochements bancaires » pour vérifier que le solde du compte banque correspond bien au relevé bancaire. Cette comptabilité est assez lourde à organiser et requiert des compétences solides.

L'essentiel en une question

Dans quel type de comptabilité le comptable utilise-t-il des comptes de créances ou de dettes ?

Consultez le corrigé
liennathan.fr/oq0z4a

FICHE RESSOURCE 7

L'organisation du poste de travail

I Organiser la saisie des opérations au journal

1. Principe

Les travaux comptables sont hiérarchisés et aboutissent à la mise en forme de nombreux documents : journaux, comptes, balance, compte de résultat, bilan… Parmi ces supports, le journal est le seul point d'entrée pour le comptable. C'est à partir du journal que tous les autres documents sont chiffrés. Les informations saisies dans le journal se reporteront automatiquement dans les autres documents.

2. Les différents journaux de saisie

Traditionnellement, on distingue plusieurs journaux :
- le **journal des ventes** : enregistrement des écritures de vente (ressources) ;
- le **journal des achats** : enregistrement des écritures d'achat (emplois) ;
- le **journal de banque** : enregistrement des encaissements et décaissements ;
- l'entreprise peut utiliser un **journal de caisse** (encaissement et décaissement de monnaie) ;
- le **journal des opérations diverses** (OD) : enregistrement des écritures les moins courantes, comme les écritures de fin d'année (inventaire), de TVA, de paie…

La plupart des entreprises disposent d'un logiciel de comptabilité ou d'un PGI. La saisie au journal est donc informatisée. Les écritures courantes peuvent être saisies manuellement sur poste informatique ou générées automatiquement depuis les factures si l'entreprise dispose d'un PGI.

> **Exemple**
> Les factures émises par le commercial d'une entreprise qui dispose d'un PGI génèrent automatiquement des écritures de vente dans le journal, sans intervention du comptable.

II Paramétrer les ressources logicielles

1. Principe

Les logiciels ou progiciels de comptabilité sont prévus pour être paramétrés par l'entreprise qui les acquiert. Le paramétrage consiste à intégrer les données de l'entreprise dans le logiciel afin d'automatiser certaines tâches et de faciliter les travaux comptables.

2. Quelques exemples de paramétrage

Un plan comptable est proposé. L'entreprise peut ajouter des comptes ou supprimer ceux qu'elle n'utilisera pas. Elle disposera alors d'un plan de compte personnalisé, adapté à son activité.

Saisie d'informations concernant l'entreprise : raison sociale, adresse, forme juridique…

Saisie des informations comptables de l'année : date d'exercice, monnaie, taux et régime de TVA, régime fiscal…

L'essentiel en une question

Citez quelques éléments qui permettent de faciliter la saisie comptable.

Consultez le corrigé
liennathan.fr/y8attm

APPLICATIONS

ATELIER PGI

Découvrir le PGI et comprendre les mécanismes comptables

Chapitres concernés

- **Chapitre 1 :** Le système d'information comptable
- **Chapitre 2 :** L'organisation comptable
- **Chapitre 3 :** Les mécanismes comptables

Téléchargez la fiche de travail
liennathan.fr/gdxgss

EXOS FLASH

EXO 1 Quiz interactif

Testez vos connaissances sur ce chapitre avec le quiz en ligne.

liennathan.fr/3gr3po

Votre score ....

EXO 2 Enregistrement d'une écriture de vente au journal et impact dans les comptes

L'entreprise Rigault vend des instruments de musique.
Elle a vendu au client Marion une guitare pour un montant de 750 € HT. La TVA est au taux de 20 %. Marion payera dans 30 jours.

1. **Passez l'écriture au journal.**
2. **Expliquez l'impact de cette écriture dans les comptes concernés.**

EXO 3 Enregistrement de l'encaissement d'un chèque au journal et impact dans les comptes

L'entreprise Michel fabrique du mobilier de jardin. Elle encaisse aujourd'hui le chèque d'un client d'un montant de 895 € pour le paiement d'une vente livrée et facturée le mois dernier.

1. **Passez l'écriture au journal.**
2. **Expliquez l'impact de cette écriture dans les comptes concernés.**

ENTRAÎNEMENT AU BTS 1 Traduire des opérations en termes d'emploi-ressource ★☆☆

Vous débutez dans l'entreprise Tout terrain en tant qu'aide comptable. Votre responsable vous demande d'analyser quelques opérations de novembre N entre l'entreprise et ses partenaires (annexe).

Pour chaque opération, précisez quelle est la ressource et quel est l'emploi : complétez l'annexe.

ANNEXE **Les opérations du mois de janvier N**

Par simplification, toutes ces opérations sont hors taxes.

	Date	Opération	Emploi	Ressource
A	05/01	L'entreprise vend 12 000 € de marchandises au client Martin. Un délai de paiement lui est accordé.		
B	07/01	L'entreprise achète des marchandises au fournisseur Blanco : 5 500 €. Elle paiera plus tard.		
C	09/01	L'entreprise reçoit une facture de l'assureur : 650 €. Le paiement est prévu dans 30 jours.		
D	10/01	L'entreprise vend 4 500 € de marchandises au client Patou. Paiement prévu dans 15 jours.		
E	12/01	L'entreprise reçoit un chèque du client Martin : 12 000 €.		
F	17/01	L'entreprise paie la facture du 07/01.		
G	30/01	L'entreprise constate le salaire de Mme Goult : 1 350 €.		
H	31/01	Mme Goult est payée par chèque.		

ENTRAÎNEMENT AU BTS 2 Enregistrer des opérations au journal ★★☆

Vous débutez dans l'entreprise Rimo, négociant en vins. Votre responsable vous demande d'analyser quelques opérations entre l'entreprise et ses partenaires.
Par simplification, toutes ces opérations sont hors taxes.

● **Pour chaque événement, repérez l'emploi et la ressource puis enregistrez ces opérations dans un journal unique.**

ANNEXE **Les opérations de l'entreprise Rimo**

01/06 Acquisition d'un ordinateur payé par chèque ce jour : 3 500 €.
03/06 Achat de bouteilles de bourgogne : 14 000 € par chèque ce jour.
05/06 Vente au client Luc de 1 800 bouteilles de bordeaux : 28 750 €. Règlement sous quinzaine.
06/06 Achat de 3 000 bouteilles de muscat au fournisseur Beligne : 8 600 €. Règlement à 60 jours.
10/06 Réception et paiement de la facture EDF par chèque : 450 €.
12/06 Constatation et paiement par chèque du loyer mensuel de la boutique : 1 400 €.
15/06 Encaissement d'un chèque envoyé par le client Luc : 20 000 €.
16/06 Virement de la banque à la caisse : 250 €.
18/06 Paiement d'une partie de la somme due au fournisseur Beligne : 7 000 €.
19/06 Vente au comptant à Plichat de bouteilles de beaujolais : 1 400 €. Payé ce jour par chèque.
20/06 Achat de timbres payé en espèces : 120 €.
21/06 Encaissement d'un chèque envoyé par le client Luc : 8 750 €.

ENTRAÎNEMENT AU BTS 3 Utiliser les comptes pour avoir des informations ★☆☆

L'entreprise SIGEDOF commercialise du mobilier destiné aux hôtels et restaurants. Actuellement dans une situation financière difficile, elle vous sollicite afin de faire le point sur les sommes dues par ses clients.

1. **Expliquez à quoi correspond le solde au 01/04 (annexe).**
2. **Complétez le compte 41 « Client Dupont ».**
3. **Le client Dupont a-t-il réglé toutes ses factures ? Justifiez.**
4. **Que devra faire l'entreprise SIGEDOF pour récupérer le montant de sa créance ?**
5. **Cette entreprise utilise-t-elle une comptabilité des encaissements ou d'engagement ? Justifiez.**

ANNEXE **Compte 41 « Client Dupont »**

Compte à colonnes séparées — 41 Client Dupont

Débit			Crédit		
Date	Libellé	Montant	Date	Libellé	Montant
01-avr	Solde au 01/04	5 487	25-avr	Encaissement chèque	5 000
05-avr	Vente tables fact. vg743 au comptant	8 340	30-avr	Encaissement chèque	2 608
10-avr	Vente matelas fact. vg754 sous quinzaine	10 473	07-mai	Virement LCL	8 340
15-avr	Vente bureaux fact. vg770 sous quinzaine	7 608	09-mai	Encaissement chèque	5 487
	Total débit			Total crédit	
	Solde créditeur			Solde débiteur	
	Total			**Total**	

ENTRAÎNEMENT AU BTS 4 — Mettre en œuvre les mécanismes comptables, du journal aux documents de synthèse ★★☆

L'entreprise Amelie fabrique et commercialise du mobilier de jardin destiné aux hôtels et aux centres de vacances. Vous enregistrez en comptabilité les factures de la première semaine de l'année et procédez aux transferts des informations jusqu'aux documents de synthèse.

1. **Étudiez chaque événement présenté en annexe 1 : calculez (si besoin) le montant total des transactions, HT puis TTC, repérez les flux d'emplois et de ressources, recherchez les comptes affectés par ces événements.**
2. **Enregistrez les opérations au journal de l'entreprise (annexe 2).**
3. **Transférez les montants et références des pièces dans le grand-livre (annexe 4).**
4. **Transférez les soldes des comptes dans la balance (annexe 3).**
5. **Complétez les documents de synthèse (annexe 5).**
6. **Analysez l'événement du 2 janvier :**
   a) **Surlignez dans votre journal la créance du client Motelus. Est-ce un emploi ou une ressource pour l'entreprise ? Justifiez en précisant s'il s'agit d'une augmentation ou d'une réduction des créances.**
   b) **Repérez et surlignez cette créance dans le compte qui la concerne. A-t-elle été inscrite au débit ou au crédit ? Justifiez.**
   c) **Repérez et surlignez cette créance dans la balance. Est-elle encore visible ? Justifiez.**
   d) **Repérez et surlignez le poste (rubrique) du document de synthèse dans lequel elle est regroupée. À la lecture du document, ce poste est-il un emploi ou une ressource ? Justifiez.**

ANNEXE 1 Événements de la 1re semaine de janvier N

L'entreprise est soumise au taux de TVA à 20 %.

01/01/N	Vente au client L'Épi d'Or de 3 fauteuils à 435 € HT pièce. Facture n° 323. Le client obtient un délai de règlement.
02/01	Vente au client Motelus d'un lot de 10 transats. Prix total HT : 512 €. Facture n° 324. Règlement sous huitaine.
03/01	Achat d'un rouleau de 50 m de tissu coton au fournisseur TissTiss : 654 € HT. Facture TissTiss n° 980. Règlement 50 % sous 8 jours, le reste à 30 jours.
04/01	Obtention d'un emprunt de 25 000 €. Virement sur le compte bancaire le jour même.
05/01	Réception du règlement de L'Épi d'Or, par chèque n° 6543.
06/01	Règlement de 50 % de la facture du fournisseur TissTiss.

ANNEXE 2 **Tracé du journal**

		01-janv		
		02-janv		
		03-janv		
		04-janv		
		05-janv		
		06-janv		
		Totaux		

ANNEXE 3 **Balance simplifiée au 06/01/N**

Nos	Comptes	Totaux		Soldes	
		Débit	Crédit	Débiteur	Créditeur
101	Capital		150 000,00		
164	Emprunt				
213	Constructions	150 000,00			
215	Matériel et outillage	56 000,00			
22818	Amortissements matériel et outillage		5 600,00		
401	Dettes fournisseurs				
411	Créances clients				
44566	TVA déductible ABS				
44571	TVA collectée				
512	Banque				
601	Achats de matières premières				
701	Ventes de produits finis				
	Totaux				

ANNEXE 4 Comptes mouvementés au cours de la 1re semaine

Comptes de bilan

411 Créances clients

DÉBIT			CRÉDIT		
Date	Libellé	Montant	Date	Libellé	Montant
	Total débit			Total crédit	
	Solde créditeur			Solde débiteur	
	Total			**Total**	

164 Emprunt

DÉBIT			CRÉDIT		
Date	Libellé	Montant	Date	Libellé	Montant
			An	Emprunt bancaire	50 400, 00
	Total débit			Total crédit	
	Solde créditeur			Solde débiteur	
	Total			**Total**	

44566 TVA déductible ABS

DÉBIT			CRÉDIT		
Date	Libellé	Montant	Date	Libellé	Montant
	Total débit			Total crédit	
	Solde créditeur			Solde débiteur	
	Total			**Total**	

401 Fournisseurs

DÉBIT			CRÉDIT		
Date	Libellé	Montant	Date	Libellé	Montant
	Total débit			Total crédit	
	Solde créditeur			Solde débiteur	
	Total			**Total**	

512 Banque

DÉBIT			CRÉDIT		
Date	Libellé	Montant	Date	Libellé	Montant
	Total débit			Total crédit	
	Solde créditeur			Solde débiteur	
	Total			**Total**	

44571 TVA collectée

DÉBIT			CRÉDIT		
Date	Libellé	Montant	Date	Libellé	Montant
	Total débit			Total crédit	
	Solde créditeur			Solde débiteur	
	Total			**Total**	

Comptes de gestion

601 Achats de matières premières

DÉBIT			CRÉDIT		
Date	Libellé	Montant	Date	Libellé	Montant
	Total débit			Total crédit	
	Solde créditeur			Solde débiteur	
	Total			**Total**	

701 Ventes de produits finis

DÉBIT			CRÉDIT		
Date	Libellé	Montant	Date	Libellé	Montant
	Total débit			Total crédit	
	Solde créditeur			Solde débiteur	
	Total			**Total**	

ANNEXE 5 **Documents de synthèse simplifiés au 06/01/N**

COMPTE DE RÉSULTAT provisoire au 06/01

Charges d'exploitation		**Produits d'exploitation**	
Achats marchandises		Ventess de marchandises	
Achats matières 1res et consommables		Vente de produits finis	
Autres charges externes		**Total du chiffre d'affaires**	
Impôts, taxes et versements assimilés		Autres produits	
Salaires et traitements			
Dotations aux amortissements			
Total charges d'exploitation		**Total produits d'exploitation**	
Charges financières		**Produits financiers**	
Total des charges		**Total des produits**	
Solde créditeur : **Bénéfice**		*Solde débiteur :* **Perte**	
Total général		**Total général**	

BILAN provisoire au 06/01

ACTIF		PASSIF	
Actif immobilisé		**Capitaux propres**	
Immobilisations incorporelles		Capital	
Immobilisations corporelles		**Résultat de l'exercice**	
Immobilisations financières			
Total actif immobilisé		***Total capitaux propres***	
Actif circulant		**Dettes**	
Stocks		Emprunts et dettes	
Créances clients		Fournisseurs	
Créances fiscales		Dettes fiscales et sociales	
Banque			
Caisse			
Total actif circulant		***Total des dettes***	
Total général		**Total général**	

SYNTHÈSE

Synthèse audio
liennathan.fr/aks8sn

Les mécanismes comptables

1 L'enregistrement d'un événement au journal

Les flux → **Le sens des flux** → **Le journal**

Les flux

Les échanges entre l'entreprise et ses partenaires se traduisent par des flux d'information, physiques, monétaires.
Seuls les **flux physiques et monétaires** sont enregistrés en comptabilité.

Le sens des flux

Chaque flux a une origine et une destination.

- Les flux qui sont à l'origine de l'entreprise sont des **ressources**.
- Les flux dont l'entreprise est destinataire sont des **emplois**.

Le journal

Un événement = une écriture au journal

↓

Chaque flux lié à cet événement = 1 ligne du journal

↓

Chaque ligne précise le **compte** concerné et le **sens** du flux : emploi à gauche, ressource à droite.

2 Le passage dans les comptes puis dans les documents de synthèse

Les comptes

Les comptes regroupent l'ensemble des flux qui concernent un thème donné.
Ex. : compte ventes, compte banque…

Comme décidé dans le journal :
– à gauche, au débit, les flux d'emplois ;
– à droite, au crédit, les flux de ressources.

↓

- Si total débit > total crédit → **Solde débiteur**
- Si total crédit > total débit → **Solde créditeur**

→ **Les documents de synthèse**

Les soldes des comptes sont transférés dans les documents de synthèse :

- le **compte de résultat** = activité de l'entreprise au cours d'une année ;
- le **bilan** = patrimoine de l'entreprise à un instant t.

Le compte de résultat

En charges	En produits
Comptes dont le solde est normalement débiteur.	Comptes dont le solde est normalement créditeur.
Ex. : 607	*Ex. : 707*
Débit = ↗ du solde	Crédit = ↗ du solde
Crédit = ↘ du solde	Débit = ↘ du solde

Le bilan

À l'actif	Au passif
Comptes dont le solde est normalement débiteur.	Comptes dont le solde est normalement créditeur.
Ex. : 512	*Ex. : 164*
Débit = ↗ du solde	Crédit = ↗ du solde
Crédit = ↘ du solde	Débit = ↘ du solde

3 L'organisation des travaux comptables

Encaissement ou engagement

- **Comptabilité d'encaissement** = écritures au journal au moment des paiements
- **Comptabilité d'engagement** = écritures au journal au moment des événements

Les aides à la saisie

La plupart des entreprises utilisent un PGI.
Les PGI sont paramétrables : création de différents journaux, plan de compte personnalisé ; renseignement automatique des dates, monnaies, régimes fiscaux…

CHAPITRE 4

La tenue et le suivi des dossiers clients et fournisseurs

Activité
1.2. Contrôle des documents commerciaux

Composantes d'activité
1.2.1. Tenue et suivi des dossiers clients : du contrôle du devis au contrôle de l'encaissement
1.2.2. Tenue et suivi des dossiers fournisseurs : du contrôle de la commande au contrôle du règlement

Compétences
– Établir des documents commerciaux (doit et avoir) et calculer et appliquer des réductions commerciales et financières, avances et acomptes, frais accessoires dans le respect des procédures et de la réglementation
– Contrôler les procédures relatives aux opérations commerciales avec les fournisseurs, les opérations à traiter, repérer les anomalies et corriger les erreurs entre les documents (comptables et commerciaux) et alerter

P7 Des propositions de paramétrage (y compris taux de remise, délais de paiement, mode de règlement)

SITUATION PROFESSIONNELLE

La SA Modélisme Provence comprend huit services qui travaillent en parfaite collaboration, permettant ainsi d'assurer sa réussite et sa pérennité. Son chiffre d'affaires en N-1 s'est élevé à 2 115 000 €, soit une augmentation de 5 %. Dans le cadre de cette progression, les services commercial et Achats jouent un rôle important. En effet, afin de satisfaire les attentes des clients nombreux et variés, ils doivent mettre en place un suivi rigoureux de leurs dossiers.

Yves Veson est le responsable du service Achats. Il négocie et conclut auprès des fournisseurs les achats des produits nécessaires à la production des modèles.

Sébastien Lusseran est le directeur commercial. Il définit la politique commerciale en vue d'accroître les ventes et d'augmenter le chiffre d'affaires de l'entreprise. Son équipe a pour mission de prospecter et suivre les clients.

VOS MISSIONS

Dans le cadre de votre stage au service Comptabilité, Mme Lam vous sollicite pour étudier les procédures relatives aux documents et aux opérations commerciales, du point de vue du service Achats et du point de vue du service commercial.

MISSION 1 **Appréhender des documents commerciaux** ▶ Fiches ressource 1 et 2

MISSION 2 **Établir des factures de doit et d'avoir** ▶ Fiche ressource 3

MISSION 3 **Prendre en compte les règles relatives à la TVA** ▶ Fiche ressource 4

VOS MISSIONS

MISSION 1 Appréhender des documents commerciaux

1. Vous prenez connaissance du dossier Corvano. Détaillez de façon chronologique ce qui s'est passé avec ce fournisseur, en y associant les documents qui composent ce dossier.
   ▶ Annexes 1 à 3

Discutons-en !
Quelle différence y a-t-il entre un contrat de vente et une facture ?

2. À quelle date le contrat de vente a-t-il été formé ? Quelles sont les obligations du fournisseur Corvano envers Modélisme Provence à cette date ?
   ▶ Fiche ressource 1
3. Vous examinez le message inscrit par le service Réception sur le bon de livraison. Qui est responsable ? Que doit faire le fournisseur ?
   ▶ Annexes 1 et 4
4. L'entreprise dispose d'un bon de commande du 05/01/N et d'un bon de livraison du 10/01/N. La facture du 18/01/N est-elle tout de même obligatoire ? Justifiez.
   ▶ Fiche ressource 1
5. Analysez la facture de doit du fournisseur Corvano sur la forme et sur le fond. Commentez.
   ▶ Annexes 1 et 2 ▶ Fiche ressource 2
6. Relevez les éventuelles erreurs de fond et de forme sur la facture d'avoir du fournisseur Corvano.
   ▶ Annexe 3
7. Le dossier du fournisseur Corvano est-il clos ? Si non, que reste-t-il à faire ?

MISSION 2 Établir des factures de doit et d'avoir

8. Calculez le montant dû par chacun des clients : Racing Car, Les Fous du modélisme, Les Ailes volantes du 13 et Les Amis du modèle réduit. Détaillez vos calculs en expliquant la particularité de chaque facture.
   ▶ Annexe 5 ▶ Fiche ressource 3

Besoin d'aide ?
liennathan.fr/qfdsn6

9. Calculez le montant des avoirs à établir pour trois clients : Select Concept, Les Ailes volantes du 13 et Les Fous du modélisme. Détaillez vos calculs en expliquant la particularité de chaque avoir.
   ▶ Annexes 6 et 7

Besoin d'aide ?
liennathan.fr/vmki37

MISSION 3 Prendre en compte les règles relatives à la TVA

10. Recensez le montant et le type de TVA présent sur chacune des factures du fournisseur Testlang et du client MR3Picardie. Précisez leur date d'exigibilité ainsi que l'échéance de règlement.
    ▶ Annexes 9 et 10 ▶ Fiche ressource 4

La question de l'expert
Analysez la situation de Modélisme Provence en termes de TVA et justifiez son option pour une TVA sur les débits.

L'autocorrection en vidéo
liennathan.fr/36148z

DONNÉES DE LA SITUATION

ANNEXE 1 Bon de commande et bon de livraison du fournisseur Corvano

Commande fournisseur

N° 1 du 05/01/N

CORVANO

Fournisseur : F001
Etablissement : Etablissement
Devise : Euro
Affaire :

Réf.Interne :
Dépôt : Dépôt par défaut
Livraison le : 10/01/N

Référence	Désignation	Quantité	Reliquat	Dépôt	Date livraison	Prix	Montant	Etat
A460023	Jeu de roulements	8,00		001	10/01/N	58,000	464,00	
A460018	Support moteur en alu	4,00		001	10/01/N	42,000	168,00	
A460027	Flan de carter	12,00		001	10/01/N	25,000	300,00	

Disponible brut
Physique brut
Disponible net

Escompte %	0,00	H.T.	932,00 €	Taxes	186,40 €
Remise %	0,00	dont ports/frais	0,00 €	T.T.C.	1 118,40 €
Règlement	CHQ 30 J FDM	Escompte	0,00 €	Acompte/Règl.	0,00 €
		Remise	0,00 €	Net à payer	1 118,40 €

BON DE LIVRAISON

SARL CORVANO — Date : 10/01/N

ADRESSE DE LIVRAISON
SA MODÉLISME PROVENCE
61 RUE MONTE CRISTO
13006 MARSEILLE

SA MODÉLISME PROVENCE
61 RUE MONTE CRISTO
13006 MARSEILLE
Réf. client : 45287

N° article	Description	Quantité commandée	Quantité livrée
460023	Jeu de roulement	8	8
460078	Support moteur en alu	4	4
460096	Flan de carter	12	8

SARL CORVANO au capital de 8 000 € – 3 rue Paul Claudel 74000 ANNECY – Tél. : 03 50 04 XX XX
RCS ANNECY – 634 225 854

Le 10 janvier N
Le colis était abîmé, les supports moteur en alu sont endommagés et 2 seulement sont utilisables.
Refus des flans de carter qui ne correspondent pas à la commande.
Renvoyés au fournisseur.

ANNEXE 2 Facture du fournisseur Corvano

Facture

SARL CORVANO — Date : 18/01/N

ADRESSE DE LIVRAISON
SA MODÉLISME PROVENCE
61 RUE MONTE CRISTO
13006 MARSEILLE

SA MODÉLISME PROVENCE
61 RUE MONTE CRISTO
13006 MARSEILLE
Réf. client : 45287

Vendeur	Tâche	Méthode d'expédition	Conditions de livraison	Date de livraison	Modalités de paiement	Échéance
01					30 jours fin de mois	28/02/N

Qté	N° article	Description	Prix unitaire	Remise	Total
8	460023	Jeu de roulement	52,00		416,00
4	460078	Support moteur en alu	36,00		144,00
12	460096	Flan de carter	29,00		348,00
			Pourcentage de remise	5 %	45,40
				Sous-total	**862,60**
				Taxes ventes	172,52
				Total	**1 035,12**

Établir tous les chèques à l'ordre de Société Corvano
Merci de votre commande !
SARL CORVANO au capital de 8 000 € – 3 rue Paul Claudel 74000 ANNECY – Tél. : 03 50 04 XX XX
RCS ANNECY – 634 225 854
En cas de retard de paiement, un montant de 40 € pour frais de recouvrement sera facturé.

ANNEXE 3 **Avoir du fournisseur Corvano**

Avoir n° 42

SARL CORVANO		Date : 22/01/N
		SA MODÉLISME PROVENCE 61 RUE MONTE CRISTO 13006 MARSEILLE Réf. client : 45287

Vendeur	Tâche	Méthode d'expédition	Conditions de livraison	Date de livraison	Modalités de paiement	Échéance
01					30 jours fin de mois	28/02/N

Qté	N° article	Description	Prix unitaire	Remise	Total
2	460078	Support moteur en alu	36,00		72,00
			Pourcentage de remise		
				Sous-total	**72,00**
				Taxes ventes	14,40
				Total	**86,40**

SARL CORVANO au capital de 8 000 € – 3 rue Paul Claudel 74000 ANNECY – Tél. : 03 50 04 XX XX
RCS ANNECY – 634 225 854

ANNEXE 4 **Extrait des conditions générales de vente de la SARL Corvano**

Article 1 – Acceptation des commandes
Toute commande emporte adhésion sans réserve à nos Conditions Générales de Vente.
[…]

Article 3 – Transport
Toutes nos marchandises voyagent à nos risques et périls quel que soit le mode de transport ou les modalités de règlement du prix de transport franco ou port dû.
[…]

Article 6 – Clause de réserve de propriété
Le client reconnaît que les fournitures restent notre propriété jusqu'à leur paiement intégral additionné des intérêts et frais éventuels. Cependant, les risques sont supportés par l'acquéreur à compter de la livraison. Huit jours après l'envoi, par lettre recommandée, d'une mise en demeure de payer restée sans effet, les marchandises devront nous être restituées immédiatement, aux frais, risques et périls du client qui s'y oblige, et ce sur simple demande de notre part.

ANNEXE 5 **Commandes clients**

Le client **Racing Car** a finalement été livré avec plusieurs jours de retard. L'entreprise lui accorde une réduction commerciale de 3 % sur le brut HT en plus des 5 % habituellement accordés.

Bon de commande client Racing Car
Livraison client n° 1 du 29/01/N **Livraison le 05/02/N**
Client n° 1
Devise €

Référence	Désignation	Quantité	Prix unitaire	Remise	Montant HT
Commande client n°1 du 29/01/N					
A460002	Boîte de vitesses	3	215,424		646,27
A460006	Triangle en alu	2	98,736		197,47
A460007	Étrier de frein en alu	2	118,932		237,86
Escompte %	0	**HT**	**1 081,61 €**	**TVA 20 %**	**205,51 €**
Remise %	5	**dont ports/frais**	**- €**	**TTC**	**1 233,03 €**
Règlement	CHQ 30 j fin de mois	**Escompte**	**- €**	**Acompte**	**- €**
		Remise	**54,08 €**	**Net à payer**	**1 233,03 €**

ANNEXE 5 (Suite)

Le client **Les Fous du modélisme** a commandé 3 boîtes de vitesses au prix unitaire HT de 215,42 €. Taux de TVA normal en vigueur. Il envisage de payer la facture au comptant. Selon vos conditions générales de vente, vous lui accordez un escompte conditionnel de 2 %.

Le client **Les Ailes volantes du 13** a commandé, le 5 février, 5 disques compétition au prix unitaire HT de 38,15 € et 5 étriers de frein en alu au prix unitaire de 118,93 € (taux normal de TVA en vigueur). Il a versé à la commande un acompte de 30 %.

Le client **Les Amis du modèle réduit** a fait expédier ses marchandises à une adresse différente. Vous lui comptez des frais de port forfaitaire de 30 € HT. L'entreprise a son propre service de livraison mais dans ce cas, elle a fait appel à une entreprise de transport.
Produits commandés (taux normal de TVA en vigueur) :
- 2 Audi A4 au prix unitaire HT de 149,40 € ;
- 4 Lancia Delta au prix unitaire HT de 127,80 €.

ANNEXE 6 Facture du client Select Concept

Modélisme Provence facture un emballage sur certains produits. Lorsque le client retourne cet emballage, l'entreprise rembourse à son client le montant de la consigne.

Facture du client Select Concept
Facture n° 1 du 22/02/N
Client n° 7
Select Concept **Devise €**

Référence	Désignation	Quantité	Prix unitaire	Remise	Montant HT
A460008	Fusées AV en alu	2	116,688		233,38
A460009	Fusées AR en alu	2	116,688		233,38
EMBCON1040	Emballage consigné	2	25,000		50,00
Escompte %	0	**HT**	**466,75 €**	**TVA 20 %**	**84,02 €**
Remise %	10	**dont ports/frais**	**- €**	**TTC**	**554,09 €**
Règlement	CHQ 30 j fin de mois	**Escompte**	**- €**	**Acompte**	**- €**
		Remise	**46,68 €**	**Net à payer**	**554,09 €**

ANNEXE 7 Autres informations clients

Client Les Ailes volantes du 13

Le 12/02, ce client a bien reçu la livraison de sa commande du 05/02. Il a reçu la facture le 15/02. Le 16/02, il appelle Lisa Bachiri pour signaler que 15 disques lui ont été facturés au lieu des 5 effectivement reçus. Il faut lui envoyer un avoir.

Client Les Fous du modélisme

Chaque fin de trimestre et en fonction du montant des ventes, l'entreprise accorde à ses meilleurs clients une ristourne de 3 % du CA.
CA des trois premiers mois du client Les Fous du modélisme : 45 000 € HT

ANNEXE 8 Facture du fournisseur Testlang

SOCIÉTÉ TESTLANG
1354 bd Pierre et Marie Curie
21000 DIJON
SARL AU CAPITAL DE 25 000 €

RCS Dijon 785124365004
NAF : 308
N° TVA FR 18 785124365

FACTURE

Date : 10/02/N N° facture 254-87
Sté MODÉLISME PROVENCE
61 rue Monte Cristo
13006 MARSEILLE

Réf. client	Date de livraison	Modalités de paiement	Échéance
45287	05/02/N	Paiement à 45 jours	25/03/N

Qté	Description	Prix unitaire	Total
1	Polisseuse automatique DIGILAN Moteur 4 kW – 1 500 tr/min	1 480,00	1 480,00
		Sous-total	**1 480,00**
		TVA 20 %	296,00
		Total TTC	**1 776,00**

En cas de retard de paiement, un montant de 40 €
sera facturé pour frais de recouvrement.

Établir tous les chèques à l'ordre de Société TESTLANG

ANNEXE 9 Facture du client MR3Picardie

Facture du client MR3Picardie
Facture n° 2 du 22/02/N
Client n° 8 Livraison le
MR3Picardie **Devise €**

Référence	Désignation	Quantité	Prix unitaire	Remise	Montant HT
A460001	Kit transformation	1	145,860		145,86
A460002	Boîte de vitesse	1	215,424		215,42
A460011	Ressorts d'amortisseurs	2	17,952		35,90
FTM001	Formation aux techniques du montage du 15 au 17/02/N	14	75,000		1 050,00

Escompte %	0	**HT**	**1 447,19 €**	**TVA 20 %**	**289,44 €**
Remise %	0	**dont ports/frais**	**- €**	**TTC**	**1 736,63 €**
Règlement	CHQ comptant	**Escompte**	**- €**	**Acompte**	**- €**
		Remise	**- €**	**Net à payer**	**1 736,63 €**

FICHE RESSOURCE 1

Les documents commerciaux et leurs règles

La **vente** est une convention par laquelle le vendeur s'engage à livrer une chose et l'acheteur à la payer. La vente est commerciale si elle est conclue par un commerçant dans le cadre de son activité commerciale. Elle peut se réaliser en B to B (*Business to Business*), c'est-à-dire entre professionnels, ou en B to C (*Business to Consumer*), c'est-à-dire de professionnel à particulier.

I Le contrat de vente et ses effets

1. Les caractéristiques du contrat de vente commerciale

Outre le respect des règles générales de validité des contrats, dans une vente commerciale, **la loi impose les éléments suivants** :

- le bien vendu doit exister ;
- le prix doit être réel, sérieux, fixé à la conclusion du contrat ou plus tard lorsque la vente s'étale dans le temps ;
- les **conditions générales de vente** doivent figurer au contrat et prévoir les délais et modalités de paiement, les pénalités en cas de retard de règlement et les rabais, remises, ristournes que le vendeur est prêt à consentir à ses acheteurs.

2. Les effets et obligations du contrat de vente

Le contrat de vente commerciale est un **contrat consensuel** formé dès la rencontre de la volonté des parties sur les deux éléments essentiels : la marchandise et le prix. En B to B, lorsqu'il y a négociation entre le client et son fournisseur, un contrat écrit est rédigé. Dans le cas contraire, ce sont les **conditions générales de vente** (CGV) rédigées par l'entreprise vendeuse qui s'appliquent à la vente. Dans ce cas, c'est le bon de commande qui finalise la vente. Le contrat est formé.

Le contrat de vente a pour principal effet de **transférer la propriété** du bien du vendeur à l'acheteur ainsi que les risques y incombant (destruction, détérioration) dès l'accord des parties.

Les contractants peuvent insérer des clauses contraires. Les deux suivantes sont régulièrement utilisées :

- la **clause de réserve de propriété** permet de différer le transfert de la propriété du bien jusqu'à complet paiement du prix ;
- la **clause de transfert des risques**, le vendeur assume les risques jusqu'à la livraison.

Ces effets du contrat de vente génèrent des **obligations envers les parties au contrat** :

Obligations du vendeur	– **Délivrer le bien** défini au contrat. – **Garantir l'acheteur contre l'éviction**, c'est-à-dire lui assurer la propriété paisible du bien acheté sans que le vendeur ou un tiers puisse la reprendre. – **Garantir la chose (le bien) contre les vices cachés et en garantir la conformité.**
Obligations de l'acheteur	– **Payer le prix** convenu au contrat. – **Prendre livraison** du bien dans les conditions définies au contrat.

3. Les clauses des conditions générales de vente

En règle générale, les CGV sont imprimées au verso des documents commerciaux (devis, bon de commande, bon de livraison et facture). **L'entreprise n'a pas l'obligation de rédiger des CGV.** Elles sont **cependant recommandées** dans les relations entre professionnels et constituent le support de la transaction commerciale. Quand elles existent, **les CGV doivent comporter**

Aller plus loin
Les CGV
liennathan.fr/skuzud

obligatoirement certaines mentions : les conditions de règlement, les éléments de détermination du prix tels que le barème des prix unitaires et les éventuelles réductions de prix.
L'entreprise qui refuserait de communiquer ses CGV s'expose à une amende pouvant aller jusqu'à 2 millions d'euros.

II La réglementation relative à l'établissement des documents commerciaux

Au cours du processus d'achat ou de vente, l'entreprise établit **plusieurs types de documents commerciaux :** devis, bon de commande, bon de réception, bon de livraison et facture.
Pour la plupart de ces documents, la présentation par l'entreprise est libre. En revanche, **l'établissement de la facture est obligatoire** et répond à un certain formalisme. La facture doit également comporter des mentions obligatoires.

1. L'obligation de facturation

L'objectif est double. Il s'agit :
- d'assurer la transparence dans les relations entre professionnels ;
- de vérifier que l'entreprise ne vend pas ses produits ou prestations à perte.

Qui doit délivrer la facture ?	Dans quels cas ?	À quelle date ?	Où ?
Toute personne physique ou morale réalisant une activité économique (production et/ou vente de biens, prestations de services…)	Vente ou prestation de services entre professionnels quand le prix dépasse 2 €	Dès la réalisation de la livraison de biens ou de la prestation de services. Un différé de la facturation de quelques jours est admis à titre général (pour nécessité de gestion administrative).	Pour toutes les opérations effectuées sur le territoire français
Les entreprises dont les activités ne sont pas soumises à la TVA (ex. : l'autoentrepreneur)	Vente de marchandises entre un professionnel et un particulier à sa demande		
	Lors du versement d'un acompte		

2. Les fonctions de la facture

La facture a pour **objectif d'obliger le client à payer son fournisseur**. Mais elle possède également **d'autres fonctions**.

Juridique
Constitue la preuve de la marchandise vendue et le droit de créance du vendeur

Commerciale
Détaille les conditions de négociation de la vente entre le fournisseur et son client

Comptable
Sert de justificatif comptable pour l'établissement des comptes annuels

Fiscale
Fait office de support à l'exercice des droits sur la TVA (collecte et déduction) et au contrôle de l'impôt

3. Les sanctions en cas de non-respect de délivrance

Dans le cas du non-respect de l'obligation de délivrance d'une facture, la personne physique ou morale est **redevable d'une amende fiscale égale à 50 % du montant de la transaction.** Le client est solidairement tenu au paiement de cette amende.

L'essentiel en une question

Pourquoi les documents commerciaux sont-ils importants ?

Consultez le corrigé
liennathan.fr/e3cw39

FICHE RESSOURCE 2

Les factures de doit et d'avoir

I La facture de doit

La facture est le document comptable qui constate le montant que le client doit à son fournisseur. Elle est nommée ainsi « doit », car elle génère une dette à la charge du client. Elle constate la créance que le fournisseur a sur son client.

Elle doit être établie en double exemplaire et conservée pendant 10 ans.

La facture se compose de deux parties (l'en-tête et le corps) et comporte les mentions obligatoires ci-dessous.

Nom et numéro du document

NOVASYSTEM
6 quai de la Saône
69000 LYON
SARL au capital de 15 000 €
SIRET : 536 842 741 005
RCS LYON : 536 842 741
NAF : 607
N° TVA intracommunautaire
FR 18 536 842 741
Tél. : 04 25 47 XX XX
Fax : 04 25 47 XX XX

Désignation du fournisseur

FACTURE N° F654

Désignation du client

Société BOURGEOIS
20 place de la Grande Armée
69480 AMBÉRIEUX

En-tête de la facture

Société BOURGEOIS
20 place de la Grande Armée
69480 AMBÉRIEUX

Adresse de livraison

Date de la facture — Date de livraison — Date de règlement

Date	Date de livraison	Code client	Mode de règlement	Échéance
10/10/N	05/10/N	411056	Chèque à 30 jours	10/11/N

Référence	Désignation	Quantité	Prix unitaire	Remise	Montant HT
85978	Masque Airfit	15	37,00		555,00
36454	PPC Napex	6	345,00		2 070,00
76092	Humid'air	3	86,00		258,00

Détail des marchandises vendues comprenant la référence, la désignation, la quantité, le prix unitaire HT

Corps de la facture

Total brut HT		**2 883,00**
Remise	5 %	144,15
Net HT		**2 738,85**
Frais de port		
TVA	20 %	547,77
NET À PAYER EN €		**3 286,62**

Montant total de la facture **HT**
Réductions ou éléments pouvant s'ajouter
Montant de la TVA
Montant total à payer

Un escompte de 5 % sur la somme totale HT sera décompté en cas de paiement dans les 8 jours de la facture.
En cas de retard de paiement, une pénalité égale à 1,5 fois le taux d'intérêt légal sera facturée ainsi qu'un montant de 40 € pour frais de recouvrement.

Conditions d'escompte et pénalités en cas de retard

II La facture d'avoir

La facture d'avoir corrige d'éventuelles erreurs relevées sur la facture initiale ou permet de valoriser les bonnes relations commerciales avec les clients. Elle constate la créance du client sur le fournisseur.

Il existe deux types d'avoir :

- l'**avoir commercial** ou avoir sur stock est établi lorsqu'il y a retour de produits en raison d'une erreur sur la quantité, la référence ou lors de la déconsignation d'emballage (emballage consigné et facturé) ;
- l'**avoir financier** est établi dans le cas où l'entreprise accorde à son client une réduction *a posteriori* ou lorsqu'il y a une erreur sur le prix d'un produit ou d'une remise accordée.

Comme la facture de doit, la facture d'avoir comporte des mentions obligatoires : la mention « AVOIR », le montant HT des réductions consenties au client, le montant de la TVA, le « **net à recevoir** » ou le « **net à votre crédit** » à la place du « **net à payer** », et toutes les références de la facture initiale : si l'avoir fait suite à un retour de marchandises, la facture d'avoir aura la même structure que la facture d'origine, c'est-à-dire qu'elle prendra en compte toutes les réductions accordées sur la facture de doit.

L'avoir peut faire l'objet d'un remboursement, mais en général il n'est pas réglé, il vient en déduction d'une prochaine facture de doit.

III Les sanctions en cas de non-respect des mentions obligatoires

En plus de la sanction pénale pouvant aller jusqu'à 75 000 €, l'entreprise qui ne respecte pas les obligations concernant les mentions obligatoires s'expose à une amende fiscale de 15 € par mention manquante ou inexacte pour chaque facture, plafonnée au quart de son montant.

IV Le contrôle des factures clients et fournisseurs

Le contrôle des factures est très important car ces documents constituent sur le plan comptable la justification des ventes ou des achats de l'entreprise. Il s'agit donc de vérifier la cohérence entre le bon de livraison et la facture client pour une vente et **le bon de réception et la facture fournisseur pour un achat** en procédant au rapprochement entre les quantités commandées et les quantités facturées, en vérifiant les conditions accordées au client ou par le fournisseur et le versement d'un éventuel acompte.

Ce contrôle établit (ou non) la conformité de la facture, et détermine alors la suite des opérations.

	Facture conforme	Facture non conforme
Facture client	– Envoyer la facture au client – Transmettre le document au service comptabilité pour enregistrement	– Réaliser une facture d'avoir – Envoyer les deux documents au client – Transmettre les deux documents au service comptabilité pour enregistrement
Facture fournisseur	– Appliquer la mention « bon à payer » sur l'original et « duplicata » sur les autres exemplaires – Transmettre l'original au service comptabilité pour enregistrement et paiement à la date d'échéance.	– Contacter le fournisseur pour lui signaler les erreurs – Mettre la facture en attente de paiement jusqu'à réception de la facture d'avoir

? L'essentiel en une question

Lorsqu'un client règle une livraison ayant donné lieu à une facture de doit et une facture d'avoir pour RRR, sur quel document apparaît le montant qu'il doit régler ? Justifiez.

Consultez le corrigé
liennathan.fr/p41dvv

FICHE RESSOURCE 3

Les éléments particuliers de la facture

I Les réductions commerciales et financières

1. Les réductions commerciales

Les **réductions commerciales** sont des diminutions de prix liées à la transaction commerciale et pratiquées sur les factures. Elles se calculent de façon successive.
Il existe trois réductions commerciales :

Remise	Elle est accordée au client en fonction soit de la nature de son activité (ex. : réduction accordée à des clients professionnels), soit du montant de sa commande.
Rabais	Il est accordé au client lorsque le produit présente un défaut de qualité, lorsque le produit n'est pas tout à fait conforme à la commande ou en cas de retard de livraison.
Ristourne	Elle est accordée périodiquement au client (ristourne trimestrielle, annuelle) sur l'ensemble de ses achats pour le remercier de sa fidélité. Elle fait l'objet d'une facture d'avoir spécifique.

En comptabilité, les réductions commerciales portées sur une facture ne s'enregistrent jamais : le produit (vente) ou la charge (achat) sont enregistrés pour leur **montant net commercial**, c'est-à-dire une fois les réductions faites.

2. La réduction financière

La réduction financière, ou l'escompte de règlement, n'a aucun aspect commercial. C'est une réduction accordée au client pour paiement anticipé. Elle est **calculée sur le montant net HT de la vente (net commercial)**, mais contrairement à la réduction commerciale, elle doit faire l'objet d'un enregistrement dans le compte **665 « Escomptes accordés »**.
Lorsque l'escompte est conditionnel, le client n'en bénéficie que sous réserve de régler sa dette avant une date précise. Il est admis ici que l'entreprise est dispensée d'adresser à son client une facture d'avoir sous réserve d'avoir indiqué au préalable sur la facture de doit une mention précisant le cas de l'escompte.
Si l'entreprise obtient un escompte auprès d'un fournisseur, le principe est le même : il est comptabilisé en **765 « Escomptes obtenus »**.
Le règlement définitif peut donc être différent du montant TTC de la facture de doit.
L'escompte de règlement est enregistré dans les comptes de l'entreprise en produit financier ou en charge financière.

II Les avances et acomptes

Ce sont des montants que le client peut être amené à verser avant la livraison de sa commande.

Avance	Acompte
Somme que l'entreprise peut exiger de son client avant de commencer l'exécution de sa commande.	Somme versée au fur et à mesure de l'avancement de la commande du client.

Le versement d'une avance ou d'un acompte ne donne pas lieu à l'émission d'une facture d'avoir. En effet, il viendra en déduction du montant total de la facture de doit.
Ce montant est **enregistré dans le compte de client créditeur 4191 « Clients – Avances et acomptes reçus sur commandes ». La TVA n'est pas exigible en cas d'avance ou d'acompte sur une livraison de biens**, mais le devient s'il s'agit d'une prestation de services.

III Les frais accessoires

Les **frais accessoires** sont des frais annexes à la vente, comme les frais de transport ou les emballages.

1. Les frais de transport

Lorsque l'entreprise applique à son client des frais de port, **ils apparaissent sur la facture pour un montant HT et sont comptabilisés distinctement dans un compte spécifique (7085 « Port et frais accessoires facturés »)**.
Le port peut être effectué :
– par **un sous-traitant** (cas général) et refacturé par le fournisseur à son client au prix coûtant (dans le compte de produits de la vente 70…) ou de manière forfaitaire (enregistré en 7085 « Port et frais accessoires facturés ») ;
– par **le vendeur lui-même** (enregistré en charge dans le compte 6242 « Transports sur ventes »).

2. Les emballages

Les produits sont livrés aux clients dans **des emballages qui peuvent être** :
– **soit perdus** : cartons, bouteilles… La valeur de ces emballages est intégrée au prix des marchandises vendues dans le compte correspondant ;
– **soit récupérables** : fûts, caisses, cartons… Dans ce cas, le client doit retourner les emballages : ils sont **consignés dans le compte du client créditeur 4196 « Clients – Dettes sur emballages et matériels consignés »**. Le fournisseur demande alors au client de payer une somme qui servira de dépôt de garantie. Lorsque le client rend les emballages, cette somme lui est restituée.
En règle générale, aucune facturation de TVA n'est effectuée sur la consignation car il ne s'agit pas d'un transfert de propriété mais d'un dépôt de garantie restitué lors de la déconsignation. Il faut alors contrepasser l'écriture du compte 4196 pour le solder.

IV Processus complet de facturation

Facture d'achat	**Montant brut**	Facture de vente
	– RRR	
Compte d'achats (6) ←	**= Net commercial**	→ Compte de ventes (7)
765 Escomptes obtenus ←	– Escompte	→ 665 Escomptes accordés
	= Net financier	
6241 Frais de transport ←	+ Frais de port	→ 7085 Port et frais accessoires facturés ou 6242 Frais de transport
	= Net HT	
4456 TVA déductible sur les débits ou encaissements ←	+ TVA	→ 44571 TVA collectée sur les débits ou encaissements
4096 Fournisseurs – Créances sur emballages ←	+ Emballages consignés	→ 4196 Clients – Dettes sur emballages
	= Net TTC	
4091 Acomptes versés sur commandes ←	– Acompte TTC	→ 4191 Acomptes reçus sur commandes
401 Fournisseurs ←	**= Net à payer TTC**	→ 411 Clients

L'essentiel en une question

Quels sont les éléments particuliers sur une facture qui réduisent le prix commercial du produit principal vendu ?

Consultez le corrigé
liennathan.fr/6l7bq5

FICHE RESSOURCE 5

Les deux types d'exigibilité de la taxe sur la valeur ajoutée (TVA)

Le **fait générateur** est l'événement qui fait naître la TVA sous forme d'une créance ou d'une dette auprès du Trésor public (ex.: la livraison d'un bien). L'**exigibilité** est le droit que le Trésor public peut faire valoir auprès de l'entreprise, à partir d'un moment donné, pour obtenir le paiement de la taxe (ex.: l'encaissement du prix pour une prestation de services).

En règle générale, l'exigibilité intervient à partir de la livraison du bien chez le client. En pratique, la preuve de la livraison se matérialise par la facture, **la date d'exigibilité se confond donc le plus souvent avec la date de facturation**, du moins pour les livraisons de biens.

I La TVA collectée sur les débits

Elle concerne principalement les entreprises de ventes de biens. Elle est aussi appelée « TVA sur facturation ». Le principe est simple : **dès qu'une facture est émise, la TVA collectée devient exigible**. Elle sera **réglée le mois suivant l'émission ou la réception de la facture sans attendre le règlement de la créance**.

> Exemple
> Une entreprise facture à son client pour 1 000 € de marchandises le 10/10/N. La TVA collectée est exigible le même jour.

Cette règle présente comme **inconvénient pour l'entreprise de faire l'avance de la TVA** alors qu'elle n'a pas encore encaissé le montant de la facture de son client.

II La TVA collectée sur les encaissements

1. Le régime de base

Elle concerne les **entreprises de prestations de services**. Dans ce cas, **la TVA est exigible à la date du paiement de la facture par le client. Les acomptes reçus sont obligatoirement soumis à la TVA car il y a eu encaissement partiel du prix.**

> Exemple
> Une entreprise facture à son client pour 1 000 € de prestations de services le 10/10/N, échéance au 15/11/N. Le client la règle le 10/11/N. La TVA collectée sera exigible le 10/11/N.

Le principal avantage de la TVA sur les encaissements est de **permettre à l'entreprise d'attendre le règlement de sa créance pour verser la taxe au Trésor public.**

2. L'option pour les débits

Il est **possible pour l'entreprise d'opter pour la TVA sur les débits**, c'est-à-dire de s'aligner sur le régime des livraisons de biens. Dans ce cas, l'entreprise doit **ajouter sur ses factures la mention « TVA acquittée d'après les débits ». Les acomptes reçus, même en cas d'option sur les débits, restent soumis à la TVA.**

L'option pour le paiement de la TVA sur les débits présente un avantage certain pour l'entreprise : **la TVA facturée sur les prestations de services ne figure plus dans des comptes d'attente d'encaissement mais est exigible dès la facturation**. Le travail de suivi de la TVA exigible s'en trouve grandement simplifié.

Attention : l'entreprise de prestations de services a intérêt à opter pour le paiement de la TVA sur les débits uniquement si les délais de règlement de la clientèle sont au comptant ou très courts.

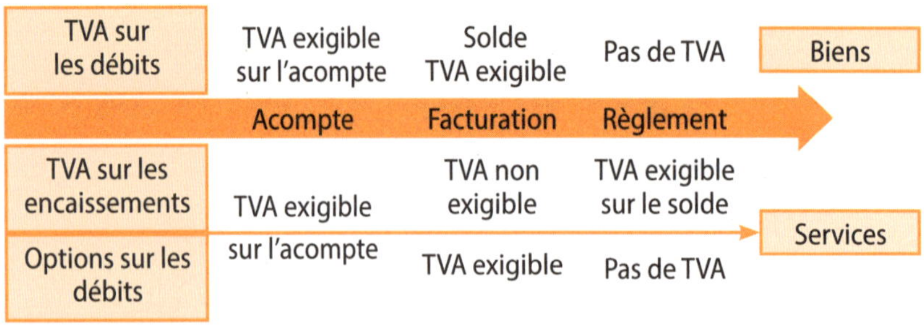

III Les régimes d'imposition à la TVA

Les **principaux critères qui déterminent le régime d'imposition** sont : le statut juridique, le type d'activité et le montant du chiffre d'affaires. Cependant, en fonction des besoins, chaque entreprise a le choix d'opter pour un régime qui ne correspond pas au montant de son chiffre d'affaires, sous réserve de répondre aux conditions décrites dans le tableau ci-après.

Exemple (régime d'imposition à la TVA, barème de 2023)

Régime applicable en 2023	Seuils de chiffre d'affaires 2022 à retenir selon l'activité[1]		Possibilités d'option pour un autre régime
	Ventes de biens corporels, restauration, mise à disposition de logement, fourniture de logement	Autres activités commerciales (prestations de services)	
Réel normal	CA > 840 000 €	CA > 254 000 €	Aucune
Régime simplifié[2]	91 900 €[3] < CA < 840 000 €	36 800 €[2] < CA < 254 000 €	Réel normal
Franchise en base	CA < 91 900 €	CA < 36 800 €[2]	Paiement de la TVA selon le régime simplifié ou le réel normal

1. Les exploitants agricoles obéissent à un régime particulier. Des seuils spécifiques pour l'application de la franchise en base de TVA s'appliquent aux avocats et aux auteurs et artistes-interprètes.

2. Le régime simplifié n'est toutefois pas applicable si le montant de la taxe exigible au titre de l'année précédente dépasse 15 000 €.

3. Pour l'application de la franchise en base de TVA, des limites majorées (respectivement 101 000 € et 39 100 €) peuvent cependant s'appliquer lorsque le chiffre d'affaires de 2021 n'excède pas respectivement 91 900 € ou 36 800 €. Dès le dépassement de la limite majorée en 2023, le régime simplifié est applicable de plein droit.

Exemples
– Isabelle Mercier est infirmière libérale en nom propre. Elle n'est pas soumise à la TVA du fait de sa profession (activité médicale).
– Frédéric Solen est expert-comptable. Son activité est soumise à la TVA.
– Quentin Loiseul envisage d'ouvrir une boulangerie en entreprise individuelle. Il est normalement soumis à la TVA. Cependant, il estime que son CA annuel ne va pas dépasser 91 900 €. Il sera en régime de franchise de base de TVA tant que son CA ne dépassera pas ce seuil.
– Jérémy Stanfisch est électricien autoentrepreneur. Il n'est pas soumis à la TVA.
– Magali et Julien Lemercier sont viticulteurs en SARL. Ils réalisent un CA annuel de 750 000 € par an. Ils relèvent du régime réel simplifié.
– La SA Bakkour vend des fruits et des légumes en gros. Son CA annuel est de 1 150 000 €. Elle relève du régime réel normal.

? L'essentiel en une question

Présentez un avantage et un inconvénient de la TVA sur les encaissements.

Consultez le corrigé
liennathan.fr/96dysp

APPLICATIONS

EXOS FLASH

EXO 1 Quiz interactif

Testez vos connaissances sur ce chapitre avec le quiz en ligne.

liennathan.fr/jko23b

Votre score ....

EXO 2 Calculer le net commercial

L'entreprise Dupont doit établir la facture de son client Durand. Le montant total des marchandises vendues est de 1 689 €. Elle lui accorde une remise exceptionnelle de 5 %.

- **Calculez le net commercial.**

EXO 3 Calculer le net financier

L'entreprise Lesage doit envoyer la facture à son client Leprince (annexe). Le client l'ayant informé au préalable qu'il réglerait la facture au comptant, l'entreprise décide de lui accorder un escompte de 2,5 %.

- **Calculez le net financier.**

ANNEXE Extrait de la facture du client Leprince

Désignation	Quantité	Prix unitaire	Remise	Montant HT
Chocolats (boîtes 250 g)	20	18,50 €		370,00 €
			Total brut HT	**370,00 €**
			Remise 5 %	18,50 €
			Net commercial	**351,50 €**

EXO 4 Établir le net à payer TTC

Votre client Dupuis a versé à la commande un acompte de 20 %. Le montant TTC de la facture s'élève à 2 895 €.

- **Réalisez le bas de facture comprenant le total brut HT, la TVA (20 %), l'acompte et le net à payer TTC.**

EXO 5 Retrouver le montant brut HT d'une facture

- **Retrouvez le montant et le pourcentage de remise sur la facture client en annexe.**

ANNEXE Facture du client Ecocert n° 2 du 10/11/N

Facture du client Ecocert
n° 2 du 10/11/N

Référence	Désignation	Quantité	Prix unitaire	Remise	Montant HT
VSPP5	Vidéo projecteur S	3	895,75		2 687,25
LED3D	TV Led 3D	4	1 298,24		5 192,96
Escompte %	**0%**	**HT**	**7 880,21 €**	**TVA 20 %**	**1 606,04 €**
Remise %		**dont ports/frais**	**150,00 €**	**TTC**	**9 636,25 €**
Règlement	LCR 30 jours fin de mois	**Escompte**	**- €**	**Acompte**	**500,00 €**
		Remise		**Net à payer**	**9 136,25 €**

APPLICATIONS

ENTRAÎNEMENT AU BTS 1 Modifier un modèle de facture ★☆☆

Coraline Dalvi a commencé son activité de travaux de peinture sous le statut d'autoentrepreneur il y a trois ans. En fin d'année dernière, elle a été obligée de changer de statut et a créé une entreprise individuelle car elle a dépassé le seuil autorisé pour le statut d'autoentrepreneur (72600 €), avec un chiffre d'affaires de 86000 € en N-1. Elle vous interroge sur les changements qu'implique ce nouveau statut sur sa facturation. Vous disposez des annexes 1 et 2 pour lui répondre.

1. **Nommez le régime de TVA auquel était imposée Coraline Dalvi auparavant. À quel régime va-t-elle être soumise dorénavant ?**
2. **Indiquez les conséquences de ce changement de statut sur le calcul du net à payer.**
3. **Repérez les éléments à supprimer et ceux à insérer sur le modèle de facture de Coraline Dalvi afin qu'il corresponde à son nouveau statut.**

ANNEXE 1 Modèle de facture utilisé par Coraline Dalvi en N-1

Coraline Peintures
725 chemin de Saint-Jean
19130 Maussac

Dispensé d'immatriculation au RCS
et au répertoire des métiers

Date :
FACTURE N°

Désignation des prestations	Quantité	Prix unitaire	Montant HT
		NET À PAYER EN €	

TVA non applicable, art. 293 B du CGI

ANNEXE 2 Informations sur l'entreprise individuelle Coraline Peintures

Identifiant SIREN : 732 829 320	Catégorie juridique : 1100 – Artisan-Commerçant
Identifiant SIRET : 732 829 320 000074	Code NAF : 4334Z Travaux de peinture et vitrerie

ENTRAÎNEMENT AU BTS 2 Réaliser des factures de doit et d'avoir ★☆☆

Coraline Dalvi démarre dans son nouveau statut d'entrepreneur individuel. Elle vous demande de l'aide pour réaliser ses premières factures assujetties à la TVA au taux de 20 %. Par ailleurs, pour fidéliser le client Durand, elle souhaite lui accorder une remise commerciale exceptionnelle de 3 % suite au retard pris sur le chantier.

1. **Complétez la facture de vente n° 389 (annexe).**
2. **Réalisez la facture d'avoir pour remise commerciale.**

ANNEXE **Facture de vente n° 389**

Le client Durand étant fidèle, Coraline Dalvi lui accorde une remise de 8 % sur chaque commande supérieure à 500 € HT. Il bénéficie également d'un escompte de 3 % car il la règle toujours comptant.

Désignation	Quantité	Prix unitaire	Montant HT
Peintures bureaux du RDC	5	150,00	750,00 €
Heures de MOD	8	60,00	480,00 €
		Total brut HT	1 230,00 €

ENTRAÎNEMENT AU BTS 3 Réaliser des factures de doit et d'avoir avec frais accessoires ★★☆

L'entreprise Ferment est grossiste en fruits et légumes.
Ses produits, rangés dans des caisses consignées, sont livrés chez le client moyennant des frais de transport calculés en fonction de la distance séparant l'entreprise du dépôt du client. Vous êtes comptable dans cette entreprise et vous vous occupez de la facturation aux clients. Le montant des consignations est inclus directement sur la facture. Les retours de caisses se réalisent sur une facture d'avoir séparée. Vous préparez le décompte des factures de deux clients.

1 **Calculez le montant de la facture des clients Les Marchés de Florelle et Intermarché.**

Le client Les Marchés de Florelle retourne 5 caisses de melons et 3 caisses de salades.

2 **Déterminez le montant de l'avoir du retour des caisses pour le client Les Marchés de Florelle.**

ANNEXE 1 **Commandes des clients**

Les Marchés de Florelle
– 5 caisses de melons comprenant 6 melons calibrés de 750 g au prix unitaire 1,90 € le melon.
– 3 caisses de salades comprenant 12 salades au prix unitaire de 0,75 € la salade.
Ce client est situé à 28 km de l'entreprise et bénéficie d'une remise de 4 % et d'un escompte de 1,5 % pour paiement comptant.

Intermarché
10 caisses de melons comprenant 8 melons calibrés de 500 g au prix unitaire de 1,50 € le melon.
Ce client est situé à 42 km de l'entreprise et a versé un acompte de 20 %.

ANNEXE 2 **Frais annexes**

Frais de transport

Distance	Coût au km
< à 5 km	0,00 €
de 5 à 15 km	0,25 €
de 16 à 25 km	0,35 €
de 26 à 35 km	0,45 €
de 36 à 45 km	0,55 €
> à 45 km	0,65 €

Consignation

Les caisses de melons sont consignées 2 € et celles de salades 1,50 €.

SYNTHÈSE

Synthèse audio
liennathan.fr/6jbtm4

La tenue et le suivi des dossiers clients et fournisseurs

1 Appréhender les documents commerciaux

Le contrat de vente

Les achats et les ventes entre l'entreprise et ses partenaires sont soumis à la réglementation des contrats de vente.

Effets

Transfert de propriété dès accord des parties, sauf clauses contraires

Obligations

- **Vendeur :** délivrer le bien, garantir l'acheteur contre l'éviction, garantir la chose et la conformité
- **Acheteur :** payer le prix, prendre livraison

Les documents commerciaux

Les ventes de biens et services ne se font pas devant notaire. De nombreux documents commerciaux les réglementent :
– **devis ou bon de commande** ;
– **bon de livraison** ;
– **facture**.
Il faut contrôler la cohérence entre les différents documents (références, conditions, quantités…).

Les fonctions de la facture

Juridique, commerciale, comptable, fiscale

2 Établir des factures de doit et d'avoir

La facture de doit

- Constate le montant que le client **DOIT** à son fournisseur.
- Est établie en **2 exemplaires** et conservée pendant **10 ans**.
- Est composée de **2 parties** (l'en-tête et le corps) qui comprennent des **mentions obligatoires**.

La facture d'avoir

- **Objectifs :** corriger d'éventuelles erreurs ou valoriser les bonnes relations commerciales
- **2 types d'avoir :** commercial ou financier
- **Présentation quasi identique** avec des mentions obligatoires parfois différentes

Les éléments de la facture

Montant brut HT – Remises commerciales (RRR)	= **Net commercial**
– Remises financières (escompte)	= **Net financier**
+ Frais de port + TVA + Emballages consignés – Acompte	= **Net à payer TTC**

3 Prendre en compte les règles relatives à la TVA

TVA sur les débits

Pour les ***biens***

La TVA est exigible au moment de l'acompte et au moment de la **facturation**.
L'entreprise la reverse le mois suivant, même si le client n'a pas payé.

TVA sur les encaissements

Pour les ***services***

La TVA est exigible au moment des **règlements** (acomptes et/ou solde facture).
Option possible sur les débits : exigible sur acompte et à facturation.

CHAPITRE 5

Le contrôle des opérations et l'archivage des documents

Activité	Composantes d'activité	Compétences	
1.2. Contrôle des documents commerciaux	**1.2.3.** Contrôle des opérations et des traitements dématérialisés **1.2.4.** Conception des procédures d'archivage des documents commerciaux dans le respect des procédures comptables	– Mettre à jour les données clients/fournisseurs (PGI, papier et numérique), effectuer les opérations de contrôle – Mettre en œuvre les procédures internes pour l'archivage	**P7** L'archivage des documents commerciaux conformes aux règles comptables et aux procédures en vigueur dans l'organisation (chronologie, cohérence, formalisme, traçabilité, responsabilité)

SITUATION PROFESSIONNELLE

Au sein de Modélisme Provence, Paula Pérolini et Lisa Bachiri, les assistantes du service Achats et du service commercial, ont pour missions :

– de vérifier régulièrement que les données concernant les clients et les fournisseurs sont à jour ;

– de contrôler les factures envoyées aux clients et celles reçues des fournisseurs avant leur transmission au service comptable pour enregistrement.

Ces tâches sont importantes afin d'éviter les erreurs auprès des clients, donnant une mauvaise image de l'entreprise, et de ne régler aux fournisseurs que les produits effectivement livrés. Les contrôles permettent de limiter les réclamations des clients et réduisent également les coûts sur l'ensemble du cycle des achats et des ventes de l'entreprise. Lisa Bachiri peut ainsi se concentrer sur la gestion de la relation avec les clients et Paula Pérolini peut utiliser ces données comme support de référencement des fournisseurs.

VOS MISSIONS

Après avoir suivi les procédures spécifiques aux opérations commerciales, vous allez être confronté(e) à plusieurs situations relatives à la mise à jour des données des clients et des fournisseurs, au contrôle des documents commerciaux et à leur conservation.

MISSION 1 **Actualiser les données des partenaires commerciaux et contrôler les documents** ▶ Fiches ressource 1 à 3

MISSION 2 **Mettre en place un EDI** ▶ Fiche ressource 4

MISSION 3 **Exploiter des documents archivés** ▶ Fiche ressource 5

VOS MISSIONS

MISSION 1 Actualiser les données des partenaires commerciaux et contrôler les documents

Discutons-en !
Sur quoi peuvent porter les litiges entre deux entreprises partenaires ?

1. **Identifiez les clients nécessitant une mise à jour et précisez le changement à réaliser pour le fournisseur Corvano.**
▶ Annexes 1 à 3 ▶ Fiche ressource 1

2. **Suite à la réclamation du client et en exploitant le planning, l'entreprise vous paraît-elle bien organisée ?**
▶ Annexes 4 et 5 ▶ Fiche ressource 2

3. **En effectuant les contrôles qui vous paraissent adaptés, déterminez si la réclamation client est justifiée.**
▶ Annexes 6 à 8 ▶ Fiche ressource 3

Besoin d'aide ? liennathan.fr/h4k5bu

4. **Quelles actions sont à réaliser compte tenu de votre réponse à la question précédente ?**

La question de l'expert
Si vous deviez vérifier la solvabilité d'une entreprise souhaitant passer commande, comment pourriez-vous procéder ?

L'autocorrection en vidéo liennathan.fr/mhrzft

MISSION 2 Mettre en place un EDI

5. **Indiquez l'avantage principal que peut apporter le recours à l'EDI pour Modélisme Provence. À votre avis, pourquoi ?**
▶ Fiche ressource 4

6. **Identifiez les clients et fournisseurs avec lesquels l'EDI pourrait être mis en place et chiffrez l'économie qui peut en résulter.**
▶ Annexes 9 et 10

La question de l'expert
Grâce à une recherche complémentaire, trouvez des contextes d'utilisation de l'EDI autres que l'échange de documents commerciaux.

L'autocorrection en vidéo liennathan.fr/fdh41w

MISSION 3 Exploiter des documents archivés

7. **L'organisation actuelle des archives chez Modélisme Provence permet-elle d'atteindre les objectifs normalement attendus ? Vous paraît-elle satisfaisante ? Justifiez votre réponse.**
▶ Annexe 11 ▶ Fiche ressource 5

8. **En imaginant la recherche concrète dans les archives des différents documents papier qui vous sont demandés, comment pourriez-vous qualifier cette recherche ? Proposez des pistes d'amélioration.**
▶ Annexes 11 et 12

9. **Quelles pistes pourriez-vous envisager afin de procéder à un archivage dématérialisé ? Laquelle préconiseriez-vous ?**

DONNÉES DE LA SITUATION

CHAPITRE 5

ANNEXE 1 Conditions commerciales

Depuis le 1er du mois en cours, les clients de Modélisme Provence bénéficient d'une **remise de 5 %** lorsque leur chiffre d'affaires de l'année précédente a dépassé 20 000 €. Quant aux fournisseurs, une négociation avec eux a permis d'obtenir un **paiement à 60 jours par lettre de change** acceptée au lieu des 30 jours actuels.

ANNEXE 2 Liste des clients et des fournisseurs en N-1

Clients et fournisseurs	Client	Fournisseur	CA annuel	Nombre de commandes	Nombre de factures de doit ou d'avoir
COMPETITION TEAM	X		71 350 €	28	17
FUTABA		X	56 000 €	17	16
LES AILES VOLANTES DU 13	X		26 620 €	28	35
LES FOUS DU MODÉLISME	X		16 845 €	11	15
MR3 PICARDIE	X		18 332 €	22	18
RACING CAR	X		81 167 €	32	25
PLANE	X		38 966 €	18	15
TOUT POUR L'OUTILLAGE		X	15 478 €	24	28
RUTA		X	14 432 €	16	18
SELECT CONCEPT	X		35 784 €	16	12
TESTLANG		X	55 478 €	22	25
TUNNING PRO		X	26 487 €	14	11
WINNER COMPETITION	X		19 600 €	9	10

ANNEXE 3 Fiche du fournisseur Corvano

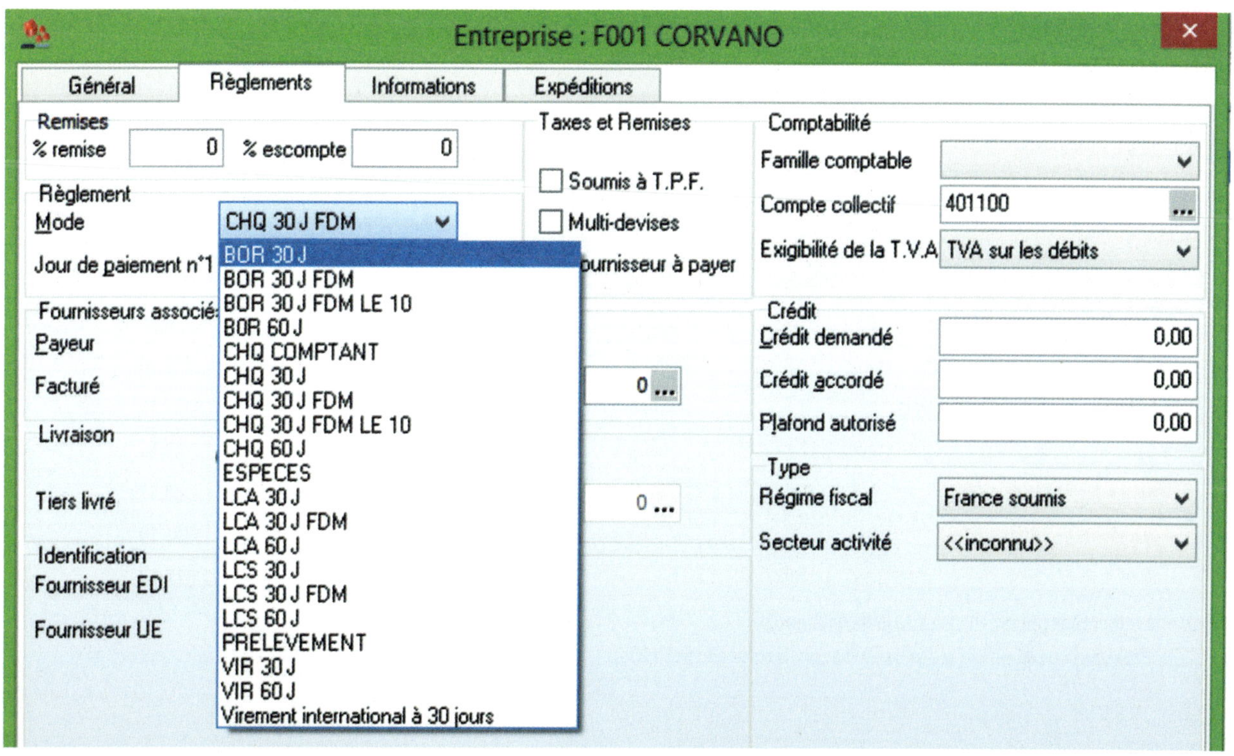

BOR : billet à ordre — CHQ : chèque — VIR : virement
LCA : lettre de change acceptée — LCS : lettre de change soumise à acceptation

ANNEXE 4 Appel du client Racing Car reçu le 05/03 (extrait)

Vous : Bonjour. Que puis-je faire pour vous ?

Le client : Bonjour. J'ai plusieurs problèmes à vous soumettre. J'ai bien reçu votre facture n° F35241 relative à ma commande n° 350256 passée le 1er février. Mon service comptable m'indique qu'il y a une erreur. Pourriez-vous vérifier ? En plus, j'ai été livré en retard, comme de plus en plus souvent. Je commence à m'interroger sur la poursuite de notre relation commerciale…

ANNEXE 5 Planning de suivi des commandes

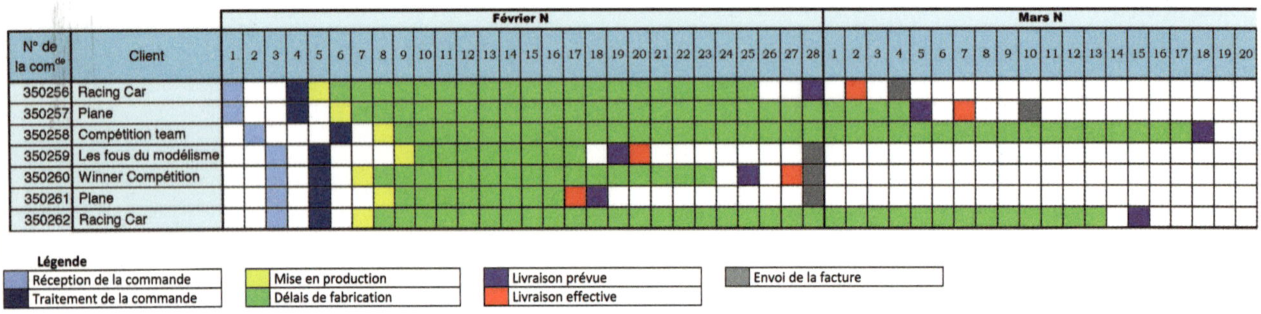

ANNEXE 6 Bon de commande du client Racing Car

MODÉLISME PROVENCE
61 rue Monte Cristo
13006 MARSEILLE

Date : 01/02/N
Bon de commande n° 350256

RACING CAR
57 rue du Rhin
69700 GIVORS

Référence	Description	Quantité	Prix unitaire	Montant
C63482	Ford Focus	5	126,00	630,00
C63481	Peugeot 206	5	140,40	702,00
C63484	Subaru Impreza	3	145,80	437,40
			Total HT	1 769,40
			Remise 5 %	88,47
			TVA 20 %	336,19
			Montant TTC	**2 017,12**

Mode de règlement prévu : chèque à 30 jours fin de mois

ANNEXE 7 Bon de livraison du client Racing Car

MODÉLISME PROVENCE
61 rue Monte Cristo
13006 MARSEILLE

Date : 02/03/N
Bon de livraison n° 4543
Commande n° 350256 du 01/02/N

RACING CAR
57 rue du Rhin
69700 GIVORS

Référence	Description	Qté livrée	Reliquat
C63482	Ford Focus	3	2
C63481	Peugeot 206	5	
C63484	Subaru Impreza	5	

ANNEXE 8 Facture adressée au client Racing Car

MODÉLISME PROVENCE
61 rue Monte Cristo
13006 MARSEILLE

Date : 04/03/N
Facture n° F35241
Livraison du 02/03/N

RACING CAR
57 rue du Rhin
69700 GIVORS

Référence	Description	Quantité	Prix unitaire	Montant
C63482	Ford Focus	5	126,00	630,00
C63481	Peugeot 206	5	140,40	702,00
C63484	Subaru Impreza	3	145,80	437,40
			Total HT	1 769,40
			Remise 5 %	88,47
			TVA 20 %	336,19
			Montant TTC	**2 017,12**

Mode de règlement : chèque à 30 jours fin de mois

ANNEXE 9 Critères définis par Anissa Lam pour passer à l'EDI

N°	Critères	Clients	Fournisseurs
1	Nombre de commandes par an	> 15	> 10
2	Nombre de factures de doit ou d'avoir par an	> 12	> 15
3	Chiffre d'affaires annuel	> 25 000 €	> 15 000 €

ANNEXE 10 Coût de traitement des documents commerciaux

Anissa Lam estime que le coût de traitement d'une commande et d'une facture papier s'élève à la somme de 26 €, décomposée de la façon suivante:
- 17 € pour le traitement d'un document envoyé (exemple: envoi d'un bon de commande vers un fournisseur ou d'une facture vers un client);
- 9 € pour le traitement d'un document reçu (exemple: réception d'un bon de commande d'un client ou d'une facture d'un fournisseur).

Selon ses recherches, le coût de traitement d'un document dématérialisé (en EDI) est divisé par 2.

ANNEXE 11 Les archives de Modélisme Provence

Dès qu'un document a été utilisé, il est archivé.
Les archives sont, depuis la création de l'entreprise, systématiquement stockées dans un local attenant à l'entreprise. Ce local est fermé à clé. Mme Lam dispose de cette clé.
Par sécurité, elles sont rangées dans des boîtes cartonnées déposées dans une armoire fermée à clé. Chaque boîte d'archives correspond à une année et suit le même plan de classement.

Année N									
Service commercial			Service Comptabilité			Service Achats		Service Ressources humaines	
Factures clients	Plans des modèles	Contrats de vente	Factures frais généraux	Relevés bancaires	Bilan et compte de résultat	Factures fournisseurs	Contrats achat	Contrats de travail	Bulletins de paie

Entreprise			
Actes notariés	Plans des locaux et des constructions	Statuts et annexes	Procès-verbaux

Année N-1									
Service commercial			Service Comptabilité			Service Achats		Service Ressources humaines	
Factures clients	Plans des modèles	Contrats de vente	Factures frais généraux	Relevés bancaires	Bilan et compte de résultat	Factures fournisseurs	Contrats achat	Contrats de travail	Bulletins de paie

ANNEXE 12 Les documents à rechercher

L'entreprise est en contentieux avec un client depuis un an pour un problème de qualité. Un nouveau courrier a été reçu et il est nécessaire de retrouver certaines informations.
Documents à rechercher pour le contentieux client:
- factures du client pour l'année N et N-1;
- contrats de vente pour l'année N et N-1;
- plans des modèles pour l'année N et N-1;
- factures d'achat des matières premières pour l'année N et N-1;
- contrats d'achat des matières premières pour l'année N et N-1.

FICHE RESSOURCE 1

Les données clients et fournisseurs

L'ensemble des fiches concernant les clients et les fournisseurs forme une base de données structurée et organisée dans laquelle sont enregistrées les informations relatives à chacun des partenaires de l'entreprise.

I Les bases de données clients

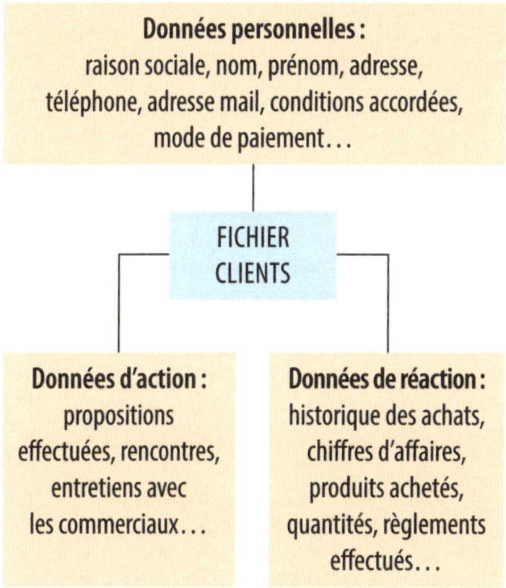

Les données clients sont de trois types (schéma).

Toutes ces informations vont être utilisées par :
– le service commercial pour effectuer des opérations de marketing direct ;
– le service comptable pour effectuer les relances en cas de non-paiement.

Elles doivent régulièrement être mises à jour afin d'éviter les pertes de temps (relancer des clients qui ont déjà réglé leur facture) ou d'argent (envoyer des publipostages à des clients qui n'existent plus).

II Les bases de données fournisseurs

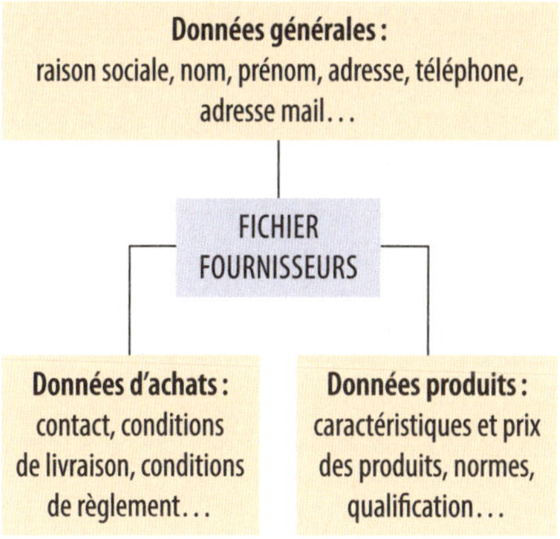

Les données fournisseurs sont de trois types (schéma).

Ces informations vont être utilisées par :
– le service Achats pour sélectionner le fournisseur répondant exactement à la demande lors d'une commande ;
– le service Comptabilité afin de vérifier les conditions accordées par ce fournisseur lors du paiement.

Elles doivent être mises à jour afin d'optimiser les coûts d'achat et de diminuer les risques d'erreurs.

? L'essentiel en une question

Pourquoi l'actualisation des données relatives aux partenaires commerciaux de l'entreprise est-elle primordiale ?

Consultez le corrigé
liennathan.fr/hl5pyx

FICHE RESSOURCE 2

Le contrôle interne des documents commerciaux

I Les objectifs du contrôle interne

Afin d'éviter les réclamations des clients et des fournisseurs, il est primordial d'effectuer des vérifications à tous les stades des **processus de vente et d'achat**…

	L'entreprise doit s'assurer que…	Outils ou moyens de contrôle
Processus de vente	La commande sera traitée dans les meilleurs délais	Tamponner la date de réception de commande
	La livraison sera effectuée à la date prévue	Mettre en place un planning de suivi des commandes et des livraisons clients
	La facture sera réalisée et envoyée au client rapidement	Éditer la facture avec le PGI dès la livraison
	Le client aura réglé sa dette	Vérifier régulièrement les comptes clients
Processus d'achat	Les produits à commander correspondent aux besoins	Vérifier les quantités en stocks
	Les produits seront réceptionnés à la date souhaitée	Mettre en place un planning de suivi des commandes et des livraisons fournisseurs
	Le fournisseur aura transmis sa facture	Pointer les bons de réception avec les factures reçues
	La facture du fournisseur aura été comptabilisée	Tamponner la facture avec la mention « comptabilisé »
	L'entreprise aura réglé sa dette	Vérifier régulièrement les comptes fournisseurs

II La maîtrise du contrôle interne dans les processus de vente et d'achat

Le contrôle interne ne se limite pas aux simples vérifications, mais également à la mise en place de pratiques permettant de limiter les risques associés aux processus de vente et d'achat :
- dans un objectif d'exhaustivité, les bons de livraison, les bons de réception, les factures de doit et d'avoir doivent être **numérotés chronologiquement** ;
- des **procédures d'autorisation** (demande d'achat, bon de commande, règlement…) doivent être mises en place ;
- les **achats importants** doivent faire l'objet d'une commande détaillée et validée par une personne autorisée ;
- dans la mesure du possible et pour éviter toute fraude ou tout détournement de biens, les fonctions commande, livraison, facturation, suivi des encaissements et comptabilisation doivent être séparées. Certaines **fonctions** comme la facturation avec la comptabilisation sont particulièrement **incompatibles** et doivent être confiées à deux personnes différentes ;
- l'**identification des documents** traités grâce à l'apposition d'un tampon « *traité* » ou « *contrôlé* », par exemple sur les documents (bons de commande, bon de réception, facture…), doit être instaurée afin d'éviter d'effectuer deux fois le même traitement.

Des **règles de contrôle interne** doivent donc être clairement définies et mises en place par le responsable administratif. Il peut se faire aider dans cette tâche par l'expert-comptable de l'entreprise.

? L'essentiel en une question

Un salarié peut-il être désigné « contrôleur » et donc responsable du contrôle interne de l'entreprise ?

Consultez le corrigé
liennathan.fr/1uu8ka

FICHE RESSOURCE 3

Les opérations de contrôle interne des documents commerciaux

Que ce soit dans le processus de vente ou d'achat, les contrôles s'effectuent à tous les stades du processus. Ils permettent d'accomplir des vérifications.

I Les contrôles dans le processus de vente

	Vérifier	Service(s) ou personne(s) concerné(es)
Commande du client ↓ Bon de commande	– Les données personnelles du client – La solvabilité ou la situation du client – Les références, les prix et les quantités des produits en stock	Assistant(e) commercial(e)
Bon de commande ↓ Bon de livraison	– La date et le lieu de livraison – La correspondance entre les quantités commandées et les quantités à livrer	Service Livraison Responsable livraison Magasinier
Bon de livraison ↓ Facture	– Les conditions accordées au client – Le paiement éventuel d'un acompte – La correspondance entre les quantités livrées et les quantités facturées	Assistant(e) commercial(e)
Facture ↓ Paiement	– L'échéance de règlement – La réception du règlement	Service Comptabilité

II Les contrôles dans le processus d'achat

	Vérifier	Service(s) ou personne(s) concerné(es)
Demande d'achat ↓ Commande	– L'habilitation de l'émetteur de la demande – Les quantités à commander en fonction des besoins – Les prix des fournisseurs	Assistant(e) achat Responsable des achats
Commande ↓ Bon de réception	– La correspondance entre les quantités commandées et les quantités reçues – La qualité et la conformité des produits reçus	Magasinier
Bon de réception ↓ Facture	– La concordance des quantités reçues et des quantités facturées. – Les conditions accordées par le fournisseur	Assistant(e) achat Responsable des achats
Facture ↓ Règlement	– L'échéance de règlement – L'envoi du règlement	Service Comptabilité

? L'essentiel en une question

Expliquer pourquoi le contrôle interne implique d'être en relation avec les différents services de l'entreprise.

Consultez le corrigé
liennathan.fr/67im0m

FICHE RESSOURCE 4

La transmission des documents commerciaux

I La transmission sous format papier

Les échanges commerciaux imposent aux entreprises d'émettre un certain nombre de documents qui restent encore très souvent sur support papier. **Créés en plusieurs exemplaires** (un pour le client, un voire deux pour l'entreprise), ils se retrouvent dans la chaîne des documents commerciaux :

Création de la commande par le client → Enregistrement de la commande par le fournisseur → **Création du bon de livraison et de la facture** par le fournisseur → Enregistrement de la facture par le client

II La transmission par échange de données informatisé (EDI)

1. Principe

La technique de l'EDI permet de remplacer les échanges de documents papier (bons de commande, bons de livraison, factures…) par des échanges de documents commerciaux « dématérialisés » par voie électronique. Dans ce cas, ils sont sous forme numérique dès leur création.
Le Code général des impôts autorise la dématérialisation des factures dès lors que des dispositifs techniques garantissent l'authenticité de leur origine et l'intégrité de leur contenu.

2. La mise en œuvre

N°	ÉTAPES	DESCRIPTION
1	**Les messages**	Déterminer les messages à transmettre : commande, facture, fiche produit.
2	**Les types d'EDI**	Choisir entre deux types d'EDI : soit interne pour conserver la maîtrise des outils (installations des outils dans l'entreprise, mais avec coûts supplémentaires en matériels et logiciels), soit externe en faisant appel à un prestataire.
3	**Les partenaires**	Identifier les partenaires (clients, fournisseurs, établissements bancaires, administrations) avec qui l'entreprise pourrait établir une convention d'interchange qui fixe les conditions des échanges de données informatisés.
4	**La solution technologique**	Paramétrer l'environnement de l'entreprise et des partenaires, et intégrer l'outil EDI avec le PGI.
5	**La phase de test**	Planifier une phase de test afin de vérifier que l'entreprise et le partenaire parviennent à émettre, recevoir et intégrer toutes les données souhaitées.
6	**Le suivi**	Maintenir un suivi afin de vérifier que la solution répond aux attentes.

3. Les apports d'un EDI

Rapidité	Efficacité	Fiabilité
Les données sont traitées automatiquement, ce qui réduit la durée du cycle de transaction.	Pas de ressaisie des données, d'où suppression des risques d'erreur. Envoi et réception des documents pouvant être retracés à tout moment.	Réduction des coûts de traitement des documents (plus de papier), des litiges et des temps passés à les résoudre.

L'installation d'un EDI permet de réduire d'environ 70 % le temps consacré aux travaux de classement et de traitement des documents.

L'essentiel en une question

Peut-on mettre en place un EDI sans concertation avec les partenaires ?

Consultez le corrigé
liennathan.fr/txagip

FICHE RESSOURCE 5

L'archivage des documents commerciaux

Les archives sont l'ensemble des documents émis ou reçus et conservés pour les besoins de l'activité et de la gestion de l'entreprise.

I Les objectifs de l'archivage

L'archivage répond à deux objectifs principaux :
– il consiste à présenter des documents ayant valeur de preuve dans le cas de contrôles administratifs ;
– il recherche l'efficacité en réduisant le temps nécessaire à la recherche de l'information.
La fréquence d'accès aux documents s'amenuise au cours du temps, c'est pourquoi on peut distinguer différentes formes d'archives :

Accès fréquents	Archives indispensables au **traitement de l'activité courante** : gestion des contrats, des factures…
Accès occasionnels	**Archives intermédiaires**, dont la conservation répond à des fins réglementaires ou juridiques. En effet, selon l'article L123-22 alinéa 2 du Code de commerce, doivent être conservés pendant 10 ans à compter de la fin de l'exercice comptable : – les livres et registres comptables (journaux, grands-livres, livres d'inventaire…) ; – les pièces justificatives ; – les comptes annuels : bilan, comptes de résultat, annexes.
Accès exceptionnels	**Archives historiques**, constituant le patrimoine de l'entreprise.

II Les différentes formes d'archivage

Il n'existe, à l'heure actuelle, aucun texte qui impose le recours à une technologie particulière pour la conservation des documents. On distingue essentiellement trois types d'archivage :

L'archivage papier	Le document original est archivé sous sa forme initiale. **Avantage :** il est consultable sans avoir besoin de matériel. **Inconvénients :** besoin d'espace de stockage important, sensible aux conditions de conservation, risque de déclassement et de perte lors des consultations.
L'archivage microfilm	Les documents sont archivés sur des **pellicules photographiques** disposées les unes à la suite des autres et lisibles par projection ou par tirage sur papier. **Avantages :** besoin de peu d'espace de stockage et support de conservation fiable. **Inconvénient :** nécessité d'un matériel spécifique pour la lecture et l'édition.
L'archivage numérique	Les documents sont archivés sur des supports électroniques. L'information est dématérialisée. **Avantages :** information disponible et consultable facilement, peu d'espace de stockage physique nécessaire. **Inconvénient :** ces supports ne sont pas fiables à 100 %. Il conviendra de faire des sauvegardes sur plusieurs supports différents et de vérifier régulièrement qu'elles ne sont pas altérées.

III Les procédures de stockage des archives

La gestion des archives consiste à :
- organiser le traitement des documents, de leur émission à leur destruction ;
- définir les documents à archiver ;
- choisir un support de stockage sécurisé ;
- choisir un lieu de stockage des archives avec un plan de classement ;
- définir la façon d'exploiter les archives ;
- organiser la destruction des archives une fois le délai légal passé.

De nombreuses normes proposent aux entreprises une procédure pour assurer l'archivage des documents, mais elles n'ont par définition aucun caractère obligatoire. C'est le cas, notamment, de la norme AFNOR Z 42-013, qui fournit un ensemble de spécifications concernant les mesures techniques et surtout organisationnelles nécessaires à l'enregistrement, au stockage et à la restitution de documents électroniques pour assurer leur conservation et leur intégrité. Elle vise surtout à fiabiliser et à sécuriser les systèmes de GED (gestion électronique de documents).

IV Le système d'archivage électronique (SAE)

Il consiste, grâce à une application logicielle installée sur les postes réseaux de l'entreprise, à répondre au besoin de conservation des documents de l'entreprise selon plusieurs objectifs : confidentialité, authenticité, traçabilité, sécurité, pérennité et intégrité.
Cette application va assurer la valeur probante du document en ne permettant ni de le modifier ni de le supprimer. Le document est ainsi géré selon une durée et des règles de conservation dans le respect des contraintes légales de conservation des documents et des normes d'archivage.
L'organisation de l'archivage est maîtrisée par l'entreprise elle-même : choix des documents à archiver, organisation des fichiers numériques, fréquence des sauvegardes, puis recherche de documents…
Il est ainsi possible de comparer le SAE à un « coffre-fort électronique » puisqu'il assure la conservation et l'intégrité d'une information.

V L'externalisation des archives

Elle consiste à confier ses archives à un prestataire extérieur qui va proposer une solution d'archivage adaptée aux besoins de l'entreprise. Il en assure la disponibilité rapide, la sécurité et l'intégrité.

Les principaux avantages de cette solution sont :
- de décharger les salariés de cette tâche afin qu'ils puissent se concentrer sur leur métier ;
- de libérer de la place ;
- de réduire les coûts : en effet, le stockage et la gestion en interne sont trois fois plus chers qu'en externe ;
- de diminuer les risques : les documents seront plus en sécurité dans un local dédié géré par le prestataire qu'au sein de l'entreprise (inondation, incendie, vol…).

Remettre ses archives à un prestataire doit s'effectuer en respectant certaines conditions :
- le prestataire doit répondre à la normalisation existante qui garantit les bonnes pratiques professionnelles ;
- le contrat conclu entre le prestataire et l'entreprise doit être soumis au directeur des archives départementales ;
- les archives déposées doivent faire l'objet d'une déclaration de dépôt.

? L'essentiel en une question

Quels arguments employer pour convaincre de la nécessité d'un archivage ?

Consultez le corrigé
liennathan.fr/aldh9y

APPLICATIONS

EXOS FLASH

EXO 1 Quiz interactif

Testez vos connaissances sur ce chapitre avec le quiz en ligne.

liennathan.fr/jooflw

Votre score ....

EXO 2 Gérer un nouveau client important

Un nouveau client potentiel prend contact avec le service commercial de MeublesConcept, une entreprise de fabrication de meubles design. Il souhaite passer une commande très importante et négocier des délais de paiement favorables.
Le commercial est enchanté car il sait qu'il va pouvoir ainsi faire progresser le chiffre d'affaires de l'entreprise de façon significative. Il envisage alors d'accorder à ce nouveau client les délais de paiement souhaités afin de conclure rapidement cette vente.

- **Partagez-vous l'avis du commercial ? Comment traiteriez-vous cette situation ?**

EXO 3 Suivre une procédure de contrôle interne

L'entreprise Tout Pour le Bâtiment est un grossiste en produits pour le secteur du bâtiment. Elle commercialise toute une gamme de produits adaptés à l'ensemble des besoins des entreprises de construction. L'expert-comptable attire l'attention du dirigeant de l'entreprise sur la nécessité d'avoir un contrôle interne efficace.

- **Rappelez les principaux éléments pouvant apparaître dans la procédure à mettre en œuvre lors d'une opération de vente.**

EXO 4 Archiver et avoir recours au coffre-fort numérique

Les bulletins de paie adressés aux salariés sont de plus en plus souvent dématérialisés. Dans ce cas, ils doivent pouvoir être conservés sur une longue période et être accessibles à tout moment aux salariés (durée d'archivage légal : 50 ans).

- **Afin de faire face à leurs obligations relatives aux bulletins de paie, les entreprises font appel à des prestataires spécialisés. Rappelez les avantages et inconvénients relatifs à l'externalisation de l'archivage.**

APPLICATIONS

ENTRAÎNEMENT AU BTS 1 Contrôler une facture fournisseur ★☆☆

Vous êtes comptable dans l'entreprise Nature & Bio située à Belfort. Vous avez en charge le contrôle des factures d'achat avant leur enregistrement. Vous avez reçu ce matin la facture du fournisseur Biosinner (annexe 2).

1. **Contrôlez la facture de ce fournisseur à l'aide des annexes 1 et 3. Que remarquez-vous ?**
2. **Quelle va être votre démarche auprès du fournisseur pour régulariser la situation ?**
3. **Que constatez-vous concernant le contrôle effectué par votre fournisseur avant l'envoi de ses factures ?**

ANNEXE 1 Bon de livraison du fournisseur Biosinner (extrait)

Société BIOSINNER
16 rue des Platanes
25200 MONTBÉLIARD

NATURE & BIO
136 bd Jean-Jaurès
90000 BELFORT

BON DE LIVRAISON N° 47 du 12 juin N

Commande n° 85 du 9 juin N

Référence	Désignation	Conditionnement	Quantité
JF785	Jus d'ananas 1 L	Carton de 6	3
CH2356	Chocolat au lait	Carton de 12	4
CH4512	Chocolat aux noisettes	Carton de 12	4
BT5241	Biscuits aux amandes	Carton de 8	5

SIGNATURE [signature] OBSERVATIONS RAS

ANNEXE 2 Facture du fournisseur Biosinner (extrait)

FACTURE N° 69 du 13 juin N

Commande n° 85 du 9 juin N **Livraison n° 47 du 12 juin N**

Référence	Désignation	Conditionnement	Quantité	PU	Remise	Montant HT
JF785	Jus d'ananas 1 L	Carton de 6	3	12,90		38,70
CH2356	Chocolat au lait	Carton de 12	4	22,80		91,20
CH4512	Chocolat aux noisettes	Carton de 12	4	23,40		93,60
BT5241	Biscuits aux amandes	Carton de 8	6	15,20		91,20
				Total brut HT		**314,70**
				Remise	3 %	9,44
				Net HT		**305,26**
				Frais de port		10,00
				TVA	20 %	63,05
				NET À PAYER EN €		**378,3**

ANNEXE 3 **Conditions accordées par le fournisseur Biosinner**

Mode de livraison	Par transporteur
Conditions de livraison	Montant forfaitaire de 5 € si le montant net HT de la facture est supérieur à 250 €, sinon 10 €
Mode de règlement	Par traite
Délai de règlement	30 jours fin de mois
Remise	5 % sur les boissons et 3 % sur les autres produits

ENTRAÎNEMENT AU BTS 2 Réorganiser un système d'archivage ★★★

La SARL B3E, spécialisée dans les énergies renouvelables, est confrontée depuis quelque temps à un problème de conservation des documents. L'entreprise est en pleine croissance et l'espace de bibliothèque et archives a été remplacé par deux bureaux.
Votre tuteur vous propose de réfléchir à une solution numérique permettant d'avoir un fonds documentaire mais également de conserver les documents obligatoires. Son optique est de devenir une entreprise 100 % numérique et d'éliminer les archives papier.

1. **Classez les documents actuels par types d'archives (annexe 1).**
2. **Déterminez ceux avec lesquels l'entreprise pourrait utiliser la GED (annexe 2). Justifiez.**
3. **Quelle précaution faudra-t-il prendre vis-à-vis des salariés lors de la mise en place de cette nouvelle organisation ?**

ANNEXE 1 **Les documents stockés actuellement sous forme papier**

- Compte rendu de conférences sur les énergies renouvelables
- Collection la Revue Fiduciaire
- Factures fournisseurs année N-1
- Plans des installations chez les clients année N
- Articles scientifiques
- Documentations des fournisseurs
- Procès-verbaux des AG des cinq dernières années
- Comptes annuels des deux dernières années
- Documents relatifs aux normes de sécurité

ANNEXE 2 **La GED et le SAE**

	GED	SAE
Définition	Système de gestion de l'information permettant de décrire et classer des documents	Système de conservation de l'information permettant de garantir la disponibilité, la confidentialité, l'intégrité et la pérennité des documents
Finalité	Faciliter le partage de l'information	Garantir la confiance dans les documents
Usage	Gestion quotidienne des documents pour la conduite des affaires	Conservation sécurisée des documents ayant valeur de preuve
Forme	Simple logiciel installé sur n'importe quel poste informatique et système d'exploitation	Système informatique respectant des normes et comprenant un logiciel, des espaces de stockage et un environnement logique et physique sécurisé
Fonctionnalités autorisées	Modification et destruction de documents	Gestion des règles de conservation et définition d'une structure de classement

Source : d'après www.archimag.com

SYNTHÈSE

Synthèse audio
liennathan.fr/3a69ch

Le contrôle des opérations et l'archivage des documents

1 L'actualisation et le contrôle des données

Données clients

- 3 types de données :
  – données **personnelles**
  – données **d'action**
  – données **de réaction**
- Utilisées par :
  – le service commercial
  – le service Comptabilité
- Actualisation régulière

Données fournisseurs

- 3 types de données :
  – données **générales**
  – données **d'achat**
  – données **produits**
- Utilisées par :
  – le service Achats
  – le service Comptabilité
- Actualisation régulière

Contrôle interne des documents commerciaux

Éviter les litiges avec les partenaires :
– **vérifications** à tous les stades des processus de vente et d'achat par les différents services concernés
– pratiques permettant une **limitation des risques** (*ex. : séparation des fonctions*)

Processus ventes

- **Contrôle** des données clients lors de la commande
- **Concordance** entre la commande (BC), la livraison (BL), la facture et le règlement reçu
- **Suivi** des traitements associés

Processus achats

- **Adéquation** aux besoins
- **Conformité** des éléments reçus
- **Concordance** entre les documents commerciaux
- **Vérification** de la réalisation des paiements

2 L'utilisation des documents en période active

- Documents créés puis transmis à leurs destinataires
- **Utilisation** et classement
- Modalités de **transmission** qui peuvent différer : papier ou EDI

Papier

- **Support historique**, le plus répandu
- Nécessité de créer plusieurs exemplaires
- **Coûts élevés** (papier, impression, envoi, traitements manuels)

EDI

- **Échange informatisé**
- **Rapidité :** permet d'**optimiser** le fonctionnement de l'organisation et d'**automatiser** davantage
- **Fiabilité** renforcée

3 L'archivage des documents

Archivage

Document qui n'est plus nécessaire pour l'activité courante mais conservé pour :
– répondre à un **besoin occasionnel**
– **respecter la réglementation**

En interne

- Conservation sur support (papier, microfilm ou électronique)
- Nécessité d'un **lieu de stockage adapté**
- Coûts (locaux, dispositifs mis en œuvre)

Externalisé

- Réduction des coûts et des risques
- Nécessite de recourir à un prestataire fiable

CHAPITRE 6

L'enregistrement des opérations relatives aux clients

Activité	Composante d'activité	Compétence	
1.3. Enregistrement et suivi des opérations comptables relatives aux clients	1.3.1. Enregistrement, contrôle et validation des opérations relatives aux clients (y compris celles générées par le PGI)	Enregistrer les opérations relatives aux ventes, aux prestations de services, aux frais accessoires (transport, emballages), aux créances en devises, au règlement au comptant et à crédit et contrôler leur cohérence	P7 L'utilisation du PGI pour effectuer les enregistrements et mettre à jour les données

SITUATION PROFESSIONNELLE

L'entreprise Les Petites Gourmandises, située à Montlouis-sur-Loire, est une SARL familiale créée en 1998 par M. Debard et son épouse. Son activité consiste à fabriquer et commercialiser des chocolats, nougats, calissons, macarons et confiseries diverses. Ses clients sont des particuliers et des professionnels, notamment des restaurants, des épiceries fines et des salons de thé. Le chiffre d'affaires de cette entreprise est en hausse régulière. Les clients français sont de plus en plus nombreux, la zone de chalandise s'étend. De nombreux clients fidèles résident à plus de 100 km de l'entreprise.

Face à cette expansion, l'entreprise a choisi de faciliter la livraison des produits : un service logistique est chargé de l'emballage des produits et de leur transport vers les clients. Dans le même temps, Mme Debard a récemment mis en place l'organisation de cours de cuisine afin de répondre à une sollicitation répétée de la clientèle. Cette nouvelle activité rencontre déjà un fort succès. De même, les ventes hors de France, avec plus de 5 % du chiffre d'affaires, sont en croissance continue. La SARL est très fière de compter le géant américain Mac Cake parmi ses clients réguliers.

VOS MISSIONS

Mme Sorgel met à votre disposition de nombreuses pièces comptables afin que vous puissiez l'assister dans l'enregistrement des opérations relatives aux clients.

- MISSION 1 **Enregistrer des factures de doit et d'avoir avec et sans acompte** ▶ Fiches ressource 1 à 4
- MISSION 2 **Enregistrer des factures avec frais accessoires** ▶ Fiches ressource 5 et 6
- MISSION 3 **Enregistrer des factures et des règlements en devises** ▶ Fiche ressource 7

VOS MISSIONS

MISSION 1 Enregistrer des factures de doit et d'avoir avec et sans acompte

1. Observez les factures émises à l'attention de La Petite Marquise. Que s'est-il passé avec ce client ? Comptabilisez ces deux factures.
   ▶ Annexes 1 et 2 ▶ Fiches ressource 1 et 2

2. Justifiez le montant du chèque émis par La Petite Marquise au 30/09. Comptabilisez ce règlement.
   ▶ Annexe 3

3. Le client Le Sablé d'Or a réglé la facture n° 2381 le 10/10/N. Calculez puis comptabilisez l'avoir auquel il a droit.
   ▶ Annexe 4

Besoin d'aide ? liennathan.fr/7ofzya

4. Comparez les écritures d'avoir pour les clients La Petite Marquise et Le Sablé d'Or. Justifiez les différences.
   ▶ Fiche ressource 1

5. Des cours de pâtisserie ont été organisés chez le client Monsieur Nougatine. Enregistrez l'acompte au 05/10 puis la facture. Expliquez le traitement de la TVA.
   ▶ Annexe 5 ▶ Fiches ressource 3 et 4

MISSION 2 Enregistrer des factures avec frais accessoires

6. Vous contrôlez la facture n° 2422 émise à l'attention du client Rose des vents. Justifiez le montant de TVA. Quel taux a été appliqué aux frais de port et aux emballages consignés ? Précisez si la vente s'est effectuée aux conditions « départ » ou « arrivée ».
   ▶ Annexe 6 ▶ Fiches ressource 5 et 6

7. Enregistrez la facture n° 2422 au journal de l'entreprise.

8. Le 10/12/N, l'entreprise apprend que le client Rose des vents ne retournera pas les emballages consignés. Comptabilisez l'opération et indiquez la créance due par ce client.
   ▶ Annexe 4

Besoin d'aide ? liennathan.fr/1pc9mv

La question de l'expert
Dans ce cas de non-retour des emballages, expliquez pourquoi l'entreprise devra émettre une facture de doit à l'attention du client Rose des vents.

L'autocorrection en vidéo liennathan.fr/4fb2ii

MISSION 3 Enregistrer des factures et des règlements en devises

Discutons-en ! Qu'est-ce que le risque de change ?

9. Observez la facture émise au client Mac Cake. Pourquoi n'y a-t-il pas de TVA ? Expliquez ce qui, selon vous, a pu amener l'entreprise à facturer en dollars ? Quel problème va se poser pour l'enregistrement en comptabilité ?
   ▶ Annexe 7 ▶ Fiche ressource 7

10. Comptabilisez la facture n° 2372 au 15/10/N puis le règlement de la facture le 15/11/N. Justifiez les montants.

La question de l'expert
Entre la date de facture et la date de règlement, le dollar s'est-il renforcé ou affaibli ? Expliquez.

L'autocorrection en vidéo liennathan.fr/syhm6r

DONNÉES DE LA SITUATION

ANNEXE 1 Facture de doit (extrait) Client La Petite Marquise

SARL
Les Petites Gourmandises
Quai Albert Braille
37270 Montlouis-sur-Loire

DOIT :
La Petite Marquise

Facture n° 2354
Le 15 septembre N
Règlement le 30/09/N

Désignation	Qté	Prix unitaire	Montant
Boîtes nougats	100	20,00	2 000,00
		Total brut	2 000,00
		Remise 10 %	200,00
		Net commercial	1 800,00
		Escompte 2 %	36,00
		Net financier	1 764,00
		TVA 5,5 %	97,02
		Net à payer	**1 861,02**

ANNEXE 2 Facture d'avoir Client La Petite Marquise

SARL
Les Petites Gourmandises
Quai Albert Braille
37270 Montlouis-sur-Loire

AVOIR :
La Petite Marquise

Facture n° A112
Le 20 septembre N

Désignation	Qté	Prix unitaire	Montant
Boîtes nougats	20	20,00	400,00
		Remise 10 %	40,00
		Net commercial boîtes retournées	**360,00**
		Rabais 5 % pour retard sur boîtes restantes	**72,00**
		Escompte 2 %	8,64
		Net financier	423,36
		TVA 5,5 %	23,28
		Net à payer	**446,64**

ANNEXE 3 Règlement du client La Petite Marquise

ANNEXE 4 Facture de doit au client Sablé d'Or (extrait)

SARL Les Petites Gourmandises

DOIT : Le Sablé d'Or
Le 2 octobre N

Facture n° 2381
Règlement 30 jours fin de mois

Désignation	Quantité	Prix unitaire	Montant
Calissons	100	15,00	1 500,00
		Total brut	1 500,00
		Remise 10 %	150,00
		Net commercial	1 350,00
		TVA 5,5 %	74,25
		Net à payer	**1 424,25**

2 % d'escompte si paiement dans les 15 jours

ANNEXE 5 Facturation des cours de pâtisserie au client Nougatine (extrait)

SARL Les Petites Gourmandises
Quai Albert Braille
37270 Montlouis-sur-Loire

DOIT : Monsieur NOUGATINE
Le 12 octobre N

Facture n° 1295
Règlement le 12 octobre N par caisse

Désignation	Quantité	Prix unitaire	Montant
Cours de pâtisserie : les nougats	4 heures	30,00	120,00
Paiement de la TVA sur les débits		Total brut	120,00
		TVA 20 %	24,00
		– Acompte versé par caisse le 05/10/N	– 60,00
		Net à payer	**84,00**

ANNEXE 6 Facture de doit au client Rose des vents

SARL Les Petites Gourmandises

DOIT : Rose des vents
Le 28 novembre N

Facture n° 2422
Règlement au 15 décembre N

Désignation	Quantité	Prix unitaire	Montant
Boîtes de sucres d'orge	600	12,00	7 200,00
		Total brut	7 200,00
		Remise 10 %	720,00
		Net commercial	6 480,00
		Port forfaitaire	20,00
		Emballages consignés : 5 palettes à 10 €	50,00
		TVA 5,5 %	357,50
		Net à payer	**6 907,50**

ANNEXE 7 Facture de vente au client américain Mac Cake (extrait)

Information du directeur commercial :
Mac Cake est un nouveau client qui offre de belles perspectives de commandes dans l'avenir. Nous souhaitons faire notre maximum pour lui être agréable.

SARL Les Petites Gourmandises
Quai Albert Braille
37270 Montlouis-sur-Loire

DOIT : MAC CAKE
Le 15 octobre N

Facture n° 2372
Règlement le 15 novembre N

Désignation	Quantité	Prix unitaire en dollars (USD)	Montant
Boîtes de calissons	500 boîtes	13,00	6 500,00
		Total brut	6 500,00
		Remise 10 %	650,00
		Net commercial	5 850,00
		Port forfaitaire	165,00
		Net à payer (en USD)	**6 015,00**

Le 15 octobre
1 € = 1,110 USD

Le 15 novembre
1 € = 1,113 USD

FICHE RESSOURCE 1

La comptabilisation des ventes

I La comptabilisation d'une vente avec réductions

Les ventes sont enregistrées au **journal auxiliaire des ventes (VT)** de l'entreprise à partir des factures émises. Le compte de produit à utiliser dépend de la nature de la vente : 701 « Ventes de produits finis », 706 « Prestations de services », 707 « Ventes de marchandises ».

1. La comptabilisation d'une vente avec réduction commerciale

Les réductions commerciales portées sur la facture de vente (bien ou service) ne sont pas comptabilisées dans un compte distinct. Elles viennent diminuer le produit de la vente enregistré pour le net commercial.

		15/10/N		
411-ARM		Client ARMOR	2 160,00	
	701000	Ventes de produits finis		1 800,00
	445710	État – TVA collectée		360,00
		Facture 225 Coopérative ARMOR		

Brut 2 000 €
Remise 10 %
Net commercial 1 800 €
La réduction commerciale fait baisser le chiffre d'affaires.

2. La comptabilisation d'une vente avec réduction financière

La réduction financière constitue pour le fournisseur (vendeur) une charge financière. Elle est comptabilisée dans un compte distinct afin d'impacter les charges financières présentées dans le compte de résultat : cette réduction accordée au client est enregistrée en **665 « Escomptes accordés »**.

		15/10/N		
411-ARM		Client ARMOR	2 160,00	
665000		Escomptes accordés	200,00	
	701000	Ventes de produits finis		2 000,00
	445710	État – TVA collectée		360,00
		Facture 225 Coopérative ARMOR		

Charge financière
Fera baisser le résultat net comptable.

Brut 2 000 €
La réduction financière n'affecte pas le prix de vente du produit.

3. La vente avec réduction commerciale et financière

La vente est enregistrée au net commercial ; la réduction financière constitue une charge.

		16/10/N		
411-ARM		Client ARMOR	2 052,00	
665000		Escomptes accordés	90,00	
	701000	Ventes de produits finis		1 800,00
	445710	État – TVA collectée		342,00
		Facture 226 Coopérative ARMOR		

Montant brut HT		2 000,00
Remise	10 %	200,00
Net commercial		**1 800,00**
Escompte	5 %	90,00
Net financier		**1 710,00**
TVA	20 %	342,00
Net à payer		**2 052,00**

II L'enregistrement comptable du règlement

Le règlement du client est enregistré dans un **journal auxiliaire de banque (BQ)**.

La créance client est soldée.

		30/10/N		
512000		Règlement ARMOR	2 052,00	
	411-ARM	Client ARMOR		2 052,00
		Rgt fact. 226 – Chèque n° 226354		

L'essentiel en une question

Quelles sont les différences entre l'enregistrement des remises commerciales et celui des remises financières sur facture de doit ?

Consultez le corrigé
liennathan.fr/m23cto

FICHE RESSOURCE 2

La comptabilisation des factures d'avoir

I L'avoir pour retour de marchandises

Le retour de marchandises modifie le total des quantités vendues au client. L'enregistrement comptable de l'avoir a donc pour objectif de réduire chaque montant initialement enregistré avec la facture de doit. Les comptes utilisés pour enregistrer la facture de DOIT sont donc contrepassés.

Exemple

La coopérative Armor retourne dix pulls non conformes à la commande à la société Tricot.

		30/10/N		
701000		Ventes de produits finis	360,00	
445710		État – TVA collectée	68,40	
	665000	Escomptes accordés		18,00
	411-ARM	Client ARMOR		410,40

Les comptes utilisés sont les mêmes que ceux de la facture de doit mais mouvementés en sens inverse (contrepassés).

Le pourcentage de remise est le même que pour la facture de doit (10 %).

Extrait fact. d'avoir pour retour march.

Montant brut HT		400,00
Remise	10 %	40,00
Net commercial		**360,00**
Escompte	5 %	18,00
Net financier		**342,00**
TVA	20 %	68,40
Net à déduire		**410,40**

II L'avoir pour réduction accordée après la vente

Le vendeur peut être amené à accorder une réduction après avoir facturé le client. Dans ce cas, il émet une facture d'avoir.

1. L'avoir pour réduction commerciale

Une remise supplémentaire, un rabais ou une ristourne sont des réductions que l'on ne peut déduire du compte de vente (701, 706, 707) puisqu'elles sont accordées après la vente. On utilise alors un compte de « produit soustractif » avec un chiffre 9 en 3e position (7091, 7096, 7097) et qui viendra diminuer le compte de vente associé pour la présentation du compte de résultat.

2. L'avoir pour réduction financière

Dans certains cas, la facture de DOIT prévoit que si le client paie plus tôt que l'échéance mentionnée, une réduction financière lui sera attribuée. On parle d'escompte conditionnel. Cet escompte se calcule sur le brut ou le net commercial et vient de fait diminuer la TVA collectée.

3. Enregistrement comptable d'un avoir pour réduction commerciale ou financière

Exemple

709 ou 665		Réduction ou escompte	150,00	
445710		État – TVA collectée	30,00	
	411-ARM	Client ARMOR		180,00

Extrait facture pour réduction

Remise **ou** escompte accordé		150,00
TVA	20 %	30,00
Net à déduire		**180,00**

L'essentiel en une question

Quelles sont les trois raisons principales pour accorder un avoir à un client ? Justifiez alors que les comptes utilisés pour l'enregistrement comptable ne sont pas les mêmes.

Consultez le corrigé liennathan.fr/t019tz

FICHE RESSOURCE 3

Les ventes de prestations de services : le traitement particulier de la TVA

I Les prestations de services avec TVA sur les encaissements

La règle générale qui s'applique aux ventes de prestations de services est que la TVA est collectée lors de tout encaissement (acompte, règlement de la facture). Ainsi, cette taxe sera mentionnée sur la déclaration de TVA et transférée à l'État le mois du paiement et non le mois de la facturation.

Or, la facture émise par le vendeur fait apparaître une TVA qu'il convient de comptabiliser. Lorsque le vendeur enregistre cette facture, il doit utiliser un compte transitoire 4458 « TVA à régulariser » pour que cette TVA n'apparaisse pas sur la déclaration du mois de facturation. Ce compte sera soldé lors du paiement.

Exemple

La société Micro facture pour 500 € HT l'installation d'un réseau informatique au client Texier le 10/10/N. Le client réglera sa facture le 05/11/N.

		10/10/N		
411-MICRO		Client MICRO	600,00	
	706	Prestations de services		500,00
	4458	TVA à régulariser		100,00
		05/11/N		
512		Banque	600,00	
4458		TVA à régulariser	100,00	
	411-MICRO	Client MICRO		600,00
	44571	État – TVA collectée		100,00

Compte transitoire
La TVA n'est pas collectée. (→ 4458)

Le compte transitoire est soldé. (→ 4458)

La TVA est collectée. On enregistre une dette vis-à-vis de l'État. (→ 44571)

II Les prestations de services avec TVA sur les débits

Afin d'éviter les décalages entre la date de facturation de la TVA et la date du paiement de la TVA, et pour faciliter les travaux comptables, les entreprises de services peuvent demander à l'administration fiscale de collecter la TVA au moment de la facturation (inscription de la somme due par le client au débit du compte de créance), comme pour les ventes de biens.

Exemple (suite)

Si l'entreprise Micro optait pour le paiement de la TVA à la facturation, les écritures seraient les suivantes :

		10/10/N		
411-MICRO		Banque	600,00	
	706	Prestations de services		500,00
	44571	État – TVA collectée		100,00
		05/11/N		
512		Banque	600,00	
	411	Client		600,00

La TVA est transférée à l'État le mois de la facturation. (→ 100,00)

? L'essentiel en une question

Quels sont les deux régimes de TVA sur prestations de services ? Quelles sont leurs différences en matière d'exigibilité et de comptabilisation de la TVA ?

Consultez le corrigé
liennathan.fr/10dzj7

FICHE RESSOURCE 4

Les acomptes reçus des clients

L'acompte est un versement effectué avant l'achat d'un bien ou la réalisation d'une prestation de service. Depuis le 1er janvier 2023, il n'y a plus lieu de distinguer les acomptes sur livraisons de biens et sur prestations de services. La TVA est exigible sur tous les acomptes quand l'opération de vente est soumise à TVA. Un acompte est toujours considéré comme TTC ; il faut donc en ressortir la TVA.

I L'enregistrement de l'acompte et la TVA

L'acompte versé par le client à l'entreprise constitue une « dette » de l'entreprise envers son client.

Exemple (suite)
La société Micro a perçu un acompte de 240 € du client Texier. La facture d'acompte émise le 05/10/N sera enregistrée ainsi :

		05/10/N		
512		Banque	240	
4458		TVA à régulariser	40	
	4191	Clients – Avances et acomptes reçus sur cdes		240
	44571	État – TVA collectée		40

Dette vis-à-vis du client : l'acompte est à rendre tant que la vente n'est pas définitive.

Dette vis-à-vis de l'État : TVA à reverser en fin de mois d'octobre 240/1,2 × 0,2 = 40 €

Créance sur l'État : la TVA à verser en octobre est susceptible d'être rendue tant que la vente n'est pas définitive.

Traditionnellement, les comptes 41 sont débiteurs et inscrits à l'actif du bilan. Le **chiffre 9 en 3e position** marque l'inversion : le compte 4191 est créditeur et inscrit au passif.

II L'enregistrement de la facture finale

L'acompte est déduit de la facture finale. La TVA qui apparaît sur cette facture doit être éclatée entre la partie déjà collectée lors de l'acompte et celle restant.

Exemple
La société Micro établit le 10/10/N la facture au client Texier.

Extrait facture au client Texier

Montant brut		500,00
TVA	20 %	100,00
Total TTC		**600,00**
Acompte versé le 05/10/N		– 240 €
Net à payer		**360,00**

		10/10/N		
411		Clients	360	
4191		Clients – Avances et acomptes reçus sur cdes	240	
	707	Ventes de marchandises		500
	44571	État – TVA collectée		60
	4458	TVA à régulariser		40

La dette fournisseur est soldée car la vente est définitive. L'acompte est définitivement acquis au vendeur.

Le reste de la TVA est dû le 10/10, à la facturation.

La créance sur l'État est soldée car la vente est définitive, la TVA transférée en octobre est définitivement acquise à l'État.

Attention : si, au moment de la facture, la TVA n'est pas exigible (TVA exigible aux encaissements), les 60 de TVA seront imputés au crédit du compte 4458.

? L'essentiel en une question

Comment enregistre-t-on la TVA lors du versement d'un acompte ?

Consultez le corrigé
liennathan.fr/zu4fo4

FICHE RESSOURCE 5

La comptabilisation des frais de transport et des frais accessoires lors d'opérations de vente

I Typologie des frais de transport

Les frais de transport peuvent être à la charge du client ou à la charge du fournisseur.

<table>
<tr><td>À la charge du fournisseur, non refacturé au client.</td><td colspan="3">La vente est dite « franco de port ». Le client ne paie pas de frais de port. Les frais n'apparaissent pas sur la facture du fournisseur.</td></tr>
<tr><td rowspan="5">À la charge du client</td><td>Le client se charge du transport.</td><td colspan="2">Les frais de port constituent une charge pour le client.
Aucun enregistrement chez le fournisseur.</td></tr>
<tr><td rowspan="3">Le fournisseur facture au client un port forfaitaire. Ce port est un produit analogue à une vente (prestation de service). Cependant, il n'est pas l'activité principale de l'entreprise.</td><td colspan="2">Les frais de port sont enregistrés au crédit du compte 7085 « Ports et frais accessoires facturés ».
Le taux de TVA varie selon les situations :</td></tr>
<tr><td>Condition arrivée : le transport se fait aux risques et périls du vendeur.</td><td>Condition départ : le transport se fait aux risques et périls de l'acheteur.</td></tr>
<tr><td>Taux de TVA des biens vendus (ex. : 5,5 % si vente de produits soumis à un taux de 5,5 %).</td><td>Taux normal de TVA (20 %).</td></tr>
<tr><td>Le fournisseur se charge de l'expédition par le biais d'un transporteur, mais se fait rembourser par le client le prix exact (et non un forfait). Le fournisseur n'est qu'un simple intermédiaire.</td><td colspan="2">On parle de port récupéré (ou débours). Sur la facture de DOIT, le fournisseur fait apparaître les frais déboursés pour le compte du client.
Il n'y a aucune incidence sur le résultat du fournisseur car la charge enregistrée lors du paiement de la facture au fournisseur (6242 « Transports sur ventes ») est contrepassée lors du remboursement par le client.</td></tr>
</table>

II L'enregistrement comptable

1. Enregistrement de frais de transport forfaitaires sur vente

Les frais de transport sont considérés comme des produits annexes soumis à TVA.

Exemple

N° compte			Débit	Crédit
411-TEX		Client TEXIER	708,00	
	707	Ventes de marchandises		540,00
	7085	Ports et frais accessoires facturés		50,00
	44571	État – TVA collectée		118,00
		Facture 121-B Client TEXIER		

Montant brut HT		600,00
Remise	10 %	60,00
Net commercial		**540,00**
Port forfaitaire		50,00
TVA	20 %	118,00
Net à payer		**708,00**

La TVA est calculée aussi sur les frais de transport.

2. Enregistrement de frais de transport récupérés (ou débours)

Les frais de transport payés par le vendeur et enregistrés dans un compte de charge sont refacturés au client au centime près.

Exemple

La société Micro fait appel au transporteur Norbert pour expédier un ordinateur au client Texier. Le transporteur facture à Micro des frais de transport pour 72 € TTC.

624		Transport	60,00	
44566		TVA déductible sur ABS	12,00	
	401-Nor			72,00
		Facture xxx Norbert		

Extrait facture achat du transporteur Norbert

Montant brut HT		60,00
TVA	20 %	12,00
Net à payer		**72,00**

La facture de Micro à son client Texier reprend les frais de transport (extrait) :

411-TEX		Client TEXIER	720,00	
	707	Ventes de marchandises		540,00
	44571	État – TVA collectée		108,00
	624	Transports de biens		60,00
	44566	État – TVA déductible		12,00

Extrait facture vente au client Texier

Montant brut HT		600,00
Remise	10 %	60,00
Net commercial		**540,00**
TVA	20 %	108,00
Frais déboursés pour votre compte Expédition par Norbert : 72 € TTC (dont 12 € de TVA)		72,00
Net à payer		**720,00**

Impact dans le compte de résultat :

624 Frais de transport	
60,00	60,00

Pour la société Micro, les frais de transport n'ont aucun impact sur le résultat comptable.

L'essentiel en une question

Quelles différentes catégories de ports refacturés peut-on rencontrer et quel taux de TVA doit-on leur appliquer ?

Consultez le corrigé
liennathan.fr/3esw99

FICHE RESSOURCE 6

Les opérations sur emballages

D'une façon générale, il est possible de distinguer deux catégories d'emballages :

Les emballages perdus	Ces emballages ne sont ni repris ni consignés. Ils font partie du prix du produit et n'apparaissent pas sur la facture de vente.
Les emballages récupérables	Ces emballages sont des biens fongibles (interchangeables) prêtés au client moyennant une somme d'argent (ex. : palettes en bois, bouteilles de gaz).

I La consignation des emballages récupérables

Sur le plan juridique, la consignation est considérée comme un **prêt à usage**. Il ne s'agit ni d'une vente, car le fournisseur reste propriétaire de l'emballage, ni d'une location. Le client peut se servir des emballages pendant un temps limité et doit ensuite les rendre au fournisseur.

Sur le plan comptable, le fournisseur facture à son client une somme (la consigne) qui lui sera restituée lorsque ce client retournera l'emballage. La consignation est donc une **dette conditionnelle** du fournisseur à l'égard du client. Elle apparaît sur la facture pour un montant HT et n'est pas soumise à TVA. Elle est enregistrée au **crédit du compte 4196 « Clients, dettes pour emballages consignés »**.

Exemple

411-GERV		Client GERVAIS	1 268,00	
	707	Ventes de marchandises		960,00
	7085	Ports et frais accessoires facturés		80,00
	44571	État – TVA collectée		208,00
	4196	Clients – Dettes pour emballages consignés		20,00

La créance (1 268 €) tient compte de la consigne de 20 € mais le vendeur devra la rendre au client Gervais, c'est pourquoi on enregistre aussi une dette pour rappel.

Pas de TVA calculée sur la consigne

Extrait facture vente au client Gervais

Montant brut HT		1 200,00
Remise	20 %	240,00
Net commercial		**960,00**
Port forfaitaire		80,00
TVA	20 %	208,00
2 caisses consignées		20,00
Net à payer		**1 268,00**

II Le retour des emballages consignés

Lorsque le client retourne les emballages consignés, une facture d'avoir lui est adressée, à moins que le fournisseur déduise la consigne sur la prochaine facture. Il faut envisager deux situations : soit la déconsignation s'effectue au même prix que la consignation, soit elle s'effectue à un prix inférieur.

1. Déconsignation au prix de la consignation

Il s'agit, dans ce cas, de solder le compte 4196.

Exemple

Le 30/11/N, la société Apline réceptionne les deux palettes de son client Gervais.

4196		Clients – Dettes pour emballages consignés	20,00	
	411-GERV	Client GERVAIS		20,00

La dette est soldée.

La créance est réduite.

Extrait facture d'avoir au client Gervais

Retour 2 palettes		20,00
Net à votre crédit		**20,00**

2. Déconsignation à prix inférieur à la consignation

La consigne peut être « reprise » pour un prix inférieur à celui facturé au client. Il peut s'agir d'une pratique commerciale ou cela peut se justifier parce que le bien est usagé. Dans ce cas, le vendeur réalise un gain appelé « boni » qui doit apparaître en produit dans le **compte 7086 « Bonis sur reprises d'emballages consignés** » et qui est assimilé à une **location soumise à TVA** au taux normal de 20 %.

Exemple (suite)

Le 30/11/N, la société Apline réceptionne les deux palettes de son client. Celles-ci sont reprises pour un montant de 16 € HT (soit 8 € HT la palette).

4196		Client – Dettes pour emballages consignés	20,00	
	411-GERV	Client GERVAIS		15,20
	7086	Bonis sur reprises d'emballages		4,00
	44571	État – TVA collectée		0,80

La dette est soldée. (4196)

Correspond à une location à la charge du client et soumise à TVA. (7086, 44571)

La créance n'est réduite que de 15,20 €. (411-GERV)

Extrait facture d'avoir au client Gervais

Retour 2 palettes		20,00
Bonis sur emballage : 2 × 2		4,00
TVA sur boni	20 %	0,80
Net à votre crédit		**15,20**

III Le non-retour des emballages consignés : la vente des emballages

Pour différentes raisons, le client peut souhaiter conserver les emballages. Ceux-ci peuvent aussi avoir été endommagés. Pour le fournisseur, le non-retour des emballages est assimilé à une **vente** soumise au taux normal de TVA de 20 %. L'enregistrement s'effectue au crédit du compte **7088 « Autres produits d'activités annexes »**. Dans la pratique, bien que la consignation a été comptabilisée HT sur la facture initiale, on considère en cas de non-retour que le prix de consignation est TTC, ce qui évite un nouveau flux monétaire.

Exemple (suite)

Le client Gervais décide de conserver une palette sur les deux.

4196		Clients – Dettes pour emballages consignés	20,00	
	411-GERV	Client GERVAIS		10,00
	7088	Autres produits des activités annexes		8,33
	44571	État – TVA collectée		1,67

La dette est soldée. (4196)

Palette rendue : réduction de la créance due par le client (411-GERV)

Palette gardée : constatation d'une vente avec TVA (7088, 44571)

Extrait facture d'avoir au client Gervais

Caisse non restituée HT		8,33
TVA	20 %	1,67
Prix TTC		**10,00**
Consignation des palettes		20,00
Net à votre crédit		**10,00**

? L'essentiel en une question

Dans quel compte et dans quel sens enregistre-t-on la consignation des emballages récupérables ?

Consultez le corrigé
liennathan.fr/9fb9me

FICHE RESSOURCE 7

Les ventes réalisées hors de France : traitement des créances en devises

Les ventes réalisées hors zone euro peuvent générer des opérations en devises. Il existe alors un risque pour l'entreprise lié à l'évolution du cours du change.

Remarque : les ventes hors du territoire sont exonérées de TVA ainsi que les acomptes éventuels.

I Le principe de facturation en devises et le risque de change

En principe, une entreprise facture ses ventes en euros. Toutefois, la facturation en devises est possible.

Qui facture ?	Entreprise française	
	Principe	Exception*
Monnaie de facturation (monnaie dans laquelle sera rédigée et payée la facture)	Euros	Devise du pays d'origine du client
Risque pour l'entreprise	Aucun	Oui (évolution défavorable du taux de change)

* Pour des raisons commerciales (par exemple, faire plaisir à son client en lui évitant une exposition aux variations du taux de change), économiques (importance d'une devise à l'international…) ou de facilités administratives, toute entreprise française peut facturer dans une devise autre que l'euro à partir du moment où la devise est reconnue à l'international et convertible en euros. L'entreprise s'entend alors avec son client pour valider le cours de conversion à la facturation.

II L'impact d'une évolution du taux de change et les calculs associés

Il faut faire attention aux deux manières dont peut être exprimé le taux de change.

2 façons d'exprimer un taux de change	Euros contre devises	Devises contre euros
Exemple	**1 EUR** = 1,25 USD	**1 USD** = 0,80 EUR
Exemple de conversion d'un montant de 1 000 EUR	1 000 EUR × 1,25 = 1 250 USD	1 000 EUR / 0,80 = 1 250 USD
Exemple de conversion d'un montant de 1 000 USD	1 000 USD / 1,25 = 800 EUR	1 000 USD × 0,80 = 800 EUR

Évolution	Le dollar se renforce		Le dollar s'affaiblit	
	Avec 1 euro, on a **moins** de dollars. Avec 1 dollar, on a **plus** d'euros.		Avec 1 euro, on a **plus** de dollars. Avec 1 dollar, on a **moins** d'euros.	
Exemples	1 EUR = 1,10 USD	1 USD = 0,91 EUR	1 EUR = 1,35 USD	1 USD = 0,74 EUR
J'ai une créance de 1 000 USD.	= 910 EUR (au lieu de 800) La créance convertie en euros augmente.		= 740 EUR (au lieu de 800) La créance convertie en euros diminue.	

III L'enregistrement comptable des ventes en devises

Lorsque les ventes sont négociées et libellées dans une monnaie étrangère (devise), l'entreprise doit convertir cette devise en euros pour l'enregistrement en comptabilité.

Lorsque la date du paiement diffère de la date de facturation, le cours de l'euro par rapport à la devise aura très certainement varié. Dans ce cas, l'entreprise française peut réaliser, selon le cas, un gain de change (756) ou une perte de change (656).

1. L'enregistrement de la vente

La vente en devises est convertie **au cours du jour de la facture**.

Exemple

Le 15/04/N, la société Négoce a réalisé une vente de marchandises à un client turque (Ozuk) pour 10 000 TRY (livres turques). Le paiement aura lieu le 15/05/N.

Cours de la livre turque le 15/04/N : 1TRY = 0,294 EUR

		15/04/N		
41103		Client OZUK	2 940,00	
	70703	Ventes de marchandises		2 940,00

Exportation : pas de TVA

10 000 × 0,294

La vente peut être enregistrée dans des comptes spécifiques, ici 03 en sous-division.

2. L'enregistrement de l'encaissement

Au moment de l'encaissement, les devises reçues sont converties **au cours du jour de paiement**.

Exemple (suite)

Le 15/05, le client turque Ozuk règle sa dette à l'entreprise Négoce.

Le 15/05/N : 1 TRY = 0,296 EUR

Chèque converti au cours du jour du paiement : 10 000 × 0,296

		15/05/N		
512		Banque	2 960,00	
	41103	Client OZUK		2 940,00
	756	Gains de change		20,00

La créance est soldée.

Gain de change

En supposant que le 15/05/N : 1TRY = 0,291 EUR.

Chèque converti au cours du jour du paiement : 10 000 × 0,291

		15/05/N		
512		Banque	2 910,00	
656		Perte de change	30,00	
	41103	Client OZUK		2 940,00

Perte de change

La créance est soldée.

? L'essentiel en une question

D'où provient l'apparition d'un gain ou d'une perte de change lors du règlement d'une facture en devises par le client ?

Consultez le corrigé
liennathan.fr/l4cl10

APPLICATIONS

EXOS FLASH

EXO **1** Quiz interactif

Testez vos connaissances sur ce chapitre avec le quiz en ligne.

liennathan.fr/f68sv0

Votre score ....

EXO **2** Réaliser des calculs commerciaux

Une entreprise teste vos capacités à maîtriser les calculs commerciaux.

• **Complétez le tableau avec la valeur qui convient et que vous aurez retrouvée par le calcul.**

Montant brut	Taux de remise	Net commercial	Taux d'escompte	Montant de l'escompte	Net financier	Taux TVA	Montant TVA	Net à payer
10 000,00	10 %	....	5 %	....	8 550,00	5,5 %	....	9 020,25
50 000,00	5 %	....	1 %	475,00	....	20 %	9 405,00	56 430,00
5 000,00	0 %	5 000,00	0 %		5 000,00	10 %	500,00	....
25 000,00	....	24 500,00	....	245,00	24 255,00	20 %	....	29 106,00
45 000,00	15 %	....	3 %	1 147,50	....	5,5 %	2 040,64	39 143,14
30 000,00	....	27 600,00	....	276,00	27 324,00	....	2 732,40	30 056,40
....	6 %	....	0 %		....	20 %	8 460,00	....

EXO **3** Maîtriser les calculs en devise

Dans une entreprise qui travaille avec les États-Unis, on souhaite former le personnel comptable pour lui permettre de maîtriser les calculs avec les devises.

• **Complétez le tableau en fournissant les informations demandées. Aidez-vous de l'exemple proposé.**

Montant de la créance en USD	Expression du taux de change	Calcul pour convertir en EUR la créance en devises	Valeur en EUR de la créance en USD	Expression inverse du taux de change	Calcul pour convertir en EUR la créance en devises
1 000	*1 EUR = 0,50 USD*	*1 000 / 0,5*	*2 000,00 EUR*	*1 USD = 2 EUR*	*1 000 × 2*
10 000	1 EUR = 0,80 USD				
11 000	1 USD = 0,70 EUR				
12 000	1 EUR = 1,20 USD				
13 000	1 USD = 1,30 EUR				
14 500	1 EUR = 0,90 USD				
15 000	1 USD = 0,60 EUR				

APPLICATIONS

ENTRAÎNEMENT AU BTS 1 Enregistrer une facture de doit avec réductions

★☆☆

La SARL Fleurans, située à Angers, fabrique des produits certifiés bio et les commercialise à des particuliers et à des professionnels. Tous les produits sont soumis au taux de TVA réduit de 5,5 %.

1. **Complétez la facture du client Gerval (annexe).**
2. **Quelles différences faites-vous entre des ventes de marchandises, de produits finis et de prestations de services ?**
3. **Citez deux autres réductions commerciales et précisez les raisons pour lesquelles elles peuvent être accordées.**
4. **Rappelez la signification de l'escompte qui apparaît sur la facture. Précisez l'incidence de cette réduction sur la trésorerie et le résultat de l'entreprise Fleurans.**
5. **Précisez l'incidence de la TVA collectée sur le bilan de l'entreprise Fleurans. Rappelez la date d'exigibilité de la TVA sur les ventes de biens.**

ANNEXE Facture du client Gerval

SARL FLEURANS

DOIT : Monsieur GERVAL
Le 2 février N

Facture n° 102

Réf.	Désignation	Quantité	Prix unitaire	Montant
43 158	Gaufres bio au miel	250	4,25	
09115	Pain d'épices bio	150	4,50	
01616	Infusion	50	5,65	
			Total brut HT	
			Remise 10 %	
			Net commercial	
			Escompte 2 %	
			Net financier	
			TVA 5,5 %	
			Total TTC	
			Net à payer	

Règlement le 2 février par chèque bancaire n° 585 612

ENTRAÎNEMENT AU BTS 2 Enregistrer des factures avec frais accessoires et emballages ★☆☆

La SARL Chamogniard, située à Saint-Gervais (Haute-Savoie), commercialise et répare, auprès d'une clientèle de particuliers et de professionnels français et étrangers, des articles de montagne (sacs à dos, piolets, mousquetons...). Ses activités sont soumises au taux normal unique de TVA (20 %).

1. **Présentez schématiquement le corps des factures n° V164 et n° AV136 au client Miage (annexe).**
2. **Quel est le taux de TVA appliqué aux frais de port ? Justifiez votre réponse.**
3. **Indiquez ce que signifie la consignation d'emballages. Quelle est l'incidence de la consignation d'emballages sur le bilan de l'entreprise Chamogniard ?**
4. **Enregistrez, dans la comptabilité de l'entreprise Chamogniard, les écritures relatives aux opérations du 10/03/N et du 22/03/N.**

ANNEXE **Extrait des opérations réalisées en mars N**

10/03/N
Livraison au client Miage de piolets, facture n° V164 Montant brut HT : 4 000 €. Remise 5 % Port forfaitaire 200 € (condition « arrivée ») Deux caisses consignées au prix de 50 € pièce* servent à transporter les marchandises.
22/03/N
Le client Miage retourne les deux caisses. Celles-ci ayant été endommagées, elles ne seront reprises que pour 35 € l'unité*. La société Chamogniard adresse à son client la facture d'avoir n° AV136.

** Les prix de consigne et de reprise sont considérés hors taxes.*

ENTRAÎNEMENT AU BTS 3 Enregistrer une prestation de services en tenant compte des options fiscales en matière de TVA

★★☆

La société Lorraine Multicopie a pour activité la vente de photocopieurs neufs et d'occasion ainsi que la vente de pièces détachées et assure l'entretien et la réparation des photocopieurs. Elle facture différentes prestations au client Repro57 (annexe).

1 **Rappelez les règles applicables en matière de TVA sur les prestations de services.**

2 **Que signifie le paiement de la TVA d'après les débits ?**

3 **Dans quel compte les prestations de services sont-elles enregistrées ?**

4 **L'acompte reçu est-il soumis à la TVA ? Justifiez votre réponse. Quelle est l'incidence de l'acompte reçu sur le bilan de la société Lorraine Multicopie ?**

5 **Enregistrez les écritures suivantes dans la comptabilité de la société Lorraine Multicopie :**
a) **versement de l'acompte le 05/02/N ;**
b) **facturation le 15/02/N ;**
c) **règlement du solde le 25/02/N.**

6 **On fait l'hypothèse que la société Lorraine Multicopie n'a pas opté pour le paiement de la TVA sur les débits. Enregistrez les trois opérations de la question 5 dans sa comptabilité.**

ANNEXE **Facture de prestation de service – Client Repro57**

LORRAINE MULTICOPIE

Facture n° 13.227

DOIT : REPRO57
Le 15 février N

Désignation	Quantité	Prix unitaire	Montant
Main-d'œuvre (en heures)	4	60,00	240,00
Réparation et nettoyage photocopieurs KONICA suivant devis n° 13.5221 Réinitialisation	1	60,00	60,00
		Total main-d'œuvre	300,00
		Déplacements forfaitaires	100,00
		Total HT	**400,00**
		TVA 20 %	80,00
		Net TTC	**480,00**
		– Acompte reçu le 05/02/N	–150,00
		Net à payer TTC	**330,00**

TVA acquittée d'après les débits

Règlement : payable par chèque bancaire au 25 février N

ENTRAÎNEMENT AU BTS 4 Calculer et comptabiliser une ristourne

★★☆

La SARL Auto Lavage, qui a pour activité le lavage de camions, est spécialisée dans le nettoyage intérieur des citernes alimentaires. Sa clientèle est constituée de transporteurs nationaux et internationaux. Elle n'a pas opté pour le paiement de la TVA sur les débits. Vous êtes chargé(e) de calculer et d'enregistrer en comptabilité la ristourne mensuelle accordée au client TLR.

1 **Quelle est la nature de l'activité exercée par la SARL Auto Lavage ?**

2 **À quelle occasion une ristourne est-elle accordée à un client ?**

3 **Présentez la facture d'avoir n° AV133, établie le 15/12/N, relative au calcul de la ristourne attribuée au client TLR. La ristourne est calculée à partir du chiffre d'affaires réalisé avec le client TLR au titre des opérations du mois de novembre N (annexes 1 et 2).**

4 **Comptabilisez la facture d'avoir n° AV133 dans la comptabilité de la SARL.**

ANNEXE 1 Ristourne mensuelle négociée avec le transporteur TLR

Auto Lavage accorde au transporteur TLR une ristourne mensuelle calculée par tranches selon le barème suivant :

Tranches de CA HT	% de ristourne par tranche	Tranches de CA HT	% de ristourne par tranche
De 0 à 500 € De 500 € à 1 000 €	0 % 2 %	De 1 000 € à 2 000 € Plus de 2 000 €	3 % 4 %

ANNEXE 2 Facture n° FV6459

SARL AUTO LAVAGE

DOIT : TLR

Le 30/11/N **Facture n° FV6459**

N° CL	Date	Désignation	Montant HT
903036	05/11/N	Citerne pulvérulente n° 9056 AMT 45 / GAUTHIER	115,00 €
903040	06/11/N	Citerne pulvérulente n° 6307 ARQ 44 / COSSON	123,00 €
903053	08/11/N	Citerne liquide n° 6212 AUD 45 / LANGLOIS	180,00 €
903064	10/11/N	Citerne pulvérulente n° 9056 AMT 45 / GAUTHIER	105,00 €
903091	14/11/N	Citerne liquide n° 6212 AUD 45 / LANGLOIS	155,00 €
903119	18/11/N	Citerne pulvérulente n° 6307 ARQ 44 / COSSON	99,00 €
903125	20/11/N	Citerne liquide n° 6212 AUD 45 / LANGLOIS	145,00 €
903138	21/11/N	Citerne liquide n° 6212 AUD 45 / LANGLOIS	163,00 €
903141	21/11/N	Citerne pulvérulente n° 9056 AMT 45 / GAUTHIER	116,00 €
903164	25/11/N	Citerne pulvérulente n° 6307 ARQ 44 / COSSON	120,00 €
903179	28/11/N	Citerne pulvérulente n° 6307 ARQ 44 / COSSON	105,00 €
903185	29/11/N	Citerne liquide n° 6212 AUD 45 / LANGLOIS	115,00 €
		Total HT	**1 541,00 €**
		TVA 20 %	308,20 €
		NET À PAYER TTC	**1 849,20 €**

Paiement : 31/12/N

ENTRAÎNEMENT AU BTS 5 Enregistrer des factures d'avoir ★★☆

La société Meublois fabrique des meubles de bureau en bois (bureaux, armoires, chaises, fauteuils...). La comptabilité est tenue dans des journaux auxiliaires (VT: journal des ventes ; BQ: journal de banque...). Les ventes sont soumises au taux normal de TVA de 20 %.

1. **Enregistrez la facture n° V1204 (annexe 1) dans la comptabilité de Meublois.**
2. **Le client Delmas retourne à Meublois deux chaises non conformes.Présentez la facture d'avoir n° AV235 établie par Meublois le 15/03/N. Enregistrez l'écriture comptable correspondante.**
3. **Enregistrez la facture n° V1246 (annexe 2) dans la comptabilité de Meublois.**

Le 15/03/N, la société Meublois adresse au client David une facture d'avoir n° AV315 pour les motifs suivants :
- rabais de 10 % pour retard de livraison du bureau modèle Avignon ;
- réduction financière de 5 % pour règlement anticipé de la facture n° V1246.

4. **Établissez la facture d'avoir n° AV315 adressée par Meublois à son client David.**
5. **Enregistrez cet avoir dans la comptabilité de Meublois.**

ANNEXE 1 Facture n° V1204

MEUBLOIS

DOIT : Société DELMAS
Le 10/03/N

Facture n° V1204

Désignation	Qté	PU	Montant
Bureau Florence	2	500,00	1 000,00
Chaises confort	10	40,00	400,00
		Total brut HT	1 400,00
		Remise 15 %	210,00
		Net commercial	1 190,00
		Escompte 4 %	47,60
		TVA 20 %	228,48
		Total TTC	1 370,88
		Net à payer	**1 370,88**

Règlement le 10/03/N
Chèque bancaire n° 324520 12

ANNEXE 2 Facture n° V1246

MEUBLOIS

DOIT : Société DAVID
Le 10/03/N

Facture n° V1246

Désignation	Qté	PU	Montant
Bureau Avignon	10	400,00	4 000,00
		Total brut HT	4 000,00
		Remise 10 %	400,00
		Net commercial	3 600,00
		TVA 20 %	720,00
		Total TTC	4 320,00
		Net à payer	**4 320,00**

Règlement le 15/04/N

ENTRAÎNEMENT AU BTS 6 Enregistrer des ventes en devises ★★☆

La SARL Pelegris est une entreprise familiale et artisanale dont l'activité est la fabrication et la commercialisation des produits du Sud-Ouest: foies gras, confits de canard, huile de noix. Elle est située à Sarlat (Dordogne) et réalise une part de son chiffre d'affaires avec des clients situés hors de France. Les produits vendus sont taxés au taux de TVA de 5,5 %. Tous les clients situés dans l'Union européenne ont transmis à l'entreprise leur numéro d'identification intracommunautaire.

1 Comment qualifiez-vous la vente au client Wilson (annexe 3) ?

2 Expliquez pour quelle raison la vente n'est pas soumise à la TVA. Qui est redevable de la TVA ? À quel taux ?

3 Calculez la valeur en euros de la vente réalisée le 12 avril N (annexe 2).

4 Enregistrez au journal de l'entreprise Pelegris la facture n° 421 (annexe 1).

5 Calculez le montant encaissé par l'entreprise Pelegris le 30 avril N. Concluez.

6 Enregistrez le règlement du client le 30 avril N (annexe 1) dans la comptabilité de l'entreprise Pelegris.

7 Qualifiez l'opération présentée à l'annexe 4.

8 Comment a évolué le cours du dollar entre le 20 juin et le 15 juillet N (annexe 2) ? Calculez le montant encaissé par Pelegris le 15 juillet N. Concluez.

9 Enregistrez les écritures nécessaires le 20 juin et le 15 juillet N (annexe 1) dans la comptabilité de l'entreprise.

ANNEXE 1 Extrait du plan comptable de l'entreprise Pelegris

70112 Ventes de produits finis en Union européenne
70113 Ventes de produits finis en zone dollar
41102 Clients situés hors de France mais dans l'Union européenne
41103 Clients situés hors de l'Union européenne

ANNEXE 2 Cours de l'euro en livre sterling (GPB) et en dollar (USD)

Le 12 avril N : 1 EUR = 0,8951 GBP	Le 20 juin N : 1 EUR = 1,114 USD
Le 30 avril N : 1 EUR = 0,8925 GBP	Le 15 juillet N : 1 EUR = 1,119 USD

ANNEXE 3 Facture de vente Client Wilson (extrait)

PELEGRIS

DOIT : WILSON, England
Le 12 avril N

Facture n° 421

Désignation	Quantité	Prix unitaire (GBP)	Montant (GBP)
Foie gras mi-cuit	100	32,00	3 200,00
Confits de canard	60	15,00	900,00
	Total brut HT		4 100,00
	Remise 10 %		410,00
	Total amount (Total HT)		3 690,00
	Total to pay (Total à payer)		**3 690,00**

Règlement au 30 avril N

ANNEXE 4 Facture de vente Client Stenway (extrait)

PELEGRIS

DOIT : STENWAY, USA
Le 20 juin N

Facture n° 438

Désignation	Quantité	Prix unitaire (USD)	Montant (USD)
Huile de noix	60	15,00	900,00
Foie gras truffé	100	25,00	2 500,00
	Total brut HT		3 400,00
	Remise 10 %		340,00
	Total amount (Total HT)		3 060,00
	Total to pay (Total à payer)		**3 060,00**

Règlement au 15 juillet N

CHAPITRE 6

SYNTHÈSE

Synthèse audio
liennathan.fr/t2z0jo

L'enregistrement des opérations relatives aux clients

1 L'enregistrement des factures de doit et d'avoir avec et sans acompte

La facture d'acompte

Un acompte est une somme d'argent avancée avant la facturation.

Il est toujours soumis à TVA.

D512 TTC

D4458 TVA

C4191 TTC

C44571 TVA

La facture de doit

L'écriture est plus ou moins longue selon qu'il y a eu acompte et s'il y a réduction.

D411 TTC

D665 Si escompte

D4191 Si acompte à solder

C44571/4458 TVA selon bien ou service

C707/706 Net commercial

C4458 Si TVA sur acompte à solder

La facture d'avoir

- **Si retour de marchandise :** contrepassation des comptes utilisés pour la facture de doit
- **Si réduction commerciale :** D709 (+ TVA et 411)
- **Si réduction financière :** D665 (+ TVA et 411)

2 L'enregistrement des factures avec frais accessoires

Les frais de port

- **Port forfaitaire :**

Frais enregistrés en C7085. TVA en C4457.

– Si transport au risque du vendeur : TVA au même taux que les biens vendus

– Si transport au risque du client : TVA 20 %

- **Port débours :**

Frais enregistrés en C624. TVA en C44566.

Les emballages

- **Consignation :** C4196 (jamais de TVA sur emballages)
- **Déconsignation :** selon le prix, peut faire apparaître un boni (7086).
- **Emballages non rendus :** ils sont alors vendus (7088). Le prix de consignation est TTC.

3 Les facturations et règlements en devises

La facturation en devises

- Se fait pour répondre au besoin du client.
- En comptabilité, la somme est convertie en euros au cours du jour de facturation.

Montant en devises × Cours du jour de facturation

- En général, pas de TVA car vente à l'étranger.

D411 ← C70X

Le règlement en devises

- Le client paie en devises et la somme est convertie en euros au cours du jour du paiement (D512).

Montant en devises × Cours du jour du paiement

- La différence de cours entre le jour de facturation (411) et le jour du paiement (512) fait apparaître une perte (D656) ou un gain de change (C756).

D512 Montant en devises × Cours du jour de paiement

C411 (à solder)

D656

ou **C756** pour compenser l'écart

CHAPITRE 7

Le suivi des créances et des effets de commerce

Activité	Composantes d'activité	Compétences	
1.3. Enregistrement et suivi des opérations comptables relatives aux clients	**1.3.2.** Suivi des créances, contrôle et lettrage **1.3.3.** Enregistrement, suivi des effets de commerce créés	– Lettrer, contrôler et corriger les erreurs éventuelles (y compris en utilisant les outils intégrés dans le PGI) – Enregistrer les opérations relatives aux effets de commerce	**P7** – L'utilisation du PGI pour effectuer le lettrage adéquat (automatique ou manuel) – L'utilisation du PGI pour effectuer les enregistrements et mettre à jour les données

SITUATION PROFESSIONNELLE

L'entreprise Les Petites Gourmandises est une SARL familiale située à Montlouis-sur-Loire. Son activité consiste à fabriquer et commercialiser des chocolats, nougats, calissons, macarons et confiseries diverses. Ses clients sont des particuliers et des professionnels, notamment des restaurants, des épiceries fines et des salons de thé.

Le chiffre d'affaires de l'entreprise progresse, la zone de chalandise s'étend, les livraisons se multiplient, en France et à l'étranger.

Les enregistrements comptables liés aux ventes sont de plus en plus nombreux et complexes : ventes de biens, prestations de services, livraisons, emballages, retours de marchandises, conditions de paiement personnalisées… C'est pourquoi Mme Sorgel, cheffe comptable, a mis en place un suivi rigoureux des comptes clients. Il s'agit de corriger au plus vite les éventuelles erreurs d'enregistrement, de repérer les retards de règlement pour relancer les clients et, d'une manière plus générale, de bien connaître ses clients pour leur proposer des actions individualisées. Certains clients, par exemple, soucieux de délais de règlement assez longs, auront la possibilité de régler par effets de commerce. Ils pourront ainsi garder ces délais de paiement avantageux tout en laissant à l'entreprise Les Petites Gourmandises la possibilité d'accélérer les encaissements pour gérer au mieux la trésorerie…

VOS MISSIONS

Mme Sorgel vous demande de prendre en charge le suivi des comptes clients.

MISSION 1 **Contrôler un compte client** ▶ Fiches ressource 1 et 2

MISSION 2 **Réaliser le suivi comptable des effets de commerce** ▶ Fiches ressource 3 et 4

MISSION 3 **Traiter l'affacturage en comptabilité** ▶ Fiche ressource 5

VOS MISSIONS

MISSION 1 Contrôler un compte client

1. Quel est l'objet du litige entre Les Petites Gourmandises et son client Briacine ?
▶ Annexe 1

2. Procédez au lettrage du compte client Briacine et du compte client Brioset. Expliquez ce qui s'est passé.
▶ Annexes 2 et 3 ▶ Fiche ressource 1

3. Enregistrez au journal les écritures correctives nécessaires au 31/03/N.
▶ Fiche ressource 2

La question de l'expert
Transférez vos écritures correctives dans les comptes concernés. Recalculez les soldes et vérifiez leur cohérence.

L'autocorrection en vidéo
liennathan.fr/dzg7ws

MISSION 2 Réaliser le suivi comptable des effets de commerce

4. Le client La Belle Meunière représente à lui seul 25 % du CA de l'entreprise et impose des délais de règlement assez longs. Pourquoi est-il judicieux, dans ce cas, de lui proposer des règlements par lettre de change ?
▶ Fiche ressource 3

5. Le 04/07, La Belle Meunière a été facturée de 1 477 € TTC. Le jour même, le client accepte une LCR. Vous la remettez à l'escompte le 05/07 et recevez les fonds le 06/07. Enregistrez ces trois événements au journal.
▶ Annexe 4

6. Le 01/09, vous constatez que La Belle Meunière n'a rien réglé à l'échéance. La banque facture 50 € HT de frais. Passez les écritures au journal.
▶ Fiche ressource 4

Besoin d'aide ?
liennathan.fr/z2y16x

La question de l'expert
Quelles écritures auraient été passées au journal si l'entreprise avait émis une LCRM ? Justifiez.

L'autocorrection en vidéo
liennathan.fr/xwp4lz

MISSION 3 Traiter l'affacturage en comptabilité

Discutons-en !
Quels sont les risques d'une vente à l'export ?

7. Pourquoi Mme Sorgel souhaite-t-elle contacter une société d'affacturage pour gérer la créance du client Rose des vents ?
▶ Annexe 5 ▶ Fiche ressource 5

8. Calculez les commissions qui seront réclamées par la société Facasur pour la reprise de la créance du client Rose des vents.
▶ Annexe 6

9. Enregistrez au journal de l'entreprise Les Petites Gourmandises le transfert de la créance du client Rose des vents le 03/09 et l'encaissement des fonds le 05/09.

DONNÉES DE LA SITUATION

ANNEXE 1 Mail du client Briacine du 29/03/N

Madame,

Je fais suite par mail à votre relance du 28 mars dernier.
Vous me réclamez le paiement de la facture n° D2723, d'un montant de 189,90 €, en retard de 8 jours selon vous.
Or, je vous ai bien adressé un chèque (n° 258941) de ce montant le 20 mars comme convenu. Je viens de vérifier, ce chèque a déjà été encaissé par votre service comptable.
Je vous prie de bien vouloir vérifier ces informations et de me tenir au courant.

Bien à vous,

Mme Tupin
Responsable administratif
Société BRIACINE

ANNEXE 2 Extrait du compte 411-BRIA du client Briacine

Extrait du compte client BRIACINE (411-BRIA) au 31/03/N

Date écriture	Libellé de l'écriture	Échéance	Débit	Crédit	Solde débiteur	Solde créditeur
01/03/N	Solde à nouveau		345,76		345,76	
05/03/N	Fact D2723	20-mars	189,90		535,66	
08/03/N	Rgt fact 2711			345,76	189,90	
10/03/N	Fact D2785	25-mars	621,35		811,25	
15/03/N	Fact AV249			20,00	791,25	
25/03/N	Rgt 2785 chq 543			601,35	189,90	
28/03/N	Fact D2792	10-avr	633,00		822,90	
31/03/N					**822,90**	

ANNEXE 3 Extrait du compte 411-BRIO du client Brioset

Extrait du compte client BRIOSET (411-BRIO) au 31/03/N

Date écriture	Libellé de l'écriture	Échéance	Débit	Crédit	Solde débiteur	Solde créditeur
01/03/N	Solde à nouveau		543,00		543,00	
05/03/N	Fact D213	30-mars	432,00		975,00	
06/03/N	Fact A432			113,00	862,00	
07/03/N	Fact D214	30-mars	213,00		1 075,00	
15/03/N	Rgt fact 098 chq 543			543,00	532,00	
20/03/N	Rgt fact 2723 chq 258941			189,90	342,10	
24/03/N	Fact 432	15-avr	321,00		663,10	
30/03/N	Virt Brio			532,00	131,10	
31/03/N					**131,10**	

ANNEXE 4 Remise à l'escompte de la LCR La Belle Meunière (411305-MEUN)

Banque Régionale du Centre
TOURS

Avis de crédit

Les Petites Gourmandises
Quai Albert Braille
37270 Montlouis-sur-Loire

Date	Libellé	Débit	Crédit
06/07/N	Effet à l'escompte échéance 31/08/N		1 477,00
	Intérêts * au taux de 10 %	23,39	
	Commissions	10,00	
	TVA sur commissions	2,00	
		Total à votre crédit	1 441,61

* Calcul des intérêts : taux d'intérêt de 10 % – année de 360 jours.

ANNEXE 5 Situation du client Rose des vents (411211-Rose) – Mail de Mme Sorgel

Date 03/09/N
Objet RE : Création d'une lettre de change sur le client Rose des vents et mise à l'escompte ?

Bonjour,

Effectivement, la question se pose pour le client Rose des vents car 2 869,60 € TTC seront les bienvenus pour notre trésorerie en ce retour de vacances.

Mais je comprends aussi que la gestion de ces lettres de change est très lourde pour nous : nous voyons, avec l'exemple de La Belle Meunière, que nous allons désormais devoir réactiver nos relances vis-à-vis de ce client. Tout ceci est une perte de temps, très coûteuse, et en attendant, nous ne disposons plus de la trésorerie que nous avions escomptée !

Pour gagner du temps en cette rentrée chargée, je vous propose de vous rapprocher de la société Facasur. C'est une société d'affacturage avec laquelle nous avons déjà travaillé par le passé.

Vous pouvez lui transférer aujourd'hui la créance du client La Rose des vents. Précisez-lui bien que l'échéance est au 31/10/N ; c'est important pour le calcul des commissions.

Tout ira assez vite ensuite, nous devrions encaisser les sommes dans 2 jours.

Tenez-moi au courant.

Merci

ANNEXE 6 Extrait du contrat de la société Facasur

- Commission d'affacturage (hors taxes) : 5 % de la valeur nominale de la créance.
- Taux de la commission de financement : 10 % annuel. La commission se calcule en retenant une année de 360 jours comprenant 12 mois de 30 jours.

FICHE RESSOURCE 1

Pointage et lettrage des comptes clients

I La nécessité d'un contrôle des comptes de tiers

Le contrôle des comptes consiste à vérifier la tenue des comptes pour s'assurer de leur validité et de leur fiabilité. Par conséquent, ce sont les documents comptables, notamment les comptes annuels, qui sont aussi contrôlés. L'objectif principal est de préserver le patrimoine de l'entreprise et de présenter une image fidèle.

Le contrôle des comptes de tiers (ici, les clients) vise à protéger l'entreprise du risque de non-paiement de ses clients afin d'éviter des difficultés de trésorerie.

II Le lettrage des comptes clients

1. Définition du lettrage

Le lettrage est une technique comptable qui consiste à **rapprocher (pointer)** différentes sommes dans un compte client.

Le lettrage comptable consiste à **attribuer une lettre** à un ou plusieurs montants au débit pour les faire correspondre à un ou plusieurs montants au crédit. Traditionnellement, il permet de faire un **lien entre une facture (au débit) et son règlement (au crédit)**.

Il permet d'isoler des mouvements non lettrés et de justifier le solde d'un compte de tiers en comptabilité. Généralement, les sommes non lettrées sont inscrites au débit et correspondent à des créances en attente de règlement.

À l'issue du lettrage, l'entreprise est donc en mesure de connaître les **factures clients en attente d'encaissement.** Elle pourra relancer ses clients en cas de retard.

2. Les méthodes de lettrage des comptes de tiers en comptabilité

Le lettrage peut se faire de deux façons différentes : manuellement (par le comptable, compte après compte) ou automatiquement (par le PGI).

Extrait du compte client BADOISEL (411-BAD) au 30/09/N

Date écriture	Libellé de l'écriture	Débit		Crédit		Solde débiteur	Solde créditeur
01/09/N	Solde à nouveau	2 620,40	A			2 620,40	
05/09/N	Chèque n° 324 560			1 240,20	A	1 380,20	
10/09/N	Chèque n° 324 564			1 380,20	A	0,00	
15/09/N	Facture n° 2 655	4 525,00	B			4 525,00	
20/09/N	Facture n° 2 687	1 600,80	B			6 125,80	
22/09/N	Chèque n° 324 570 – acompte			832,60		5 293,20	
25/09/N	Facture avoir n° AV-1 554 sur facture n° 2 687			200,80	B	5 092,40	
27/09/N	Chèque n° 324 581			5 925,00	B		832,60
30/09/N	Facture n° 2 695	1 860,20				**1 027,60**	

Les 2 chèques des 05/09 et 10/09 soldent la créance du 01/09.

200,80 + 5 925,00 = 6 125,80
4 525,00 + 1 600,80 = 6 125,80
Le client a réglé les 2 factures ensemble, après déduction d'un avoir.

Le solde peut s'expliquer par les montants non lettrés.
Une facture moins un acompte :
1 860,2 – 832,60 = 1027,60

? L'essentiel en une question

Quelle est l'explication la plus courante d'une valeur non lettrée lors du contrôle d'un compte client ?

Consultez le corrigé
liennathan.fr/d94g1b

FICHE RESSOURCE 2

La correction des erreurs d'enregistrement

I L'erreur porte sur le choix du compte

Le comptable peut s'être trompé de compte client. Par exemple, il enregistre le règlement du client Durand pour 1 000 € dans le compte 411-DUT (qui correspond au client Duran**t**) au lieu de l'enregistrer dans le compte 411-DUD (compte du client Duran**d**).

Il existe deux possibilités pour corriger l'erreur.

1. Contrepasser l'écriture dans le journal de banque

Annulation de l'écriture erronée
La créance est replacée dans le compte de Durant, les 1 000 € sont ressortis de la banque.

		jj/mm/N		
411-DUT		Client DURANT	1 000,00	
	512	Banque		1 000,00
		Contrepassation…		

Constater la nouvelle écriture
La créance Durand est annulée.
Le règlement bancaire est encaissé.

		jj/mm/N		
512		Banque	1 000,00	
	411-DUD	Client DURAND		1 000,00
		Contrepassation…		

2. Enregistrer un virement interne dans le journal des opérations diverses (OD)

Journal des OD : le compte banque n'est pas concerné (+ simple).
La créance Durant est replacée au débit, la créance Durand est soldée.

		jj/mm/N		
411-DUT		Client DURANT	1 000,00	
	411-DUD	Client DURAND		1 000,00
		Contrepassation…		

II L'erreur porte sur le montant

Là encore, il existe deux possibilités pour corriger l'erreur :
- annuler la première écriture erronée puis repasser l'écriture correctement (voir I. 1.) ;
- corriger les comptes de l'écart erroné en une écriture.

Exemple
Le 15/04/N, le comptable enregistre dans le compte banque (512) un chèque de 1 420 € en règlement de la créance du client Paul (compte 411-PAUL). Après vérification, il s'avère que la somme inscrite sur le chèque est égale à 1 240 €.

La créance avait été créditée pour 180 de trop. Pour corriger le solde, on débite de 180.

		jj/mm/N		
411-PAUL		Client PAUL	180,00	
	512	Banque		180,00
		Annul. écart…		

1 420 – 1 240 = 180

L'encaissement en banque a été enregistré pour 180 de trop. Pour corriger, on crédite de 180.

L'essentiel en une question
En quoi consiste une contrepassation d'écriture ?

Consultez le corrigé
liennathan.fr/6s5er0

FICHE RESSOURCE 3

La création, l'encaissement et l'escompte d'une lettre de change

La lettre de change est à la fois un moyen de paiement et un moyen de crédit.

I La notion de lettre de change

1. La forme de la lettre de change

La lettre de change (LC) est émise par le vendeur (appelé **tireur**) qui donne l'ordre à son client (le **tiré**) de payer une somme à une date précise (la **date d'échéance**) au profit d'un **bénéficiaire** (généralement, le tireur lui-même). Historiquement, la LC était un support papier qui pouvait circuler entre plusieurs bénéficiaires successifs. À ce titre, on pouvait parler d'effet de commerce. Aujourd'hui, on trouve deux formes de LCR :

- la **LC relevé (LCR)** est créée sur un support papier, acceptée par le client (signature) puis ressaisie sur informatique pour être transmise et circuler entre les banques ;
- la **LCR magnétique (LCRM)** est directement saisie sur informatique et ne nécessite pas de signature du client.

2. L'intérêt d'une lettre de change

Intérêt pour le client	Intérêt pour le vendeur
Le client doit disposer des sommes le jour de l'échéance, mais pas forcément le jour de la création de la LCR. C'est donc un moyen de crédit.	Le vendeur peut escompter la lettre de change pour disposer des sommes sans attendre la date d'échéance. L'avance est faite par le banquier.

II L'enregistrement comptable de la création d'une LCR

1. La création d'une LCR

La lettre de change créée par le tireur doit être acceptée par le client : l'acceptation montre l'engagement du client à payer à l'échéance. Tant que l'acceptation n'est pas donnée par le client, la créance (simple) est enregistrée en compte 411 « Clients ». Lorsque l'acceptation est donnée, la LCR représente alors une créance mobilisable, c'est-à-dire cessible (transmissible) auprès de sa banque. Elle est sortie du compte 411 (crédit) et transférée dans le compte 413 « Clients-Effets à recevoir » (débit).

Débit		Crédit
413	⇦	411

2. La création d'une LCRM

Du fait que la LCRM n'est pas un effet de commerce au sens juridique, il n'y a pas d'acceptation de la part du client. Ainsi, aucun enregistrement comptable spécifique n'est nécessaire, la créance client est maintenue dans le compte 411 « Clients ».

III L'encaissement d'une LCR

La remise à l'encaissement se fait à la date d'échéance prévue dans la LCR. Le vendeur n'a pas eu besoin d'encaisser les sommes plus tôt que prévu. La banque va seulement prélever des frais de gestion (compte 627) soumis à TVA. Ils apparaissent sur un avis de crédit émis par la banque ou sur le relevé bancaire.

Cas d'une LCR

Débit	Crédit	Libellé	Débit	Crédit
		Date remise encaissement		
5113		Effets à l'encaissement	5 000,00	
	413	Clients-Effets à recevoir		5 000,00
		Remise encaissement…		

Débit	Crédit	Libellé	Débit	Crédit
		Date encaissement		
512		Banque	4 988,00	
627		Services bancaires	10,00	
44566		TVA déductible sur autres biens	2,00	
	5113	Effets à l'encaissement		5 000,00
		Encaissement…		

Cas d'une LCRM

Il n'y a pas de remise à l'encaissement. On n'utilise pas de compte provisoire.

Débit	Crédit	Libellé	Débit	Crédit
		Date encaissement		
512		Banque	4 988,00	
627		Services bancaires	10,00	
44566		TVA déductible sur autres biens	2,00	
	411	Créances Clients		5 000,00
		Encaissement…		

IV La remise à l'escompte d'une LCR

La remise à l'escompte se fait avant la date d'échéance prévue dans la LCR. Le vendeur a besoin d'encaisser les sommes plus tôt. Dans ce cas, la banque lui prélève des frais de gestion (compte 627, soumis à TVA) mais aussi des intérêts appelés « escompte » (compte 661, sans TVA), variables selon le nombre de jours d'avance. L'ensemble des frais de gestion et d'intérêts s'appelle les agios.

Exemple

La société Brunel a émis une LC de 5 000 € sur son client Dubois à échéance au 31/05/N. Le 16/04/N, elle la remet à l'escompte. Commission : 50 € HT. Escompte au taux annuel de 10 %.

Calcul de l'escompte :

Nombre de jours = (30 – 16) + 31 = 45 jours → Escompte : 5 000 × 0,1 × 45/360 = 62,50 €

Cas d'une LCR

La remise à l'escompte

Débit	Crédit	Libellé	Débit	Crédit
		Date remise escompte		
5114		Effets remis à l'escompte	5 000,00	
	413	Clients-Effets à recevoir		5 000,00
		Remise escompte		

Un compte transitoire (5114) est utilisé entre la remise à l'escompte et l'encaissement des fonds : **5114 « Effets remis à l'escompte »**.
La créance est soldée lors de l'escompte, même si le client paie le banquier plus tard.

Le versement des fonds

Débit	Crédit	Libellé	Débit	Crédit
		Date escompte		
512		Banque	4 925,50	
627		Services bancaires	10,00	
44566		TVA sur autres biens et services (ABS)	2,00	
661		Charges d'intérêts	62,50	
	5114	Effets remis à l'escompte		5 000,00
		Avis de crédit…		

Le compte transitoire est soldé.

Le règlement du client à l'échéance

Aucune écriture à l'échéance.

Cas d'une LCRM

La remise à l'escompte

Il n'y a pas de « remise à l'escompte ».
On n'utilise pas de compte transitoire.

Le versement des fonds

Débit	Crédit	Libellé	Débit	Crédit
		Date escompte LCRM		
512		Banque	4 925,50	
627		Services bancaires	10,00	
44566		TVA sur autres biens et services (ABS)	2,00	
661		Charges d'intérêts	62,50	
	519	CBC		5 000,00
		Avis de crédit…		

L'escompte d'une LCRM s'enregistre comme un crédit bancaire (concours bancaire courant, CBC) en attendant que le client rembourse la banque. La créance n'est donc pas soldée.

Le règlement du client à l'échéance

Débit	Crédit	Libellé	Débit	Crédit
		Date échéance		
512		Banque	5 000,00	
	411	Créances Clients		5 000,00

La créance est soldée.

Débit	Crédit	Libellé	Débit	Crédit
519		CBC	5 000,00	
	512	Banque		5 000,00

Le crédit est remboursé.

? L'essentiel en une question

Quels sont les frais liés aux opérations avec lettre de change ?

Consultez le corrigé
liennathan.fr/pqveu3

FICHE RESSOURCE 4

Le traitement comptable des LCR impayées

Pour différentes raisons (contestation de la créance initiale, manque de trésorerie…), il arrive que le client (le tiré) ne paie pas l'effet de commerce à l'échéance. On dit qu'il y a un effet impayé. Le traitement comptable nécessite d'envisager trois situations.

I La LCR n'a pas été remise à l'encaissement

Il faut annuler l'effet qui devient sans valeur.

La créance redevient « simple », non mobilisable.

411		Clients	5 000,00	
	413	Clients-Effets à recevoir		5 000,00

Le compte 413 est soldé.

II La LCR a été remise à l'encaissement (5113)

La banque adresse au créancier un avis d'impayé du client. Cet avis d'impayé comporte des frais bancaires soumis à TVA.

Les frais bancaires facturés par la banque sont une charge pour l'entreprise.

6275		Frais sur effets	20,00	
44566		TVA déductible sur ABS	4,00	
	512	Banque		24,00

Les frais bancaires sont refacturés au client. La créance d'origine, augmentée des frais bancaires, est replacée dans le compte 411 « Clients ».

411		Clients	5 024,00	
	6275	Frais sur effets(1)		20,00
	44566	TVA déductible sur ABS		4,00
	5113	Effets à l'encaissement		5 000,00

Le compte 5113 est soldé.

(1) Les frais bancaires facturés au client sont des frais récupérés. Il est possible de créditer le compte 791 « Transferts de charges d'exploitation » au lieu du compte 6275.

III La LCR a déjà été escomptée

Dans cette hypothèse, la banque a versé des fonds à l'entreprise lors de la remise à l'escompte de l'effet de commerce. Les comptes 5114 et 411 sont donc déjà soldés.

À l'échéance, le client ne paie pas, la banque adresse au créancier un avis d'impayé qui contient des frais bancaires.

La créance est replacée dans le compte 411.

La banque est remboursée de l'avance de la créance + frais d'impayés.

411		Clients	5 000,00	
6275		Frais sur effets	100,00	
44566		TVA déductible sur ABS	20,00	
	512	Banque		5 120,00

Les frais bancaires sont refacturés au client.

411		Clients	120,00	
	6275	Frais sur effets		100,00
	44566	TVA déductible sur ABS		20,00

L'essentiel en une question

Qui supporte les risques d'impayé sur lettre de change ?

Consultez le corrigé
liennathan.fr/gkudyx

FICHE RESSOURCE 5

L'affacturage

I Définition

L'affacturage consiste à transférer à un organe spécialisé le recouvrement des créances de l'entreprise. La société d'affacturage (l'affactureur ou factor) se charge du recouvrement des créances auprès des débiteurs. Elle relance les clients et assume le risque de non-paiement des clients.

Dans certains cas, elle procède à l'avance des fonds. L'affacturage est donc une technique de financement.

II La rémunération de la société d'affacturage

Le coût de l'affacturage se compose de deux commissions :

Commission d'affacturage qui rémunère le service de recouvrement des créances et le risque de non-paiement des clients.	Compte 6225 « Rémunérations d'intermédiaires et honoraires ». Soumise à TVA.
Commission de financement dans l'hypothèse d'une avance de fonds.	Compte 668 « Autres charges financières ». Non soumise à TVA.

III L'enregistrement comptable

1. Le transfert des créances à l'affactureur

Les créances sont transférées du compte 411 au débit du compte 467 « Autres débiteurs ».

467		Autres débiteurs – Société d'affacturage	60 000,00	
	411	Créances Clients		60 000,00

Le compte 411 est soldé.

2. Le virement des fonds sur le compte bancaire de l'entreprise

Solde reversé par la banque = créances – rémunération et autres frais de la société d'affacturage (TVA incluse)

512		Banque	55 260,00	
6225		Rémunérations d'intermédiaires et honoraires	2 700,00	
44566		TVA déductible sur ABS	540,00	
668		Autres charges financières	1 500,00	
	467	Autres débiteurs – Société d'affacturage		60 000,00

Commission d'affacturage (→ 6225)
60 000 × 4,5 % du montant des créances

Commission de financement (→ 668)
10 % par an
60 000 × 10 % × 3/12

Le compte 467 est soldé.

? L'essentiel en une question

Quel est l'intérêt pour l'entreprise de confier ses créances à une société d'affacturage ?

Consultez le corrigé
liennathan.fr/30xbez

APPLICATIONS

EXOS FLASH

EXO 1 Quiz interactif

Testez vos connaissances sur ce chapitre avec le quiz en ligne.

liennathan.fr/uasmxa

Votre score ....

EXO 2 L'escompte d'une lettre de change

L'entreprise Richard, installée en Provence, est spécialisée dans l'aménagement des jardins. Elle a remis à l'escompte le 12/06/N une LCR d'un nominal de 18 500 €, émise le 01/06/N sur le client Pablo, et à échéance du 31/07/N. Le 13/06/N, elle reçoit l'avis de crédit de la banque. La commission bancaire est de 16 € HT et le taux d'intérêt de 9,5 %.

- **Passez au journal l'écriture de réception des fonds.**

EXO 3 Un impayé sur LCR

L'entreprise Zora, installée à Dijon, revend du matériel agricole d'occasion. Elle reçoit le 25/06/N un avis d'impayé de la banque concernant la créance du client Albert : 2 100 €. Cette créance avait fait l'objet d'une LCR remise à l'escompte le 30/05/N. La banque facture des frais d'impayés de 25 € HT.

- **Enregistrez les écritures au journal.**

EXO 4 Une cession de créance

L'entreprise Del Castillo est spécialisée dans l'organisation de voyages de groupes. Le 26/06/N, elle a cédé une créance de 12 500 € à échéance au 31/07/N à la société d'affacturage Facasur.

- **Enregistrez au journal la cession puis le virement des fonds le 30/06/N sous déduction d'une commission d'affacturage de 3 % et d'une commission de financement de 10 %.**

APPLICATIONS

ENTRAÎNEMENT AU BTS 1 Contrôler, lettrer un compte client

★☆☆

La SA Copie Ouest a pour activité la vente en gros et la réparation de photocopieurs neufs et d'occasion ainsi que la vente de pièces détachées.
M. Paul, comptable de l'entreprise, désire vérifier les soldes des créances clients à la fin du mois de juin, de façon à établir le relevé des factures impayées pour chaque client de l'entreprise. Vous disposez de la fiche du client Elec, mise à jour au 30/06/N (annexe).

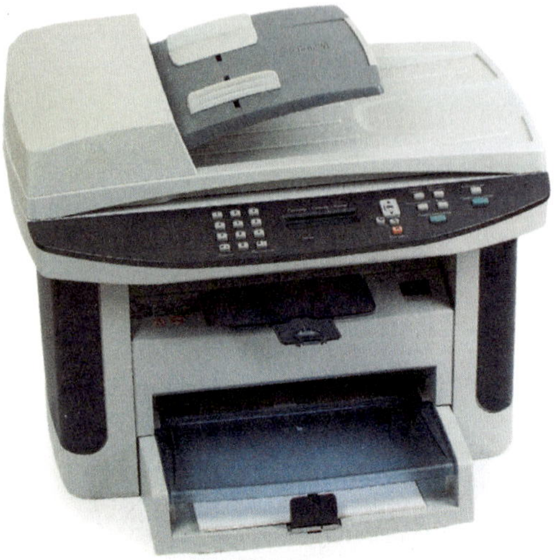

1. **Rappelez l'intérêt du contrôle des comptes de tiers.**
2. **En quoi consiste le lettrage d'un compte de tiers ?**
3. **Quelle est la signification du solde à nouveau au 01/06/N ?**
4. **Procédez au lettrage du compte client 411-ELEC. Quelle anomalie constatez-vous ?**
5. **Procédez à l'enregistrement comptable de l'anomalie constatée.**

ANNEXE **Compte client 411-ELEC au 30/06/N**

COMPTE CLIENT 411-ELEC					
Date écriture	**Libellé de l'écriture**	**Débit**	**Crédit**	**Solde débiteur**	**Solde créditeur**
01/06/N	Solde à nouveau	1 624,50		1 624,50	
02/06/N	Chèque n° 211325 – acompte		625,00	999,50	
03/06/N	Chèque n° 211329		328,50	671,00	
05/06/N	Facture n° 5325	4 625,40		5 296,40	
12/06/N	Facture n° 5332	6 254,50		11 550,90	
15/06/N	Chèque n° 211422		1 296,00	10 254,90	
20/06/N	Chèque n° 211428		5 629,50	4 625,40	
21/06/N	Facture avoir n° AV1620		625,40	4 000,00	
21/06/N	Chèque n° 211431		4 000,00	0,00	
22/06/N	Chèque n° 211438 – acompte		1 600,50		1 600,50
23/06/N	Facture n° 5422	1 660,20		59,70	
24/06/N	Facture n° 5444	640,40		700,10	
26/06/N	Facture n° 5451	3 420,00		4 120,10	
29/06/N	Facture avoir n° AV1632		300,60	3 819,50	
30/06/N	Chèque n° 211441		2 000,00	1 819,50	
30/06/N	Facture n° 5455	2 160,00			
30/06/N	Chèque n° 211448 – règlement facture n° 5451		1 198,50		

ENTRAÎNEMENT AU BTS 2 Créer et remettre une LCR à l'escompte

★☆☆

La SA Beaubois fabrique des commodes en merisier et en pin. Elle importe par ailleurs des commodes en teck qu'elle commercialise. Vous travaillez au service comptable de cette société et il vous est demandé de suivre le dossier du client Styldecor, avec lequel Beaubois a réalisé plusieurs opérations en mars N (annexe).

1 **Enregistrez au journal des ventes la facture n° 1416.**

2 **Quel est l'intérêt pour le fournisseur d'émettre une lettre de change ? Indiquez ses avantages par rapport aux autres moyens de règlement (chèque, virement).**

3 **Enregistrez au journal de l'entreprise Beaubois la création de la lettre de change. Indiquez les noms du tireur, du tiré et du bénéficiaire.**

4 **Suite à la remise à l'escompte, indiquez le nouveau bénéficiaire de la lettre de change.**

5 **Contrôlez le montant des agios et retrouvez le montant de l'escompte.**

6 **Enregistrez au journal de l'entreprise Beaubois la remise à l'escompte ainsi que l'avis de crédit relatifs à la lettre de change n° 2040.**

ANNEXE **Extrait des opérations réalisées en mars N**

a) Le 10/03/N, envoi de la facture suivante au client Styldecor :

Facture n° 1416			
Désignation	**Quantité**	**Prix unitaire**	**Montant**
Commodes merisier	5	1 200,00	6 000,00
Commodes teck	2	1 400,00	2 800,00
		Total brut	8 800,00
		Remise 15 %	1 320,00
		Net commercial	7 480,00
		Port forfaitaire	120,00
		Total HT	7 600,00
		TVA 20 %	1 520,00
		Net à payer	**9 120,00**
Ci-joint pour acceptation lettre de change n° 2040 à échéance le 30 avril N			

b) Le 13/03/N, réception de la lettre de change n° 2040 acceptée.

c) Le 15/03/N, remise à l'escompte de la lettre de change n° 2040 tirée sur le client Styldecor.

d) Le 20/03/N, la banque de Beaubois lui fait parvenir un avis de crédit concernant la négociation du 15/03/N. Agios : 126,48 € dont 21,60 € TTC de commission bancaire. Le taux d'escompte appliqué par la banque est de 9 %.

ENTRAÎNEMENT AU BTS 3 Enregistrer au journal les écritures nécessaires aux LCRM

★★☆

La SARL Mareva est une entreprise spécialisée dans la fabrication de matériels de sport nautique : planches de surf, planches à voiles, etc., qu'elle commercialise auprès de détaillants. Elle est implantée à Biarritz, dans le sud-ouest de la France. Vous travaillez comme stagiaire dans cette entreprise et l'on vous confie le traitement comptable des lettres de change magnétiques.

1 Réalisez les enregistrements comptables en lien avec le client Club Loisimer (annexe 1) : facture n° 256, création d'une LCRM, remise à l'encaissement, encaissement des fonds. Justifiez vos écritures.

2 Réalisez les enregistrements comptables en lien avec le client Club Wishbon (annexe 2) : facture n° 261, création d'une LCRM, remise à l'escompte, encaissement des fonds, règlement du client. Justifiez vtre écriture.

ANNEXE 1 Informations relatives au client Club Loisimer

a) Le 05/04/N, la société Mareva a réalisé une vente au Club Loisimer : facture n° 256 ;
30 planches à voiles modèle « Free Wind » au prix unitaire de 140 € ; remise 10 % ; TVA 20 %.
Échéance 30/04/N.

b) Le 28/04/N, remise à l'encaissement d'une lettre de change magnétique émise sur le client Club Loisimer.

c) Le 02/05/N, la banque fait parvenir l'avis de crédit concernant la remise à l'encaissement de la lettre de change tirée sur le client Club Loisimer : 18 € TTC de commission bancaire.

ANNEXE 2 Informations relatives au client Club Wishbon

a) Le 25/03/N, la société Mareva a réalisé une vente au Club Wishbon : facture n° 261 ;
10 planches de surf modèle « Free Style » au prix unitaire de 140 € ; port forfaitaire 100 € HT.
Règlement à échéance du 30/04/N.

b) Le 31/03/N, remise à l'escompte d'une lettre de change magnétique émise le 25/03/N sur le client Club Wishbon.

c) Le 02/04/N, notre banque fait parvenir à la société Mareva l'avis de crédit n° 26 concernant la négociation du 31/03/N : agios 27 € dont 12 € de commission bancaire taxes comprises. Le taux d'escompte est de 10 %.

d) Le 03/04/N, le client règle la facture.

ENTRAÎNEMENT AU BTS 4 Effets de commerce impayés ★★☆

La SA Shopanta est une entreprise industrielle domiciliée à Saint-Malo. Elle a pour activité la fabrication de pantalons en toile « jean ». Vous êtes stagiaire dans cette entreprise. Le chef comptable vous confie le suivi des créances clients et notamment la gestion des impayés.

1 **Présentez les factures simplifiées (détail des calculs) du client La Maison du pantalon n° 278 et n° 124 (annexe).**

2 **Expliquez pour quelle raison les emballages consignés ne sont pas un produit pour l'entreprise Shopanta.**

3 **Enregistrez dans la comptabilité de l'entreprise Shopanta les écritures relatives aux opérations a, b et c.**

4 **Établissez le bordereau d'escompte n° 2485 adressé par la banque à l'entreprise Shopanta. Vous justifierez tous les calculs.**

5 **Enregistrez dans la comptabilité de l'entreprise Shopanta les écritures relatives aux opérations d et e.**

6 **Présentez schématiquement l'avis d'impayé adressé par la banque à la société Shopanta le 02/11/N (opération f). Enregistrez la (les) écriture(s) nécessaire(s).**

On fait l'hypothèse que la lettre de change n'a pas été remise à l'escompte mais à l'encaissement le 30/10/N. Le 02/11/N, la banque adresse à la société Shopanta un avis d'impayé du client La Maison du pantalon. Commission bancaire : 30 € TTC.

7 **Enregistrez les écritures correspondantes.**

ANNEXE Informations relatives au client La Maison du pantalon

a) Le 04/09/N, la société Shopanta a facturé (facture n° 278) à son client La Maison du pantalon la vente de 200 jeans au prix unitaire de 34 € HT. Remise 10 % ; port forfaitaire 120 € HT ; emballages consignés : 2 caisses à 20 € l'unité. Règlement à échéance du 31/10/N.

b) Le 08/09/N, la société La Maison du pantalon retourne les 2 caisses consignées. Facture d'avoir n° 124.

c) Le 10/09/N, la société Shopanta tire sur son client La Maison du pantalon une lettre de change papier n° 1352 pour solde du compte client. Échéance au 31/10/N. Cette lettre de change revient acceptée par le client le 12/09/N.

d) Le 15/09/N, la société Shopanta remet à l'escompte la lettre de change n° 1352.

e) Le 18/09/N, la société Shopanta reçoit un avis de crédit (n° 2485) de sa banque. Agios : escompte 76,54 € ; commission bancaire 18 € TTC. Taux d'escompte : 8 % l'an.

f) Le 02/11/N, la banque adresse à la société Shopanta un avis d'impayé. Commission bancaire 60 € TTC.

SYNTHÈSE

Synthèse audio
liennathan.fr/jle4oq

Le suivi des créances et des effets de commerce

1 Le contrôle des comptes clients

L'objectif

- Anticiper les risques de retard ou de non-paiement
- Contrôler la justesse des comptes

Le lettrage

- Rechercher, dans chaque compte de créances, les valeurs au crédit qui soldent les créances au débit.
- Affecter une lettre lorsqu'il y a correspondance.
- Analyser les valeurs non lettrées.

Les créances impayées

→ Relancer le client seulement si la date d'échéance est dépassée.

Les erreurs d'enregistrement

De compte : une valeur apparaît dans un compte créance client *(ex. : 411BU)* au lieu d'un autre *(ex. : 411DU)*.

De montant
Ex. : 125 € au lieu de 152 €

Corriger avec un compte à compte

2 Le suivi comptable des effets de commerce

L'encaissement à échéance

LCR

Créance déplacée	413 ← 411
Remise encaiss[t]	5113 ← 413
Virement *(service bancaire)*	512 ← 5113

LCRM

Créance laissée en	411
Virement *(service bancaire)*	512 ← 411

L'escompte avant échéance

LCR

Créance déplacée	413 ← 411
Remise escompte	5114 ← 413
Virement *(service bancaire + intérêts)*	512 ← 5114

LCRM

Créance laissée en	411
Virement *(service bancaire + intérêts)*	512 ← 519
À échéance :	512 ← 411
	519 ← 512

L'impayé à l'échéance

LCR

Replacer la créance en 411 et créditer soit le compte 5113 qui s'annule, soit le compte 512 pour rembourser la banque.
Frais de gestion à prévoir

LCRM

- Soit il n'y a rien à faire (la créance est en 411).
- Soit il faut rembourser les sommes (519 ← 512).

Frais de gestion à prévoir

3 L'affacturage

L'objectif

Transmettre à une société d'affacturage :
- la gestion des créances (recouvrement) ;
- éventuellement l'avance des fonds (commissions d'affacturage et de financement) ;

afin de ne pas supporter les risques de non-paiement.

L'enregistrement comptable

Les créances sont sorties du compte 411 ;
- soit au débit d'un compte de tiers (467) ;
- soit au débit du compte banque (512) si avance des fonds (moins commissions).

CHAPITRE 8

La production de l'information relative au risque client

Activité	Composantes d'activité	Compétences	P7
1.4. Production de l'information relative au risque client	**1.4.1.** Analyse de la composition du portefeuille clients et de son évolution **1.4.2.** Alerte, conseil pour réduire le risque client **1.4.3.** Relance des clients	– Rechercher les informations nécessaires, mettre à jour le dossier client, analyser le problème posé et les dysfonctionnements – Proposer ou commenter des modifications de procédures internes afin de réduire le risque client – Enclencher les procédures de relance en cas de retards de paiement	– L'extraction de données et réalisation de tris croisés, explicitation de critères de tris, d'extraction – L'utilisation du PGI pour générer les traitements relatifs aux travaux de relance

SITUATION PROFESSIONNELLE

Les clients de la société Les Petites Gourmandises se répartissent en trois catégories : des entreprises ou des collectivités qui commandent chocolats et confiseries pour leurs cadeaux d'affaires ; des boulangers, des restaurants et des épiceries fines ; des particuliers qui achètent principalement au magasin. Ces clients accèdent à l'offre des Petites Gourmandises par différents canaux de vente : *via* les commerciaux, qui se partagent des secteurs géographiques pour la prospection et le suivi des clients professionnels ; au magasin, où une vendeuse les accueille du mardi au samedi ; par le site Internet de l'entreprise et sur plusieurs foires et salons.

Bien que le chiffre d'affaires soit en hausse, les problèmes de trésorerie sont récurrents. Ils inquiètent M. et Mme Debard, les dirigeants, qui savent très bien l'importance du suivi des clients et de leur délai de règlement. Jusque-là, ils n'ont jamais demandé de pénalités en cas de retard de paiement pour conserver les clients mais ils se demandent s'ils n'auraient pas intérêt à le faire.

VOS MISSIONS

Mme Sorgel vous demande de l'aider à analyser le portefeuille clients pour identifier d'éventuels dysfonctionnements et étudier les délais de règlement à partir des données des années précédentes. En juillet N, elle vous demande de formuler, de mettre en place puis de tester de nouvelles procédures pour une meilleure sécurisation du poste clients.

MISSION 1 **Analyser la composition du portefeuille clients** ▶ Fiche ressource 1

MISSION 2 **Analyser le risque client** ▶ Fiche ressource 3

MISSION 3 **Identifier les mesures à prendre** ▶ Fiches ressource 3 à 5

VOS MISSIONS

MISSION 1 Analyser la composition du portefeuille clients

1. Comment le chiffre d'affaires de l'entreprise est-il réparti entre les 3 catégories de clients ? Apportez une réponse en volume et en pourcentage. Commentez.
▶ Annexe 1 à télécharger ▶ Fiche ressource 1

2. Vous avez le sentiment que le nombre d'impayés a augmenté ces derniers temps. Comparez l'évolution annuelle (en pourcentage) du chiffre d'affaires et celui des impayés depuis 5 ans. Proposez une représentation graphique.
▶ Annexe 2

3. Quelles peuvent être les raisons d'une telle situation ? Quelles conséquences peut-on imaginer ?

4. Vous décidez d'analyser plus en détail le portefeuille clients. Pourquoi est-il inutile d'analyser les clients particuliers ? Proposez, à l'aide de la méthode Pareto, une liste de clients professionnels à analyser en priorité. Quelles sont vos conclusions ?

Discutons-en !
Quel peut être l'impact d'un mauvais suivi des règlements des clients sur la performance de l'entreprise ?

MISSION 2 Analyser le risque client

5. La direction de l'entreprise souhaite se rapprocher d'un délai moyen de 30 jours pour tous les clients. Calculez, pour chaque client, l'encours théorique dans ces conditions. Quel serait l'impact sur l'encours global ? Quels clients de la liste que vous avez établie en question 4 sont à risque ?
▶ Annexe 1 ▶ Fiche ressource 2

6. Dans une note de synthèse, présentez l'analyse que vous venez de faire sur le portefeuille clients et les risques qu'elle permet de mettre au jour.

MISSION 3 Identifier les mesures à prendre

7. En vue de sécuriser davantage le poste clients, proposez des modifications pour les encours, les lignes de crédit et les délais accordés aux clients professionnels.
▶ Fiche ressource 3

8. Mme Sorgel a édité une balance âgée pour ses principaux clients. Complétez cette balance. Quelles informations vous apporte-t-elle ?
▶ Annexes 3 et 4 ▶ Fiche ressource 4

9. Rédigez une proposition de procédure de relance et créez les lettres types.
▶ Fiche ressource 5

10. Mettez en place la procédure pour le client ToutEnBois en rédigeant la lettre de relance.
▶ Annexes 5 et 6

La question de l'expert
Souhaitant se prémunir du risque d'impayé, l'entreprise veut recourir à une société prestataire de recouvrement (affacturage). Recherchez sur Internet différentes sociétés d'affacturage, faites un comparatif et proposez une société d'affacturage à Mme Sorgel.

Besoin d'aide ?
liennathan.fr/fd7rfa

L'autocorrection en vidéo
liennathan.fr/91vgvc

DONNÉES DE LA SITUATION

CHAPITRE 8

ANNEXE 1 Données clients et ventes de l'année N-1

N°	Libellé	Nb clients	Modalités de paiement
1	Boulangeries, épiceries fines	57	Règlement à 30 ou 60 jours
2	Collectivités, entreprises (cadeaux d'affaires)	19	Délais négociés avec chaque client (< 45 jours)
3	Particuliers	304	Règlement comptant

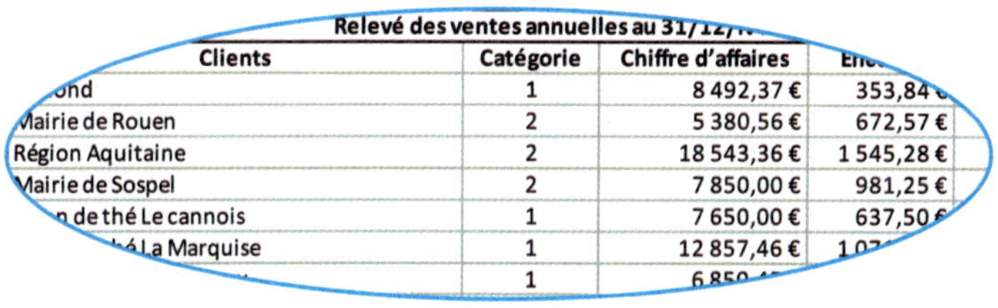
Relevé des ventes annuelles au 31/12/...

Clients	Catégorie	Chiffre d'affaires	...
...ond	1	8 492,37 €	353,84 ...
Mairie de Rouen	2	5 380,56 €	672,57 €
Région Aquitaine	2	18 543,36 €	1 545,28 €
Mairie de Sospel	2	7 850,00 €	981,25 €
...n de thé Le cannois	1	7 650,00 €	637,50 ...
...é La Marquise	1	12 857,46 €	1 07...
	1	6 850...	

Téléchargez le relevé des ventes annuelles (et toutes les données du cas)
liennathan.fr/82k2tk

ANNEXE 2 Données sur le chiffre d'affaires et les impayés des années précédentes

	N-5	N-4	N-3	N-2	N-1
Chiffre d'affaires	763 580	780 850	902 365	949 897	956 829
Montant des impayés	11 520	13 850	15 360	20 598	46 340

ANNEXE 3 Extrait de la balance âgée au 12/07/N

Extrait de la balance âgée au 12/07/N

Client	Total dû	Montant non échu		Montant échu			
		60 j	30 j	1 à 30 j	30 à 60 j	60 à 90 j	> 90 j
Restaurant La Marmotte	3 049,33		1 023,00	1 014,00	1 012,33	1 023,00	
Benyagoub SARL	1 258,22					1 258,22	
Épicerie du Lac	2 150,20		326,55	1 294,20	856,00		
Grèzes	2 195,84						2 195,84
Entreprise Vallet	2 137,29			615,61	623,42	898,26	
Entreprise ToutEnBois	18 880,48		1 320,00	8 450,82	9 109,66		
Pardo	1 081,67				1 081,67		
SARL Zantour	3 750,31		1 039,22	1 580,00	680,56	450,53	
SARL Mimilo	2 698,75		978,97	1 021,36	698,42		
Région Aquitaine	1 801,83						
Paulet	699,51						
SARL Vivamel	2 537,64						
Dupont SARL	1 795,00						
Épicerie Délices du Nord	3 044,58						
El Fadili	1 132,08						
Total	**48 212,73**						

ANNEXE 4 Informations pour compléter la balance âgée

Clients	Délais de paiement	Montants des factures du 30/06/N	Informations clients
Région Aquitaine	45 jours à partir de la date de la facture	602,62	Doit toujours une facture de 600,43 € du 02/04/N et une facture de 598,78 € du 10/05/N
Paulet	Règlement à 30 jours	699,51	
SARL Vivamel	Règlement à 30 jours	500,00	Doit une facture de 1 500 € du 02/05/N et une facture de 537,64 € du 25/03/N
Dupont SARL	Règlement à 30 jours	0,00	Doit une facture de 1 009,54 € du 06/03/N et une facture de 785,46 € du 24/02/N
Épiceries Délices du Nord	Règlement à 30 jours	0,00	Vieilles factures non réglées : une de 1 500 € de janvier N et une de 1 544,58 € du 08/02/N
El Fadili	Règlement à 30 jours	0,00	Facture non réglée de 1 132,08 € du 28/01/N

ANNEXE 5 Compte de l'entreprise ToutEnBois (extrait)

	Débit	Crédit	Solde
Facture du 10/01	2 450,00		– 2 450,00
Facture du 18/02	1 583,36		– 4 033,36
Facture du 15/03	3 521,00		– 7 554,36
Règlement au 20/03		2 450,00	– 5 104,36
Règlement au 20/03		1 583,35	– 3 521,01
Facture du 03/04	4 751,42		– 8 272,43
Facture du 30/04	4 358,24		– 12 630,67
Facture du 04/05	4 389,54		– 17 020,21
Facture du 15/05	4 061,27		– 21 081,48
Facture du 02/09	1 320,00		– 22 401,48
Règlement au 01/12		3 521,00	– 18 880,48
Totaux	**26 434,80**	**7 554,35**	

ANNEXE 6 Extrait du livre de procédures

Fiche CPT3 – Service Comptabilité : surveillance des délais

Si possible, chaque fin de mois :

☑ Contrôler les échéances en éditant la balance âgée

☑ Relancer les retardataires

FICHE RESSOURCE 1

La nécessité d'analyser le portefeuille clients

L'analyse régulière du portefeuille clients est indispensable pour des raisons de suivi commercial, mais aussi pour des raisons financières car elle permet d'anticiper les risques clients.

I La notion de portefeuille clients

Le portefeuille clients d'une entreprise est composé de l'ensemble des clients avec lesquels elle est en contact. Au sein de l'entreprise, on peut distinguer le portefeuille clients géré par chaque responsable commercial (en général, directeur de clientèle ou responsable de comptes).

II Les risques liés aux clients

Nature	Description	Conséquences
Risques financiers	Risque d'insolvabilité du client, de défaillance, de non-paiement ou de retard de paiement.	Risque de découverts bancaires, coûteux. À terme, risque de cessation de paiement.
Risques commerciaux	Risque que les « bons payeurs » ne soient pas « récompensés » par le service commercial.	Risque de perte des « bons » clients au profit des mauvais payeurs, ce qui accroît le risque financier.
Risques organisationnels	– Un portefeuille mal équilibré : par exemple, un seul client représente 80 % du CA, ou 80 % des clients sont occasionnels, ou encore de nombreux clients sont situés dans des pays « à risques ». – Une absence de contrôle du suivi des règlements.	– Dépendance de l'entreprise, activité trop dispersée, clients défaillants. – Manque de relance des clients pouvant entraîner des non-paiements.

III L'analyse du portefeuille clients

1. La préparation d'indicateurs

Analyser le portefeuille clients implique de disposer d'informations **quantitatives**, comme le chiffre d'affaires par client, les types de clients (taille, chiffre d'affaires annuel, part à l'exportation…), et d'informations **qualitatives**, comme le niveau de satisfaction.
Ces données permettent ensuite de calculer des **indicateurs** et des ratios tels que :
– l'évolution du chiffre d'affaires et l'évolution du nombre de clients ;
– le chiffre d'affaires moyen par client et/ou par type de clients ;
– le délai moyen de paiement par client et/ou par type de clients ;
– le montant moyen des créances par client et/ou par type de clients.
Ces indicateurs donnent lieu à des représentations graphiques qui permettent une visualisation du portefeuille clients.

2. La nécessité de réaliser une analyse partielle du portefeuille

Quand l'entreprise a un trop grand nombre de clients, elle ne dispose pas du temps nécessaire pour analyser tous les comptes dans leur intégralité. Elle doit choisir les clients à suivre en priorité. Elle doit donc segmenter le portefeuille clients selon leur chiffre d'affaires.

Deux méthodes de segmentation permettent d'identifier les clients dont le poids dans le chiffre d'affaires est le plus important : la méthode 20/80 (ou loi de Pareto) et la méthode ABC.

Ainsi, la méthode Pareto permet de mettre en évidence un groupe de 20 % de clients (environ) qui contribuent à 80 % du CA (environ) ; ce sont les grands comptes sur lesquels l'analyse doit être prioritaire.

IV La mise en pratique des méthodes Pareto et ABC

1. La méthode Pareto

I Exemple

On trie les clients par ordre décroissant de CA.

On calcule la part de CA de chaque client dans le CA total :
CA client / CA total × 100
Ex. : 48 000 / 116 360 × 100 = 41,25 %

On calcule la part que représente chaque client dans le portefeuille :
1 / nombre total de clients
1 / 9 = 11,11 %

Client	CA client	% du CA total	% cumulé CA	% du portefeuille clients	% cumulé portefeuille clients
Dupuis	48 000,00	41,25 %	41,25 %	11,11 %	11,11 %
Caron	42 000,00	36,09 %	77,34 %	11,11 %	22,22 %
De Vital	8 700,00	7,48 %	84,82 %	11,11 %	33,33 %
Bergeron	8 000,00	6,88 %	91,70 %	11,11 %	44,44 %
Stiévenard	6 200,00	5,33 %	97,03 %	11,11 %	55,55 %
Bouchon	2 000,00	1,72 %	98,75 %	11,11 %	66,66 %
Vignon	850,00	0,73 %	99,48 %	11,11 %	77,77 %
Tirancourt	310,00	0,27 %	99,75 %	11,11 %	88,88 %
Camille	300,00	0,26 %	**100,01 %**	11,11 %	**99,99 %**
TOTAL	**116 360,00**	**100,01%**	–	**99,99 %**	–

Pour cette entreprise, on observe que le portefeuille clients vérifie approximativement la loi de Pareto. Il faut donc se concentrer sur les clients Dupuis et Caron.

2. La méthode ABC

Cette méthode affine la méthode des 20/80 et permet d'apprécier l'équilibre du portefeuille clients. On procède de la même façon mais on distingue trois groupes :
– le groupe A rassemble les 20 % des clients à l'origine de 80 % du CA ;
– le groupe B rassemble les 30 % des clients à l'origine de 15 % du CA ;
– le groupe C rassemble les 50 % des clients à l'origine de 5 % du CA.

I Exemple

Client	CA client	% du CA total	% cumulé CA		% du portefeuille clients	% cumulé portefeuille clients		Groupe
Dupuis	48 000,00	41,25 %	41,25 %	Env. 80 % du CA	11,11 %	11,11 %	Env. 20 % des clients	A
Caron	42 000,00	36,09 %	77,34 %		11,11 %	22,22 %		
De Vital	8 700,00	7,48 %	84,82 %	Env. 15 % du CA (19,69 %)	11,11 %	33,33 %	Env. 30 % des clients (33,33 %)	B
Bergeron	8 000,00	6,88 %	91,70 %		11,11 %	44,44 %		
Stiévenard	6 200,00	5,33 %	97,03 %		11,11 %	55,55 %		
Bouchon	2 000,00	1,72 %	98,75 %	Env. 5 % du CA (2,98 %)	11,11 %	66,66 %	Env. 50 % des clients (44,44 %)	C
Vignon	850,00	0,73 %	99,48 %		11,11 %	77,77 %		
Tirancourt	310,00	0,27 %	99,75 %		11,11 %	88,88 %		
Camille	300,00	0,26 %	**100,01 %**		11,11 %	**99,99 %**		

? L'essentiel en une question

Comment l'entreprise peut-elle mettre en place une méthode de suivi efficace de son portefeuille clients ?

Consultez le corrigé
liennathan.fr/blzzzf

FICHE RESSOURCE 2

Les éléments d'alerte

Pour être alertée sur les risques clients, l'entreprise peut s'appuyer sur différents indicateurs.
Ces indicateurs peuvent apparaître dans le tableau de bord de l'entreprise.

I Les encours clients

1. L'indicateur global : l'encours clients

Les encours clients correspondent aux créances dues à l'entreprise par ses clients. L'encours clients (ou encours réel) est donc le montant total facturé par l'entreprise mais pas encore réglé.

Encours clients = Créances clients et comptes rattachés + Effets escomptés non échus – Avances et acomptes reçus sur commandes en cours

2. La surveillance de l'encours par client

L'entreprise peut mettre en place un suivi des clients en calculant leur encours théorique. On distingue l'encours de l'encours réel. L'encours théorique représente le montant des créances non encore réglées qui devraient normalement apparaître en comptabilité si les délais de paiement étaient respectés.

$$\textbf{Encours théorique du client} = \frac{\text{CA du client} \times \text{Délai contractuel}}{365}$$

L'écart entre l'encours théorique et l'encours réel est un élément d'alerte.

> Exemple
> Le CA annuel du client Regault est de 100 000 €. Il a un délai contractuel de règlement de 35 jours. Son encours théorique est de : (100 000 × 35) / 360 = 9 722 €. Or, son encours réel est de 19 444 €, ce qui n'est pas normal. Après analyse, le responsable s'aperçoit qu'il n'y a eu aucune relance et décide de mettre en place des moyens pour tendre vers l'encours théorique.

3. L'encours maximum par client

Le comptable peut travailler avec le responsable commercial à diminuer le risque d'impayés en demandant un acompte ou une réduction des délais de paiement. Il peut aussi évaluer l'encours maximum acceptable en prenant en compte l'historique du client.

Cela permet de bloquer le compte d'un client de manière à éviter que son encours augmente indéfiniment. Si l'entreprise dispose d'un PGI, l'encours maximum est inscrit dans le module de gestion commerciale de manière que le système bloque le passage d'une nouvelle commande. Le commercial est alors informé qu'il ne peut accepter de commande supplémentaire car trop de factures sont, à ce jour, impayées.

> Exemple
> Après discussion entre le responsable commercial et le responsable financier de l'entreprise cliente Regault, il est décidé de fixer son encours maximum autorisé à 9 800 € et donc de bloquer toute nouvelle commande au-delà de ce montant.

II Le délai moyen de paiement ou délai client

Cet indicateur calcule le délai moyen global pour encaisser les règlements des clients. Il exprime le nombre de jours de crédit qu'une entreprise concède à ses clients.

$$\textbf{Délai client moyen} = \frac{\text{Créances clients TTC}}{\text{Chiffre d'affaires TTC}} \times 365 \text{ jours}$$

On peut calculer un délai client par trimestre ou par mois, numérateur et dénominateur sont alors ramenés à la périodicité correspondante. Cet indicateur sera ensuite comparé soit dans le temps, soit au délai légal et contractuel.

Plus le délai client est important, plus la trésorerie peut se trouver fragilisée.

III Le besoin en fonds de roulement en jours de chiffre d'affaires

1. Le besoin en fonds de roulement (BFR)

Le BFR exprime le besoin en trésorerie que l'activité de l'entreprise génère. Il correspond aux fonds nécessaires pour faire face aux décalages de trésorerie.

BFR = Emplois d'exploitation
(stocks en cours + clients et comptes rattachés + effets escomptés non échus + autres charges + charges constatées d'avance)
– **Ressources d'exploitation**
(fournisseurs et comptes rattachés + dettes fiscales et sociales + autres dettes)

2. Le BFR en jours de CA

Ce ratio financier permet de comparer l'évolution du BFR en fonction du chiffre d'affaires réalisé, de manière à pouvoir anticiper tout début de dérapage se traduisant par une augmentation du BFR plus élevée que celle du chiffre d'affaires sur la même période.

$$\textbf{BFR en jours de CA} = \frac{\text{BFR du mois ou de l'année}}{\text{CA du mois ou de l'année}} \times 30 \text{ ou } 365$$

Ce ratio est surveillé car lorsque l'évolution à la hausse du BFR n'est pas uniquement due à celle du chiffre d'affaires, elle peut être provoquée par :
- une augmentation du délai de paiement d'une majorité de clients ;
- une hausse des créances commerciales impayées ;
- une réduction des délais de règlement des fournisseurs ;
- une augmentation des volumes stockés supérieure à celle de l'activité commerciale ;
- etc.

Il faut alors plus précisément identifier la cause pour y remédier.

IV Le solde de trésorerie d'exploitation (STE)

Le STE permet de connaître le solde généré par les produits encaissés moins les charges décaissées et permet d'évaluer le réel impact de l'évolution du BFR sur la trésorerie de l'entreprise.

STE = Excédent brut d'exploitation (EBE) – Variation du BFR

Si ce solde est positif, on parle d'excédent de trésorerie d'exploitation (ETE). S'il est négatif, on parle d'insuffisance de trésorerie d'exploitation (ITE).

Cet indicateur permet de vérifier la véritable capacité de l'entreprise à transformer ses bénéfices en liquidité. Beaucoup de PME se retrouvent en cessation de paiement alors qu'elles réalisent des bénéfices. Ces bénéfices ne se retrouvent pas en trésorerie, du fait d'encaissements insuffisants : impayés récurrents, retards de paiement, litiges, etc.

? L'essentiel en une question

Quelle différence faites-vous entre l'encours client et le délai moyen de paiement ?

Consultez le corrigé
liennathan.fr/a8bd6f

FICHE RESSOURCE 3

Se prémunir du risque client

Les impayés constituent l'une des principales raisons de défaillance des PME. Que mettre en place pour les éviter ?

I Connaître son client

1. Se procurer des éléments d'information

De très nombreuses informations publiques, gratuites ou payantes, peuvent être utilisées pour mieux connaître une entreprise ou un client et vérifier sa solvabilité.

Exemples
www.infogreffe.fr
www.bilansgratuits.fr
www.societe.com
www.manageo.fr
www.verif.com
www.altares.fr

2. Contractualiser

Il est important de contractualiser la relation avec un client et d'élaborer des conditions générales de vente (CGV) pour régir les relations entre les partenaires.

a) Les documents commerciaux

Ils sont composés du bon de commande, du bon de livraison et de la facture. Ils forment une chaîne contractuelle qui remplace le contrat et permet d'établir la réalité et l'étendue de la dette. C'est pourquoi les documents commerciaux doivent être complets et bien rédigés pour être exploités efficacement en cas de litige.

b) Les conditions générales de ventes (CGV)

Elles doivent être précisées et contenir les conditions de vente, le barème des prix unitaires, les réductions de prix (rabais, remises, ristournes…), les conditions de règlement (délais de paiement, montant des agios ou escompte) et le taux d'intérêt des pénalités de retard (mode de calcul et conditions d'application) (art. L441-6 du Code de commerce).

c) Prendre des garanties

Il existe différentes solutions pour garantir les créances : le cautionnement, l'hypothèque et le gage. Le cas le plus fréquent consiste à demander une caution. Le cautionnement est un contrat par lequel une tierce personne, la « caution », s'engage vis-à-vis d'un créancier à le payer si le débiteur, dit débiteur principal, est défaillant à l'échéance. Par ce contrat, le créancier acquiert le droit d'agir contre la tierce personne qui garantit le paiement de la dette du débiteur.

3. Maîtriser les règles en matière de délai de règlement

Le délai de paiement	Les conditions de règlement
Le délai de paiement légal est généralement de 30 jours. Il ne peut pas dépasser 45 jours fin de mois ou 60 jours nets à compter de la date d'émission de la facture. Pour une facture périodique (qui récapitule plusieurs livraisons ou prestations de services réalisées sur le mois), il ne peut dépasser 45 jours à compter de la date d'émission de la facture (art. 289 du CGI). Un délai supplémentaire de 30 jours peut être accordé à compter de la réception des marchandises ou de l'exécution de la prestation demandée.	Les conditions de règlement, dont le délai de paiement, font souvent l'objet d'une négociation entre les deux partenaires avant la signature du contrat de vente. Ceux-ci sont libres de définir le délai de paiement, dans les limites du délai légal. Le délai doit figurer sur la facture et dans les CGV.

Aller plus loin

Les règles en termes de délai de paiement et les sanctions en cas de retard
liennathan.fr/i0a6ki

II Gérer le risque d'impayé

1. Mettre en place un suivi régulier

Il faut mettre en place des procédures de suivi des règlements clients grâce au suivi de la balance âgée ou de l'échéancier afin d'être rapidement informé des montants impayés.

2. Définir des lignes de crédit

La ligne de crédit est le montant maximal d'encours accepté pour un client. Le montant est paramétré dans le module de gestion commerciale du PGI de manière que le système bloque au passage d'une nouvelle commande si le client dépasse l'encours autorisé.

III Recourir à une société prestataire de recouvrement

L'entreprise qui souhaite externaliser le recouvrement de ses créances dispose de deux solutions.

L'assurance-crédit	L'affacturage
Principe	
L'assurance-crédit est un contrat d'assurance qui garantit l'entreprise des risques clients.	L'affacturage (ou factoring) est avant tout un outil de financement de la trésorerie.
Description	
L'assurance-crédit transfère à un assureur la gestion du risque client de l'entreprise. L'assureur analyse et examine la solvabilité des clients, réalise une veille de cette solvabilité, fait le suivi des créances douteuses ainsi que le recouvrement des créances. Il verse également une indemnité à l'entreprise, dans la limite de la garantie accordée en cas de non-récupération des impayés.	Une société d'affacturage (ou factor) propose 3 services (cumulés ou non) : – **le financement de créances :** le factor avance les fonds consentis à l'entreprise, déduction faite des commissions d'affacturage, de financement et du fonds de garantie (et réserves éventuelles). L'entreprise reçoit le paiement de tout ou partie du montant de ses factures sous 24 heures sans attendre la date de l'échéance du paiement ; – **la gestion des comptes clients :** l'affacturage permet d'externaliser la gestion de son poste clients, c'est-à-dire la tenue de compte, l'imputation des règlements, les actions de contentieux ; – **la garantie contre les impayés :** les sociétés d'affacturage offrent une garantie contre les factures non payées.
Avantages	
– Elle permet de surveiller et de sélectionner sa clientèle de manière plus précise et de façon plus discrète. – L'externalisation et le recouvrement bénéficient de tarifs très intéressants. – La société reste maîtresse de ses relances. – L'assurance-crédit améliore l'image de l'entreprise auprès des banques.	– L'affacturage met à la disposition de l'entreprise une réserve importante de trésorerie lui permettant d'être sereine vis-à-vis de sa banque. – Elle peut mieux se consacrer à son développement, se libérer de la relance client et des tensions de trésorerie. – Les factures sont garanties à 100 %, alors qu'avec une assurance-crédit, elles ne le sont que jusqu'à maximum 90 % du montant HT de l'impayé.
Exemple : la Coface	Exemples : Eurofactor, Bibby factor

? L'essentiel en une question

Quelles mesures faut-il mettre en place au début de la relation client et lesquelles faut-il mettre en place après ?

Consultez le corrigé
liennathan.fr/v0p9uk

FICHE RESSOURCE 4

La balance âgée

I Principe

La balance âgée recense les montants dus par client, qu'ils soient échus ou non échus :
– les **montants échus** représentent les sommes que le client aurait déjà dû régler. Ils peuvent être classés par ancienneté, ce qui permet de fixer ses priorités de relance ;
– les **montants non échus** sont ceux pour lesquels le client a un délai de paiement non arrivé à échéance. Ils sont parfois classés par échéance, ce qui permet de connaître les échéances à venir et d'être réactif si besoin.

L'analyse de la balance âgée permet donc de suivre l'ancienneté des créances (leur âge) et d'adapter le niveau des actions de recouvrement en fonction de cette ancienneté.

On peut aussi créer des indicateurs et des représentations graphiques mettant en évidence les risques

Exemple

Balance âgée de la société Rialto au 31/03/N

Compte	Montant dû	Échu			À échoir		
		< 30 jours	Entre 30 et 60 jours	> 60 jours	< 30 jours	Dans 30 à 60 jours	> 60 jours
Fortran	860	860					
Télénet	960	660			300		
Camérail	410					410	
Catambail	5 700		4 500		1 200		
Nordestdiff	29 000	2 000	5 000	12 000	10 000		
Totaux	**36 930**	**3 520**	**9 500**	**12 000**	**11 500**	**410**	**0**

Représentation graphique de la balance âgée

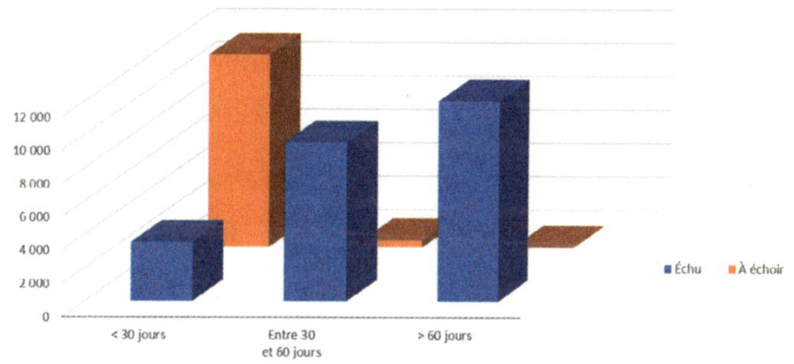

La balance âgée de Rialto indique de graves retards de paiement (1 facture de 12 000 € échue depuis plus de 60 jours) et de faibles perspectives d'activité à moyen terme (1 seule facture à échoir dans 30 à 60 jours).

II Balance âgée, balance comptable et échéancier

Il ne faut pas confondre la **balance âgée** avec la balance comptable des comptes clients. La **balance âgée** permet de faire un suivi des règlements et met en évidence tout retard de paiement. La **balance comptable des comptes clients** est une situation des comptes clients à une date donnée ; elle présente le solde des comptes clients mais ne permet pas de voir les délais de paiement des factures en attente de règlement. Le détail du compte est fourni par le relevé de compte, qui permet d'avoir accès à l'ensemble des écritures comptables (et donc des mouvements financiers) du compte.

L'**échéancier**, quant à lui, liste simplement les factures avec leur date d'échéance.

? L'essentiel en une question

Comment construire le tableau représentant la balance âgée ?

Consultez le corrigé
liennathan.fr/wa54c8

FICHE RESSOURCE 5

Mettre en place une procédure de relance client

I La relance client

En cas de facture non payée à l'échéance, la relance téléphonique ou postale peut être un bon moyen de départ pour signifier au débiteur que la somme est exigible sans rompre pour autant les relations commerciales. Et bien souvent, cela est suffisant. Parfois, il convient néanmoins d'engager une **procédure de recouvrement d'impayés.**

Dans tous les cas, il convient de procéder par étapes et d'agir avec discernement selon la gravité de la situation.

II Les étapes de la relance client

1. La relance par lettre simple	L'entreprise envoie à son client une lettre qui mentionne de manière claire la somme exigible, la date à laquelle la créance devait être honorée et l'origine de celle-ci. Cette relance par courrier présente l'avantage de pouvoir être produite en cas de procédure judiciaire. Il est également possible de confier à un huissier de justice ou à une société de recouvrement amiable le soin de procéder au recouvrement amiable de la créance.
2. La relance par lettre recommandée	Sans nouvelles du client après l'envoi d'une lettre simple, l'entreprise lui adresse une nouvelle lettre de relance dans laquelle elle l'informe qu'il s'expose à des intérêts de retard s'il ne paye pas dans les délais fixés (8 jours, par exemple). Il faut alors envoyer le courrier par lettre recommandée avec accusé de réception (LRAR), en garder une copie et conserver l'accusé de réception.
3. La mise en demeure	L'étape suivante est la mise en demeure avec application des intérêts de retard. Ces intérêts sont applicables en vertu de l'article 1153 du Code civil et selon les modalités précisées sur les factures. La mise en demeure doit être adressée par LRAR. Comme pour la relance en recommandé, il faut en garder une copie et conserver l'accusé de réception. Pour qu'elle soit valable, la lettre de mise en demeure doit prendre une forme déterminée et contenir certaines mentions obligatoires, comme la date de sa rédaction et les coordonnées du destinataire. Elle doit résumer le problème, demander un règlement, fixer un délai pour la résolution du problème, mentionner les coordonnées de l'expéditeur, porter sa signature et inclure dans le texte l'expression « mise en demeure ». **Aller plus loin** **Modèles de lettres de mise en demeure** liennathan.fr/l27b82 liennathan.fr/mbs4xd
4. L'injonction de payer	C'est la dernière étape : l'entreprise adresse une demande d'injonction de payer au tribunal compétent. Cette requête doit être bien remplie (le site infogreffe.fr propose des modèles). Si le juge estime la requête suffisamment renseignée et justifiée, il rend une ordonnance portant « injonction de payer », c'est-à-dire ordonnant au débiteur de régler son dû.

? L'essentiel en une question

En situation de crise économique, doit-on tenir compte des difficultés des clients dans la procédure de relance ?

Consultez le corrigé
liennathan.fr/gg45xm

APPLICATIONS

CHAPITRE 8

ATELIER PGI

Traiter, suivre et analyser les ventes

Téléchargez la fiche de travail
liennathan.fr/10p1qd

Chapitres concernés :

Chapitre 4 : La tenue et le suivi des dossiers clients et fournisseurs
Chapitre 5 : Le contrôle des opérations et l'archivage des documents
Chapitre 6 : L'enregistrement des opérations relatives aux clients
Chapitre 7 : Le suivi des créances et des effets de commerce
Chapitre 8 : La production de l'information relative au risque client

EXOS FLASH

EXO 1 Quiz interactif

Testez vos connaissances sur ce chapitre avec le quiz en ligne.

liennathan.fr/pfn8u7

Votre score ....

EXO 2 Les encours clients

- **Complétez le tableau (annexe) à l'aide du fichier Excel et identifiez les clients qui peuvent poser problème.**

Téléchargez les informations sur les clients
liennathan.fr/bn8jlp

ANNEXE **Informations sur les clients (tableau à compléter)**

Clients	Encours réels	Délais de paiement (nb de jours)	CA TTC	Encours théoriques	Écart	Écart en %[1]	Commentaires
SA Cauvin	25 000	35	124 000				
SAS Charvin	26 500	30	328 000				
Soc. Tomasi	15 430	45	98 300				
SARL Martin	36 000	50	548 360				
SARL Canepa	3 250	30	10 650				
Mairie Sospel	4 120	60	28 000				
Mairie Aix	2 860	60	19 580				
SA Melody	1 540	30	18 500				

1. Par rapport à l'encours

EXO 3 La gestion des impayés

Vous êtes comptable dans l'entreprise Boukandoura et vous accueillez un stagiaire à qui vous devez expliquer votre mission de gestion des impayés.

1. **Présentez-lui le rôle de la balance âgée.**
2. **Expliquez-lui les démarches à entreprendre lorsque la date d'échéance est dépassée et que le règlement ne vous est toujours pas parvenu.**

CHAPITRE 8

APPLICATIONS

ENTRAÎNEMENT AU BTS 1 Analyser un portefeuille clients ★☆☆

La SARL Jardinage facile est spécialisée dans l'arrosage automatique. Sa clientèle est implantée en Provence-Alpes-Côte d'Azur. En 2021, l'entreprise a perdu un de ses clients, une administration, qui n'a pas reconduit son marché. Le dirigeant, M. Sabatier, envisage de commercialiser un nouveau produit pour les particuliers : proposer un kit piscine comprenant les travaux de terrassement et l'installation de la piscine.

1. **Commentez l'évolution du chiffre d'affaires de Jardinage facile de 2020 à 2022 (annexe 1).**
2. **Analysez la structure du portefeuille clients à l'aide de la méthode de Pareto. Qu'en concluez-vous ?**
3. **Affinez l'analyse avec la méthode ABC.**
4. **À l'aide de l'annexe 2, appréciez l'intérêt pour l'entreprise de commercialiser cette nouvelle prestation de service.**

ANNEXE 1 Données CA extraites du PGI

Les chiffres d'affaires trimestriels des exercices 2020 à 2022.

Années	Trimestre 1	Trimestre 2	Trimestre 3	Trimestre 4
2020	67 000	116 000	66 500	26 000
2021	48 000	89 000	45 500	17 500
2022	67 500	114 000	75 000	28 500

L'activité de l'entreprise en 2022

Type de clients	Administrations	Particuliers	Entreprises	Collectivités locales
Nombre	4	43	5	8
CA en euros	180 000	57 000	3 000	60 000

ANNEXE 1 Extrait d'un article issu du magazine *Prévisions économiques*

La France : 1er marché européen et 3e marché mondial en termes d'installation et de construction de piscines privées. Progression des ventes en volume de piscines privées : + 5,7 % entre 2020 et 2021 (+ 26 000 piscines) + 20 % entre 2021 et 2022 (+ 117 000 piscines). Prévision des installations de piscines privées en région parisienne : 15 000 en 2023.

Le boom des piscines en kit à monter

Les piscines à monter soi-même et vendues en kit connaissent un essor considérable : progression des ventes de + 50 % en 2022 par rapport à 2021.

ENTRAÎNEMENT AU BTS 2 Réduire le risque client ★★☆

La SA RECUP est leader sur le marché français de la récupération et du recyclage des cartouches d'encre pour imprimantes laser. Elle collecte les cartouches laser vides, sélectionne celles qui peuvent être recyclées et fabrique des cartouches par démontage et remontage des différents composants. Pour compléter son offre de produits, elle commercialise quelques cartouches jet d'encre achetées auprès de fournisseurs spécialisés. Ses clients sont des distributeurs spécialisés.

Créée en 1994, la SA RECUP connaît une croissance importante de son activité à partir des années 2000, puis un ralentissement de son activité depuis 2022, la société ayant de plus en plus de difficultés à rester concurrentielle.

Vous venez d'être embauché(e) en tant qu'assistant(e) comptable. M. Dumortier, directeur administratif et financier, vous demande de participer à la gestion des créances clients et à la mise en place d'outils d'alerte et de prévention des difficultés de trésorerie.

Mlle Mille, l'une des deux comptables, vous charge d'analyser plus particulièrement la situation des clients Atoner et Consonet.

L'exercice comptable de la société coïncide avec l'année civile. Elle est assujettie à la TVA au régime réel normal, toutes ses opérations sont soumises au taux de 20 %.

1 **À partir de l'annexe 1, comptabilisez sur le bordereau (annexe 3) les écritures relatives aux clients Atoner et Consonet au 31/12/N.**

Compte tenu de la progression des créances douteuses et des dépréciations associées, M. Dumortier souhaiterait connaître l'évolution du poste clients sur trois ans. Il vous demande de lui communiquer les informations dont il a besoin pour préparer le rapport de gestion.

2 **Calculez les ratios relatifs aux créances clients pour l'année N (annexes 2, 4 et 5). Indiquez le sens de l'évolution des ratios relatifs aux créances clients.**

3 **L'entreprise peut-elle bénéficier de certaines dispositions de loi ? Justifiez votre réponse.**

4 **À votre avis, pourquoi le législateur est-il intervenu pour limiter les délais de paiement entre professionnels ?**

Au vu de l'évolution de ces ratios, M. Dumortier décide de mettre en place, comme premier indicateur de prévention, l'excédent de trésorerie d'exploitation (ETE).

5 **Procédez au calcul de l'ETE pour l'année N (annexe 6).**

6 **À partir de l'annexe 7, expliquez en quoi l'ETE est un meilleur indicateur des difficultés de trésorerie que l'excédent brut d'exploitation (EBE).**

7 **Expliquez les modifications qui pourraient être apportées à l'organisation comptable et qui permettraient d'avoir un suivi individualisé du risque client (annexe 8).**

ANNEXE 1 **Dépréciation des créances**

La dépréciation nécessaire en N comprend une dépréciation relative au client Atoner, dont l'historique est le suivant :
- le client a accumulé une dette de 19 331,02 € envers la société RECUP et n'a rien réglé à la clôture de l'exercice N-1. Il ne pouvait pas, à cette date, être considéré comme douteux ;
- après plusieurs lettres de rappel et une mise en demeure courant N, le client a consenti, suite à un accord amiable, à verser 14 400 €, réglés le 26/10/N par virement sur la banque Crédit Mutuel. La société RECUP n'a quasiment aucun espoir de recouvrer le solde, compte tenu de la situation financière de la société Atoner au 31/12/N, mais elle ne détient aucun document officiel de cessation d'activité ou de liquidation.

Quant au client Consonet, dont la créance s'élève à 204,52 € à la clôture de l'exercice N, le syndic de liquidation a informé la SA RECUP de son irrécouvrabilité définitive par courrier du 12/11/N. La dépréciation constituée à la clôture précédente était de 50 % de la créance.

ANNEXE 2 **Ratios clients**

Ratios clients	N		N-1	N-2
	Calculs justificatifs	Montants		
Poste clients / Total actif			41,36 %	28,52 %
Clients douteux / Clients			4,88 %	3,91 %
Dépréciations / Clients douteux			63,25 %	57,74 %
Durée du crédit client (créances TTC / CA TTC) × 360			65 jours	46 jours

ANNEXE 3 **Bordereau d'enregistrement comptable**

Code Jal	Date	Compte général	Compte auxiliaire	Libellé écriture	Débit	Crédit

N°	Intitulé du compte
411000	Clients – compte collectif
416000	Clients douteux – compte collectif
445510	TVA à décaisser
491100	Dépréciation des comptes clients

N°	Intitulé du compte
654000	Pertes sur créances irrécouvrables
681740	Dotations aux dépréc. des actifs circulants
781000	Reprises sur amortissements, dépréciations et provisions d'exploitation

ANNEXE 4 Suivi des clients sur 3 ans

Années	N	N-1	N-2
Clients (montant brut)	1 400 077	1 271 489	817 190
Dont clients douteux	*80 752*	*62 033*	*31 944*
Dépréciations	62 038	39 234	18 444
Total actif brut	**3 116 478**	**3 074 395**	**2 865 198**

ANNEXE 5 Chiffres d'affaires des 3 dernières années

CHIFFRES D'AFFAIRES HT	Au 31/12/N	Au 31/12/N-1	Au 31/12/N-2
Ventes de cartouches jet d'encre	302 616	257 020	130 536
Ventes de cartouches recyclées	4 988 451	5 002 133	4 773 818
Ventes de cartouches recyclées intracommunautaires	733 782	689 799	493 811
TOTAL	**6 024 849**	**5 948 952**	**5 398 165**

ANNEXE 6 Données nécessaires au calcul de l'ETE

SOLDES INTERMÉDIAIRES DE GESTION	Du 01/01 au 31/12/N	GRANDEURS STRUCTURELLES DU BILAN	31/12/N	31/12/N-1
Marge commerciale	132 907	Fonds de roulement	1 041 640	935 137
Production de l'exercice	5 744 247	Besoin en fonds de roulement global	825 339	637 412
Valeur ajoutée produite	2 454 349	*BFR ou dégagement d'exploitation*	*973 295*	*749 638*
Excédent brut d'exploitation	526 747	*BFR ou dégagement hors exploitation*	*– 147 956*	*– 112 226*
Résultat d'exploitation	407 154	Trésorerie	216 301	297 725
Résultat courant	375 879			
Résultat de l'exercice	176 950			

ANNEXE 7 La trésorerie de l'entreprise et l'excédent de trésorerie d'exploitation

La trésorerie d'une entreprise est l'ensemble des liquidités disponibles en caisse ou en banque. Elle est calculée sur la base du solde de la caisse, des comptes bancaires et des chèques postaux. On peut rechercher à optimiser la trésorerie en recouvrant les créances, en diminuant les stocks et en réglant les fournisseurs le plus tard possible.

Excédent de trésorerie d'exploitation (ETE)
= Excédent brut d'exploitation (EBE)
– Variation du besoin en fonds de roulement d'exploitation

Excédent brut d'exploitation (EBE)
= CA HT – Montant HT des achats de biens et services
– Impôts et taxes – Coût de la masse salariale

ANNEXE 8 **Organisation comptable de la SA RECUP**

La société utilise un PGI qui dispose de trois modules : comptabilité, paye, gestion commerciale.

Le plan de tiers est créé grâce au module de gestion commerciale. Pour chaque fiche tiers créée, ce module propose différents onglets contenant les renseignements suivants :
- onglet « Identification » : numéro, nom et coordonnées du tiers. Ces informations sont automatiquement saisies à chaque constitution de fiche ;
- onglet « Contact » : nom et numéro de téléphone de la personne à contacter dans l'entreprise. Ces informations sont saisies occasionnellement en fonction de l'importance du tiers ;
- onglet « Solvabilité » : contrôle de l'en-cours, en-cours maximum autorisé, code risque. Ces informations ne sont pas renseignées ;
- onglet « Règlements » : délai de paiement, mode de règlement. Ces informations ne sont pas renseignées.

Sur ces fiches, les numéros des comptes de tiers sont constitués des 5 premières lettres du nom du tiers.

ENTRAÎNEMENT AU BTS 3 Relancer un client ★☆☆

Comme beaucoup d'entreprises en croissance, la société Benita, située 42 boulevard Leclerc 06400 Cannes, connaît quelques difficultés de trésorerie et a mis en place un suivi régulier du recouvrement de ses créances. Mme Darmon vous demande, en tant qu'assistant(e) comptable, de traiter le recouvrement de la créance du client Sommer (entreprise privée).

1. **À l'aide des annexes 1 et 2, calculez les intérêts de retard à facturer au client Sommer (18 rue Barla 06300 Nice) et justifiez vos calculs.**
2. **Rédigez la deuxième lettre de relance à adresser au client Sommer datée du 30 novembre, conformément aux instructions de Mme Darmon (annexe 3).**

ANNEXE 1 **Extrait des conditions générales de règlement et du livre des procédures**

1) CONDITIONS GÉNÉRALES DE RÈGLEMENT

Clients particuliers	– Acompte de 30 % demandé à la commande – Règlements effectués au comptant, par chèque ou par virement, à réception de la facture – Pas d'escompte pour règlement anticipé
Clients entreprises privées	– Règlement par tranches au fur et à mesure de l'avancement des chantiers – Règlement à 30 jours ou 60 jours par chèque, par virement ou par effet de commerce – Escompte de 1,5 % pour règlement sous huitaine
Clients collectivités publiques	Délai maximum de paiement de 30 jours à compter de l'exécution de la prestation conformément au Code des marchés publics

ANNEXE 1 (suite)

2) TRAITEMENT DES RETARDS DE PAIEMENT ET PÉNALITÉS DE RETARD

Clients particuliers et entreprises privées :

Retard de paiement	Traitement	Pénalités de retard
De 15 à 29 jours	Relance téléphonique	
De 30 à 44 jours	Envoi d'une 1re lettre recommandée avec accusé de réception	Non réclamées
De 45 à 60 jours	Envoi d'une 2e lettre recommandée avec accusé de réception	Les pénalités de retard réclamées dans la 2e lettre de relance sont dues de plein droit dès le 1er jour de retard de paiement et calculées au taux annuel d'intérêt légal minimum[1] majoré de 7 points sur le montant TTC (base 365 jours).
+ de 60 jours	Ouverture d'une procédure d'injonction de payer auprès du tribunal de commerce.	

1. Taux d'intérêt minimum légal annuel 2022 : 0,77 %.

Clients collectivités publiques :

Application des règles du Code des marchés publics : le taux des intérêts moratoires à appliquer, en cas de dépassement du délai maximum de paiement, est celui en vigueur à la date à laquelle les intérêts moratoires ont commencé à courir.

ANNEXE 2 **Extrait du récapitulatif de factures du 3e trimestre N**

N° compte client	Nom client	N° facture	Date facture	Montant HT	TVA 20 %	TVA 10 %	Montant TTC	Échéances
[...]								
SOMMER	SOMMER	100356	11/08/N	4 200,00	840,00		5 040,00	10/10/N
[...]								

ANNEXE 3 **Instructions de Mme Darmon**

De J. Darmon
À Assistant(e) comptable
Objet Client SOMMER, 18 rue Barla 06300 Nice

Courriel 17 - 30/11/N

Bonjour,
Nous avons constaté une facture non encore réglée du client Sommer. Une première lettre de relance a été adressée le 15/11/N.
Envoyer une deuxième lettre de relance ce jour.
Ne pas oublier d'informer le client des pénalités de retard dues à compter de la date de retard de paiement.
Mme Darmon

SYNTHÈSE

Synthèse audio
liennathan.fr/k4e2nx

La production de l'information relative au risque client

1 Analyser le portefeuille clients

Calculer des indicateurs

- Évolution du chiffre d'affaires
- Évolution du nombre de clients
- Montant moyen des créances par client
- Montant moyen des créances par catégorie de clients

Traduire ces indicateurs par des représentations graphiques.

Segmenter les clients

- **Méthode 20/80** ou **méthode de Pareto** : 20 % de clients contribuent à 80 % du CA (les « grands comptes ») et 80 % des clients contribuent à 20 % du CA (les petits comptes).
- **Méthode ABC** : le groupe A rassemble 20 % des clients pour 80 % du CA, le groupe B 30 % des clients pour 15 % du CA et le groupe C 50 % des clients pour 5 % du CA.

2 Analyser le risque client

Connaître les risques

Le risque financier : les risques d'impayés et de retard de paiement mettent en danger l'équilibre de la trésorerie de l'entreprise.

Le risque commercial : l'entreprise peut perdre ses bons clients si elle n'essaie pas de les fidéliser. Une dégradation de son image peut également mener à une perte de clients.

Le risque organisationnel : le manque de procédure de suivi du portefeuille clients et l'absence de contrôle des règlements clients peuvent mettre en péril la pérennité de l'entreprise.

Mettre en place des alertes

Les indicateurs par client

- **Le délai de paiement du client** : il fait souvent l'objet d'une négociation entre les deux acteurs avant la signature du contrat de vente. Il se fixe alors de manière libre dans la limite du délai légal.
- **L'encours par client** : on distingue l'encours théorique (encours autorisé) de l'encours réel.

Les indicateurs globaux

- Les **encours clients** correspondent aux créances dues à l'entreprise par ses clients.
- Le **délai client moyen** permet d'évaluer les retards des encaissements des règlements des clients.
- Le **BFR moyen** exprime le besoin en trésorerie de l'entreprise et permet donc d'anticiper les décalages de trésorerie.

Établir la balance âgée

La balance âgée recense les montants dus par les clients, qu'ils soient échus ou non échus.

3 Les mesures à prendre

Les conseils préventifs

Connaître son client

Avoir des éléments d'information, contractualiser, prendre des garanties.

Gérer le risque d'impayés

- En mettant en place un suivi régulier.
- En définissant une ligne de crédit.
- En ayant recours à une société prestataire de recouvrement (assurance-crédit ou affacturage).

La procédure de relance

ÉTAPE 1 : la relance par lettre simple
Mentionner la somme exigible, la date d'échéance et l'origine de la créance.

ÉTAPE 2 : la relance par lettre RAR
Renvoyer une lettre comprenant les éléments de la 1re lettre et mentionner les intérêts de retard.

ÉTAPE 3 : la lettre de mise en demeure
Sa forme est déterminée et contient certaines mentions obligatoires.

ÉTAPE 4 : l'injonction de payer
Demande d'injonction envoyée au tribunal selon un modèle (proposé par le site infogreffe.fr).

CHAPITRE 9

Le contrôle des documents liés aux achats de biens ou d'immobilisations

Activité	Composantes d'activité	Compétences	
1.5. Enregistrement et suivi des opérations relatives aux fournisseurs	**1.5.1.** Recherche des informations, y compris techniques, relatives aux factures fournisseurs **1.5.2.** Vérification et validation des factures d'achat de bien, de service et/ou d'acquisition d'immobilisation **1.5.3.** Mise en évidence et traitement des anomalies dans le processus d'achat	– Préparer le contrôle des composantes d'une facture, rechercher et analyser les informations complémentaires y compris d'ordre technique pour assurer l'enregistrement – Contrôler les opérations relatives aux achats de biens, de services et aux acquisitions d'immobilisations – Justifier les montants des factures et signaler les erreurs éventuelles	**P7** L'utilisation du PGI pour effectuer les traitements pertinents

SITUATION PROFESSIONNELLE

L'entreprise Les Petites Gourmandises est une SARL familiale créée en 1998 par M. Debard et son épouse, est située à Montlouis-sur-Loire. Son activité consiste à fabriquer et vendre des chocolats, des nougats, des calissons et diverses confiseries. Elle commercialise également les *cupcakes* d'une entreprise artisanale locale. Récemment, elle s'est diversifiée en proposant des cours de cuisine et de pâtisserie, et son chiffre d'affaires est en hausse régulière.

Comme l'activité se développe, l'entreprise est amenée à multiplier ses achats et va peut-être devoir renforcer ses capacités de production. Mme Sorgel, cheffe comptable, vous affecte au service des achats pour aider Mlle Caide, l'aide-comptable.

VOS MISSIONS

Mlle Caide a pris du retard dans la vérification des factures fournisseurs reçues au cours de la dernière semaine du mois de mai et au début du mois de juin. Elle vous charge d'effectuer ce travail, en respectant les procédures prévues à cet effet, et de repérer les éventuelles anomalies.

- MISSION 1 **Préparer l'enregistrement d'une facture d'achat** ▶ Fiches ressource 1 à 3
- MISSION 2 **Contrôler des factures d'achat intracommunautaire et d'importation** ▶ Fiche ressource 4
- MISSION 3 **Contrôler les acquisitions d'immobilisations** ▶ Fiches ressource 5 et 6

VOS MISSIONS

MISSION 1 Préparer l'enregistrement d'une facture d'achat

1. Contrôlez les éléments chiffrés de la facture avec le bon de commande et le bon de livraison. Faites ressortir les erreurs éventuelles.
   ▶ Annexes 1 à 3 ▶ Fiche ressource 1
2. Observez les réductions et précisez de quelle catégorie il s'agit. Ces réductions vont-elles avoir un impact sur le prix des produits ? Justifiez.
   ▶ Annexe 3 ▶ Fiche ressource 2
3. Analysez la TVA sur cette facture. Les produits achetés sont-ils tous soumis au même taux de TVA ? Justifiez. L'acompte a-t-il été soumis à TVA ? Justifiez. Quels comptes de TVA faudra-t-il utiliser ?
4. Melle Caide s'attend à recevoir une facture d'avoir. Quel sera le motif ?
   ▶ Annexe 4
5. Expliquez le principe des emballages à rendre. Pourquoi y aurait-il une créance sur le fournisseur Prim'Distribution ?
   ▶ Fiche ressource 3

Discutons-en !
Quel est l'impact d'une hausse des prix des matières premières sur la rentabilité d'une entreprise ?

MISSION 2 Contrôler des factures d'achat intracommunautaire et d'importation

6. Quelle différence faites-vous entre les fournisseurs San Pablo et Mondwest ?
   ▶ Annexe 5 ▶ Fiche ressource 4
7. Justifiez le cours de l'USD retenu pour le calcul de la conversion en euros de la facture d'importation. Retrouvez ce montant.
8. À quoi correspond la facture de la Société des Transports du Havre ?
9. Comment l'entreprise va-t-elle traiter les obligations relatives à la TVA avec les fournisseurs San Pablo et Mondwest ?

Besoin d'aide ?
liennathan.fr/t4o0sj

MISSION 3 Contrôler les acquisitions d'immobilisations

10. Expliquez pourquoi l'immobilisation du fournisseur Innov'Choc doit faire l'objet d'une décomposition. Quelle sera la conséquence à prévoir pour l'enregistrement ?
    ▶ Annexes 6 et 7 ▶ Fiche ressource 5
11. Calculez le coût d'acquisition des deux immobilisations.
12. Expliquez le traitement comptable à prévoir pour la rénovation du local.
    ▶ Annexe 8 ▶ Fiche ressource 6
13. Comment traiter les acquisitions de titres ?
    ▶ Annexe 9

La question de l'expert
En examinant les annexes 10 à 12, expliquez pourquoi le crédit-bail est un financement alternatif à l'emprunt bancaire.

L'autocorrection en vidéo
liennathan.fr/wm130e

DONNÉES DE LA SITUATION

ANNEXE 1 Bon de commande au fournisseur Prim'Distribution

PRIM'DISTRIBUTION
149 chemin de Provence
13160 CHÂTEAURENARD
RCS B 510 458 963
TVA UE : FR 63 456 510 458

BON DE COMMANDE

N° Commande	14589
N° Client	411856
Date	23/05/N

Adresse de facturation
Les Petites Gourmandises Quai Albert Baille 37270 MONTLOUIS-SUR-LOIRE TVA : FR 39 654 558 222

Adresse de livraison
Les Petites Gourmandises Quai Albert Baille 37270 MONTLOUIS-SUR-LOIRE

Désignation (tarif)	Quantité remise	PU HT après vente	% de HT	PU HT	Montant	Observations
Fèves	80	2,05	10 %	1,85	147,60	Conditionnement en sacs de 10 kg Pots de 1 kg
Amandes	140	5,00	15 %	4,25	595,00	
Fruits confits	10	12,80	10 %	11,52	115,20	
		Net commercial HT			857,80	

Conditions	
Mode de paiement	Virement
Délai de paiement	30 jours fin de mois à la livraison
Mode de livraison	Camion
Délai de livraison	5 jours
Conditions particulières	Acompte de 500 € versé le jour même par virement bancaire

Signature
Debard

ANNEXE 2 Bon de livraison du fournisseur Prim'Distribution (extrait)

Références/commande/livraison	
N° commande	14589
Date commande	23/05/N
Date expédition	25/05/N
Nombre de colis	32

BON DE LIVRAISON

N° Bon	05/20145
N° Client	411856
Date	28/05/N

Référence	Désignation	Quantités commandées	Quantités livrées	Observations
45896	Fèves	80	80	
45785	Amandes	140	140	
47859	Fruits confits	15	15	

Observations générales

Signature du client	Debard
Date	28/05/N
Heure de réception	14 h 35

ANNEXE 3 Facture du fournisseur Prim'Distribution

PRIM'DISTRIBUTION
149 chemin de Provence
13160 CHÂTEAURENARD
RCS B 510 458 963
TVA UE : FR 63 456 510 458
Code APE : 4721Z

FACTURE

N° Facture	14593
N° Commande	14589
N° Client	411856
Date facturation	28/05/N

Reçu le 30/05/N

Adresse de facturation	Adresse de livraison
Les Petites Gourmandises Quai Albert Baille 37270 MONTLOUIS-SUR-LOIRE	Les Petites Gourmandises Quai Albert Baille 37270 MONTLOUIS-SUR-LOIRE

Référence à rappeler	N° intracommunautaire du client
4158963	FR 39 654 558 222

Transports	
Origine	CHÂTEAURENARD
Destination	MONTLOUIS-SUR-LOIRE
Mode	Camion
Nombre de colis	32
Prestataire	Transports Louis

Livraison	
Mode	Camion
Date	28/05/N
Paiement	
Conditions	30 jours fin de mois de livraison
Date	30/06/N

Réf.	Désignation	Code TVA	Quantité	PU HT (tarif)	% de remise	PU HT après remise	Montant HT
45896	Fèves	1	80	2,05	10 %	1,85	147,60
45785	Amandes	1	140	5,00	15 %	4,25	595,00
47859	Fruits confits	2	15	12,80	10 %	11,52	172,80
				Base TVA code 1 avant escompte			742,60
				Base TVA code 2 avant escompte			172,80
				Taux d'escompte accordé			

Code	Taux	Base	Montant	Frais accessoires	Montant	Total HT	915,40
1	5,50 %	742,60	40,84	Emballages	150,00	Escompte	
2	20,00 %	172,80	34,56	Assurance		Net financier	915,40
Port	20,00 %	90,00	18,00			Port facturé	90,00
	Total de la TVA		93,40	Total	150,00	TVA facturée	93,40
						Frais accessoires	150,00
Taux de pénalité en cas de retard de paiement : 6,45 % l'an.						Acompte versé	500,00
						Net à payer TTC	**748,80**

ANNEXE 4 Mail envoyé au fournisseur Prim'Distribution

De : lpg@orange.fr
À : primdist_serviceclient@orange.fr
Date : 03/06/N
Objet : Oubli sur bon de livraison n° 05/20145 et problème de facturation

Bonjour
Nous avons oublié de mentionner sur le bon de livraison que les 5 boîtes de fruits confits en trop par rapport à la commande avaient bien été reprises par le livreur. (La personne qui a réceptionné les marchandises remplaçait le magasinier absent et n'était pas au courant des procédures à suivre.)
Malheureusement, l'information ne vous est pas parvenue puisque vous nous facturez 15 boîtes de fruits confits au lieu des 10 effectivement gardées.
Pourriez-vous, s'il vous plaît, vérifier vos retours de marchandises par rapport à cette livraison ?

Bien cordialement
Mlle Caide

ANNEXE 5 **Factures relatives à des acquisitions hors de France**

SAN PABLO
Vale para o mar
PRODUTOR DE FRUTAS
LISBOA – PORTUGAL
PT 44 420 128 232
Registos e do Notariado : 4785-9654

Les Petites Gourmandises
Quai Albert Baille
37270 Montlouis-sur-Loire
FRANCE
FR 39 654 558 222

Reçue le 01/06/N

Data 30/05/N Factura 145896

Frutos	Kg	Custo	Total (€)
Amendoas (1)	130	5,10	663,00
Feijoes (2)	100	2,10	210,00
		Total	873,00
		Seu deposito (3)	150,00
		À pagar para o 15/06/N	**723, 00**

(1) Amandes. (2) Fèves. (3) Acompte.

Mondwest Fruit L.C.
10 852 Century Woods Drive
LOS ANGELES
CA 90074-6345 USA
78596-78963-74510
E-mail : mondwest@aol.net
Your order dated N, May 25.
May 25-N
Invoice number 478596

Reçue le 01/06/N

Cours de l'USD le 01/06/N : 0,9355 €

Payment : June, the 30th.

Moyenne du cours de l'USD du 24 au 31/05/N : 0,9310 €

Montant en euros : 1 230, 18 €

Les Petites Gourmandises
Quai Albert Baille
37270 MONTLOUIS-SUR-LOIRE
FRANCE

Invoice Number	Designation			Quantity	Unit Price	Amount
741789	Your order number 142458 Candied Fruits ← Fruits confits			120	10.50	1,260.00
Charges	**Freight**	**Insurance**	**Credit**	**%**	**Amount in USD**	**Total USD**
	55.00					1,315.00

Société des Transports du HAVRE
Transitaire en douanes
128 avenue de la Libération
76600 LE HAVRE
Tél. : 02 35 92 XX XX - Fax : 02 35 92 XX XX
Mail : Transhavre@orange.fr

RCS B 780 156 214 810
TVA UE : FR 45 780 156 214
Code APE : 7401

Reçue le 01/06/N

V/Réf. : 74589
N/Réf. : 78596-74-78
Date de paiement : 07/06/N
Mode de paiement : virement bancaire

Les Petites Gourmandises
Quai Albert Baille
37270 MONTLOUIS-SUR-LOIRE
TVA UE : FR 39 654 558 222

Valeur en douane : 1 230,18 € Base TVA : 1 304,58 €
Mode de transport : camion

N° facture	Date de facture	Désignation	Total en €
7856	01/06/N	Droits de douane Honoraires pour commissionnaire en douane TVA facturée sur honoraires au taux de 20 %	74,40 47,75 9,55
		MONTANT À PAYER EN €	**131,70**

Taux de pénalité en cas de retard de paiement : 5,50 % l'an

ANNEXE 6 Factures reçues de prestations de services

DARLLIER INOX
28 avenue de l'Europe
59512 ROUBAIX
Tél : 03.20.96.11.62
Fax : 03.20.48.14.85
RCS Lille : B 526 974 120
APE : 746P
N° TVA : FR 78 147 526 974

Reçu le 02/06/N

N° client :	**411023**
Date de la facturation :	**29/05/N**
Date de paiement :	**03/06/N**
N° de la facture :	**1258**

Les Petites Gourmandises
Quai Albert Baille
37270 Montlouis-sur-Loire
TVA UE : FR 39 654 558 222

Désignation	Référence	Code TVA	Quantités	PU HT	Montant HT
Trempeuse bac calorifugé inox (profondeur 15 cm)	52369	1	1	3 450,00	3 450,00
Observations À régler avant le 03/06/N.			Montant global HT – €		3 450,00
			Escompte de règlement		– 34,50
			Frais de port		80,00
			Montant soumis à la TVA		3 495,50
			Montant TVA à 20 %		699,10
Pénalité en cas de retard de paiement : 4,80 % l'an.			**Net à payer TTC**		**4 194,60**

INNOV'CHOC
SA au capital de 500 000 €
Le spécialiste du matériel professionnel pour les chocolatiers
Z.A. les Chabauds - Avenue Leblanc
31490 LEGUEVIN
Tél : 05.61.98.11.44 - Fax : 05.61.20.11.78
Mél : innovchoc@gmail.com

Reçu le 02/06/N

Facture n°1462
Client n°411145
Le 01/06/N

Les Petites Gourmandises
Quai Albert Baille
37270 MONTLOUIS-SUR-LOIRE

TVA UE : FR 39 654 558 222

APE : 478 P
RCS : B 456 785 964
TVA CEE : FR 856 485 785 97
Date paiement : fin de mois.

Taux d'intérêt en cas de retard de paiement : 4,80 % l'an. Matériel neuf garanti 2 ans. Mode de règlement : virement bancaire.

Référence	Désignation	Qté	PUHT en euros	Taux remise	PU net HT	Montant en euros
47859	Enrobeuse à tempérage TW5	1	9 900,00	5 %	9 405,00	9 405,00
47871	Tapis d'enrobage	1	3 000,00	5 %	2 850,00	2 850,00
INST	Frais de mise en route					500,00

Montant net hors taxes	Escompte de règlement	Net financier hors taxes	Port facturé	Net soumis à la TVA	TVA à 20 %	Acompte versé	Net à payer TTC
12 755,00		12 755,00	400,00	13 155,00	2 631,00	3 000,00	**12 786,00**

ANNEXE 7 Informations sur les factures reçues le 02/06/N

Les factures des fournisseurs Darllier Inox et Innov'Choc représentent des achats de biens durables destinés au bon fonctionnement de l'exploitation. Ces deux fournisseurs ne sont pas enregistrés dans nos comptes. Les numéros des comptes de fournisseurs sont attribués dans l'ordre d'arrivée. Le dernier fournisseur d'immobilisation portait le numéro 404059.

La facture du fournisseur Innov'Choc contient deux éléments distincts : l'enrobeuse à tempérage (structure principale), d'une durée d'utilisation estimée à 6 ans, et le tapis d'enrobage (composant), qui doit faire l'objet d'un remplacement au bout de 3 ans. Les frais de mise en route et de port seront affectés à l'enrobeuse à tempérage.

ANNEXE 8 Travaux de réfection d'un local de stockage

Ces travaux, réalisés par certains employés de l'entreprise dans les locaux dont elle est propriétaire, ont duré du mois de mars à la fin du mois de mai N.

Il s'agissait de repeindre les murs, de procéder à des travaux d'étanchéité et à quelques aménagements afin de stocker des documents administratifs et juridiques.

La fiche de coût établie par Mlle Caide fait état des sommes suivantes, comptabilisées en charges :
– matières premières et fournitures : 9 300 € ;
– main-d'œuvre : 5 200 €.

S'agissant d'une opération interne, aucune facture n'a été établie pour éviter de passer par le module de facturation (gestion commerciale).

Toutefois, il est nécessaire de faire figurer ces travaux d'aménagement des locaux dans un compte d'immobilisations, conformément aux règles du plan comptable général (PCG).

		03/06/N		
218100		Agencement et aménagement des locaux	14 500	
	720000	Production immobilisée		14 500
		Travaux faits par l'entreprise pour elle-même		

ANNEXE 9 Acquisition de titres

Les titres acquis de la société Chocolaterie provençale représentent un tiers du capital de cette société. La direction des Petites Gourmandises envisage à terme d'intégrer complètement cette société dans son activité.

Les commissions sur frais d'acquisition de titres sont habituellement incorporées dans le coût d'acquisition des titres.

BRC Banque Régionale du Centre - Val de Loire
128 avenue Jean Jaurès
37000 TOURS
Tél. : 02 45 54 XX XX
Compte n° 8569785 14
Le 31/05/N

Reçu le 02/06/N

Avis d'écritures
N° 1464578

Les Petites Gourmandises
Quai Albert Baille
37270 Montlouis-sur-Loire

Dates	Débit – €	Crédit – €	Valeur	Nature de l'opération
30/05/N	120 000,00		29/05/N	Ordre d'achat n° 7896 du 27/05/N Actions Chocolaterie provençale, 1 000 actions à 120 €
30/05/N	960,00		29/05/N	Commissions (dont TVA : 160 €)

Banque du Centre. RCS Tours B 920 500 736

ANNEXE 10 Informations relatives aux biens acquis en crédit-bail

Éléments	Citroën C4	Ligne « Innov'Choc »
Catégorie de bien	Véhicule de tourisme	Production de chocolat
Numéro de contrat	4785693	4674560
Taux de TVA applicable	20 %	20 %
TVA récupérable	Non	Oui
Valeur d'achat HT	25 000 €	40 000 €
Durée du contrat de crédit-bail	48 mois	51 mois
Montant du premier loyer HT	5 000 €	8 000 €
Montant des autres loyers HT	625 €	850 €
Date de versement de la première redevance	01/06/N	01/02/N-4
Date de versement de la dernière redevance	01/05/N+4	02/05/N
Valeur résiduelle du prix d'achat	5 % du TTC	6 % du TTC

ANNEXE 11 Avis d'écritures relatif à une redevance de crédit-bail

Banque Régionale du Centre

Avis d'écritures

Le 01/06/N

N° 1464593

Tél. : 02 45 54 XX XX
Agence Jaurès
128 avenue Jean Jaurès
37000 TOURS

Reçu le 03/06/N

Les Petites Gourmandises
Quai Albert Baille
37270 MONTLOUIS-SUR-LOIRE

Agence 3219 Compte n° 8569785 14 Code Internet : 5696

Date	Débit	Crédit	Valeur	Libellé
01/06/N	6 000,00		30/05/N	Prélèvement premier loyer suite à contrat de crédit bail n° 4785693

Sauf erreur ou omission

Votre agence est à votre disposition pour tout renseignement.

Banque du Centre. RCS Tours B 920 500 736

ANNEXE 12 Extrait de la facture relative à la levée de l'option d'achat (reçue le 02/06/N)

Réf.	Désignation	Base de levée de l'option	Valeur résiduelle	Montant HT
125896	Ligne de production de chocolat Marque Innov'Choc	48 000,00	2 880,00	2 880,00
TVA1	TVA à 20 %			576,00
			Net à payer TTC	**3 456,00**

FICHE RESSOURCE 1

La facture d'achat : les éléments à contrôler

Il est nécessaire de procéder à une vérification rapide des mentions obligatoires et des conditions commerciales qui doivent figurer sur une facture afin de déterminer la conformité du document.

Il faut aussi déterminer qui est la personne compétente pour le contrôle en fonction de l'organisation interne : aide-comptable, assistant(e) de gestion, comptable ?

Compte fournisseur à utiliser ? Consulter le comptable ou la liste des comptes du PGI

Quel numéro de facture pour l'enregistrement ?

Groupe
Les cahiers techniques de l'industrie
100 avenue Roger Salengro
75018 PARIS www.groupect.com
Tél. : 0825 80 XX XX - Fax : 01 73 05 XX XX
SA au capital de 1 300 000 €
SIRET : RCS Paris 552072310
TVA : FR 39552072310
Code APE : 5811Z

Mentions obligatoires correctes ?

N° Facture	Date	N° Client	N° Contact	N° Commande
2334589	27/04/N	2491501	2502875	9562156

Reçue le 30/04/N

Quelle date d'enregistrement choisir ?

ADRESSE DE LIVRAISON
Société CARLIERI
ZI de l'Estouban
13400 AUBAGNE
N° de TVA : FR 47963457410
Vos références : 1458963

Références exactes ? (surtout pour la TVA)

Conditions de remise et quantités conformes à la commande ?

ADRESSE DE FACTURATION
Société CARLIERI
ZI de l'Estouban
13400 AUBAGNE

Biens et/ou services Achat ? Location ? Charge ? Immobilisation ?

Réf.	Désignation	PU HT	Remise	Net HT unitaire	Quantité	Net HT total
4125630	Dictionnaire technique électricité	75,83	10 %	68,25	5	341,24
4125896	CD-ROM techniques électriques	112,00	10 %	100,80	7	705,60
POFACT	Frais de port France métropolitaine	10,00		10,00	1	10,00
17896	Abonnement annuel à la Revue Technique	25,00		25,00	1	25,00

Les calculs sont-ils justes ?

Taux d'intérêt en cas de retard de paiement : 6,18 % l'an.
Conditions de règlement : 30 jours fin de mois.

Détail TVA			
Taux	2,10 %	5,50 %	20 %
Base HT	25,00	341,24	715,60
Montant TVA	0,53	18,77	143,12

Total HT	1 081,84
Montant TVA	162,41
Acompte	200,00
Total TTC	1 044,25

Acompte versé ?

Quelles pénalités de retard et quelles conditions de règlement pour déterminer la date de paiement de la facture ?

Les taux de TVA sont-ils conformes à la législation ?

Devise ? Euro ? Autre ? Si autre devise : conversion, couverture de change ?

L'essentiel en une question

Comment distingue-t-on une facture d'achat d'une facture de vente ?

Consultez le corrigé
liennathan.fr/6vmedy

FICHE RESSOURCE 2

Préparer l'enregistrement d'une facture d'achat avec réductions

I Les comptes à utiliser selon la nature de l'achat

On distingue trois grandes catégories d'achats :

Biens consommables	Ils sont destinés à être consommés ou vendus en l'état. Le **compte 60** et les subdivisions (601, 607…) sont utilisés pour leur montant HT, le **compte 401** « Fournisseurs » sera crédité pour le montant TTC.
Prestations de services	Les achats de prestations de services sont des charges enregistrées en **comptes 61 et 62** pour leur montant HT, le **compte 401** est crédité pour le montant TTC.
Biens durables	Ils sont destinés à être conservés par l'entreprise. Les **comptes d'immobilisations de la classe 2** sont utilisés. Ils n'impactent pas le résultat comptable de l'année, ils enrichissent l'actif. Le **compte 404** « Fournisseurs d'immobilisations » est crédité pour le TTC.

II La prise en compte des réductions

Nature de la facture	Réduction commerciale	Réduction financière
Facture de doit	La réduction commerciale (rabais, remise ou ristourne) ne fait l'objet d'aucun enregistrement comptable. On retient le montant net commercial (montant brut – RRR).	La réduction financière ou escompte de règlement est accordée en cas de paiement anticipé. Contrairement aux réductions commerciales, l'escompte ne réduit pas la valeur des achats et n'impacte pas l'exploitation (baisse des charges). Il est traité comme un produit financier et s'enregistre au crédit du compte 765 « Escomptes obtenus ». La conséquence sur le résultat comptable est identique mais les RRR sur achats réduisent les charges d'exploitation alors que les escomptes obtenus augmentent les produits financiers.
Facture d'avoir	La réduction peut être accordée après la facturation d'achat. Elle s'enregistre alors au crédit du compte 609 « RRR obtenus sur achats ». Il faut tenir compte de l'incidence de la TVA (compte 44566 crédité).	Il s'agit d'un escompte conditionnel (sous réserve de paiement avant x jours). Il s'enregistre au crédit du compte 765 avec incidence de la TVA (compte 4456 crédité).

III Le traitement de la TVA sur achats de biens ou services

Achats de biens	Achats de prestations de services	
	Régime des encaissements	Option selon les débits
TVA déductible sur acompte et sur facturation	TVA déductible lors des paiements (acompte et solde)	TVA déductible sur acompte et sur facturation
44566 TVA déductible	4458 TVA en attente	44566 TVA déductible

L'essentiel en une question

Quand enregistre-t-on les réductions commerciales ?

Consultez le corrigé
liennathan.fr/tryowk

FICHE RESSOURCE 3

Traiter les frais accessoires et acomptes

I L'enregistrement des frais accessoires sur achats

Les frais dits « accessoires » sont occasionnés par les achats : il s'agit, par exemple, des frais de transport ou des primes d'assurance. Trois possibilités sont offertes par le plan comptable pour l'enregistrement des frais accessoires sur achats :
– les enregistrer par natures dans les comptes de charges concernés (61 ou 62). C'est la méthode la plus utilisée ;
– les enregistrer dans le prix d'achat des biens (compte 60) ;
– les enregistrer dans le compte 608 réservé à la récapitulation des frais accessoires.

II La prise en compte des emballages consignés

1. Lors de la facturation

Afin d'inciter les clients à restituer les emballages récupérables (ex. : palette en bois, bouteille de gaz) rapidement et en bon état, les fournisseurs font payer une **consignation** qui sera rendue au retour de l'emballage. Lors de la facturation, cette consigne est considérée comme une « créance » pour l'acheteur qui s'attend à son remboursement. C'est pourquoi elle est enregistrée au débit (actif) du compte **4096** « Fournisseur – **Créances** pour emballages et matériel à rendre ». Le chiffre 9 en 3e position de ce compte montre qu'il fonctionne *à l'envers* d'un compte fournisseur classique (habituellement, ce sont des dettes que l'on a vis-à-vis des fournisseurs, pas des créances). On créditera en contrepartie le compte 401 « Fournisseurs » pour le montant des fonds avancés pour cette consigne.

2. Lors du retour de la consigne

Si l'acheteur rend les emballages dans les délais convenus, l'écriture (409/401) est contrepassée (401/409) et les sommes rendues.

Dans le cas contraire, la somme versée n'est pas restituée et la consignation se transforme en achat d'emballages. On débite un compte 60261 si l'emballage n'est pas récupérable, 60265 s'il est récupérable. L'achat est soumis à TVA. La contrepartie est le solde du compte 4096.

III La prise en compte des avances et acomptes (hors immobilisations)

Une avance est une somme versée avant toute exécution d'une commande. Un acompte est versé en cas d'exécution partielle d'une prestation de service.

Le traitement de l'avance ou acompte	Le traitement de la TVA
Dans le cas d'un achat, le versement d'une avance ou d'un acompte ne fait pas l'objet d'une facture. Cette avance est considérée (comme dans le cas des consignes) comme une **créance pour l'acheteur** car il est en droit de récupérer cette avance si le fournisseur n'exécute pas sa part du contrat. C'est pourquoi elle est enregistrée au débit (actif) du compte **4091** « Fournisseurs – Avances et acomptes versés sur commandes ». En contrepartie, un compte 512 est crédité. Le compte 4091 sera soldé au moment de la facturation.	Pour les achats de biens et les prestations de services, que l'entreprise ait opté ou non pour les débits, on enregistre de la TVA sur les acomptes dans un « compte à compte » (44566/4458). Le compte 4458 sera soldé au moment de la facturation.

? L'essentiel en une question

Que signifie l'expression « les frais accessoires d'achat sont enregistrés dans les comptes de charges par nature » ?

Consultez le corrigé
liennathan.fr/bhzput

FICHE RESSOURCE 4

Traiter les factures d'achat intracommunautaire et d'importation

I La conversion des factures en devises étrangères

Les factures en devises ou monnaies étrangères sont converties et comptabilisées en euros sur la base du cours de change en vigueur lors de leur comptabilisation. Dans le calcul de conversion, il faut utiliser le cours de la devise étrangère par rapport à l'euro.

> Exemple
> Soit une facture d'achat de 1 000 USD (dollars américains) reçue le 19/03/N.
> 1 USD = 0,9242 € Montant de la conversion : 1 000 USD × 0,9242 = 924,20 €

II La couverture de change

Afin de se prémunir contre d'éventuelles fluctuations très importantes des taux de change qui pourraient augmenter de façon substantielle le montant de la dette envers un fournisseur étranger, l'acheteur peut souscrire un contrat qui transforme les dettes libellées en devises en dettes libellées en euros. En fait, on fixe dès la conclusion de l'opération le taux de change qui sera appliqué à l'échéance. La dette est couverte en posant une option d'achat **à terme** de devises, mais « bloquées » au taux de change du jour de l'opération de couverture.

III Le traitement de la TVA sur les opérations avec l'étranger

Qu'il s'agisse d'acquisition intracommunautaire ou d'importation, la TVA doit faire l'objet d'une autoliquidation auprès du Trésor public. Autoliquider la TVA consiste à inverser le redevable de la TVA : ce n'est pas au vendeur de soumettre l'opération à la TVA et la collecter, mais à l'acheteur, ici français, de calculer et reverser lui-même la TVA à l'État.

1. Les acquisitions intracommunautaires

Le client français calcule la TVA à partir du montant HT de la facture de son fournisseur et du taux de TVA française. Il va donc enregistrer cette TVA comme une dette vis-à-vis de l'État (à la place de la TVA collectée du vendeur) à régler lors de la prochaine déclaration de TVA. Mais comme il s'agit d'un achat, cette TVA est en même temps déductible et sera aussi enregistrée en créance. L'opération est donc neutre.

Le compte de TVA déductible à débiter (créance sur l'État) est le 44566 (ou 44562 pour une immobilisation). Le compte de TVA collectée à créditer est le compte 4452 « TVA due intracommunautaire ».

2. Les importations et les droits de douane

La base de calcul de la TVA est le prix d'achat converti en euros au cours du jour de réception des biens augmenté des droits de douane. La TVA est autoliquidée en débitant le compte 44566 (ou 44562 pour une immobilisation) et en créditant le compte 44573 « TVA collectée à l'importation ».

> Exemple
> Une entreprise française reçoit une facture d'achat d'un fournisseur canadien pour 8 000 dollars canadiens (CAD). Le cours du CAD est : 1 CAD = 0,7366 €. Ces marchandises sont soumises en France à la TVA de 20 %. Le montant des droits de douane s'élève à 2,9 % du prix d'achat des marchandises.
> – Conversion de la facture en euros : 8 000 × 0,7366 = 5 892,80 €
> – Montant des droits de douane : 5 892,80 × 2,9 % = 170,89 € (à verser aux douanes)
> – Base d'imposition de la TVA : 5 892,80 + 170,89 = 6 063,69 €
> – Montant de la TVA autoliquidée : 6 063,69 × 20 % = 1 212,74 € (à porter sur la déclaration de TVA, à la fois en TVA collectée et en TVA déductible).

? L'essentiel en une question

Soit une facture libellée en dollars américains (USD) et un taux de change de 1 € = 1,05 USD. Doit-on multiplier ou diviser la somme en USD pour la convertir en euros ?

Consultez le corrigé
liennathan.fr/8304by

FICHE RESSOURCE 5

Les acquisitions d'immobilisations

I La notion d'immobilisation

1. Distinction entre charge et immobilisation. Comptes concernés.

Une immobilisation est un bien destiné à rester de manière durable dans l'entreprise. Il doit donc être enregistré au débit d'un compte de la classe 2.
Les « petites immobilisations », c'est-à-dire dont le montant est inférieur à 500 € HT, doivent être enregistrées dans un compte de charges.

2. Distinction entre acquisition d'immobilisation et crédit-bail

Les entreprises qui ne peuvent ou ne souhaitent pas acheter une immobilisation peuvent se la procurer par l'intermédiaire d'un contrat de crédit-bail (location avec option d'achat en fin de contrat). Les redevances ou loyers sont alors enregistrés dans le compte 612 « Redevances de crédit-bail » pour leur montant HT. Si le bien est acheté en fin de contrat (levée de l'option), il est enregistré dans un compte d'immobilisations.

3. La spécificité des immobilisations par composant

Certaines immobilisations sont « composées » d'éléments de durées de vie différentes. Dans ces conditions, il est nécessaire d'enregistrer les composants de l'immobilisation dans des sous-comptes séparés (ex. : 2131 « Bâtiments – Structure », 2132 « Bâtiments – Toiture », 2133 « Bâtiment – Huisseries »...).

II Le coût d'acquisition des immobilisations

Les immobilisations incorporelles et corporelles sont inscrites à l'actif à leur coût d'acquisition.

Coût d'acquisition = Prix d'achat net HT de réductions commerciales et financières + Frais de transport, d'assurance, installation, droits de douane

Les honoraires, frais d'actes et droits d'enregistrement aux impôts sont enregistrés dans les comptes de charges. Mais l'entreprise peut, sur option, les enregistrer dans le coût d'acquisition de l'immobilisation.
Remarque : tous les frais supportés postérieurement à la date de mise en service de l'immobilisation sont enregistrés dans les comptes de charges correspondants (ex. : les frais de formation du personnel).

III La TVA sur achat d'immobilisation

Elle s'enregistre au débit du compte 44562 « TVA déductible sur immobilisations ».

Remarque : la TVA facturée sur l'acquisition d'un véhicule de tourisme n'étant pas récupérable, elle doit être comprise dans le prix d'acquisition (retenir le TTC).

IV Les avances et acomptes sur immobilisations

Les avances et acomptes sur commandes d'immobilisations sont enregistrés au débit des deux comptes suivants par le crédit d'un compte de trésorerie :
– 237 « Avances et acomptes versés sur commandes d'immobilisations incorporelles » ;
– 238 « Avances et acomptes versés sur commandes d'immobilisations corporelles ». La TVA est exigible sur les acomptes relatifs à l'achat de bien immobilisé depuis le 01/01/2023 (même régime désormais que pour les prestations de services).

? L'essentiel en une question

Comment traite-t-on une réduction financière dans le coût d'acquisition d'une immobilisation ?

Consultez le corrigé
liennathan.fr/fnvxvx

FICHE RESSOURCE 6

Les acquisitions d'immobilisations particulières

I Les acquisitions d'immobilisations financières

1. Les différentes catégories d'immobilisations financières

Sur le plan comptable, on distingue deux grandes catégories d'immobilisations financières :
– les titres de **participation** (comptes 261) représentent une partie souvent importante du capital d'une autre entreprise et ont été acquis afin d'exercer un contrôle plus ou moins important sur celle-ci ;
– les **autres immobilisations financières** (comptes 27) peuvent être des titres immobilisés (conservés de façon permanente), des prêts, des dépôts et des cautionnements versés.

2. L'évaluation des titres acquis

Les titres sont évalués à leur prix d'achat (la cotation en Bourse, par exemple). Les frais d'acquisition des titres (droits d'enregistrement aux impôts, courtage…) peuvent être, au choix :
– soit enregistrés dans les comptes de charges concernés (6227, 6271 et 6354) ;
– soit incorporés dans le coût d'acquisition des titres.

Remarque : les titres acquis pour une durée inférieure à un an et destinés généralement à placer les excédents de trésorerie des entreprises sont enregistrés dans un compte financier de la classe 5 (50 « Valeurs mobilières de placement »).

> Exemple
> Une entreprise a acquis les titres suivants par l'intermédiaire de sa banque :
> – 60 actions Dyl à 50 € l'unité, pour placer un excédent de trésorerie ;
> – 3 000 actions Lexo à 30 € l'unité, pour acquérir 30 % du capital de Lexo ;
> Les actions Dyl seront enregistrées au débit du compte 503 « Actions », les actions Lexo au débit du compte 261 « Titres de participation ».

II Le traitement de la production immobilisée

1. Principe

Il s'agit de la production d'une immobilisation par l'entreprise pour les besoins de son exploitation (ex. : pour une entreprise de travaux immobiliers, la production d'un local pour stocker du matériel).

2. Valeur de l'immobilisation produite

Ces travaux faits par l'entreprise pour elle-même sont enregistrés au **coût de production** de l'immobilisation, à savoir :
– le coût d'acquisition des matières premières utilisées ;
– les charges de production (main-d'œuvre, coût d'utilisation des machines…).

3. Enregistrement comptable

Le compte d'immobilisations concerné est débité par le crédit du compte **72 « Production immobilisée »**. La TVA n'intervient pas dans le traitement d'une production immobilisée.

> Exemple
> Une entreprise industrielle a procédé à la mise en fabrication et en service d'une nouvelle ligne de production. Le coût d'achat des matériaux nécessaires s'est élevé à 50 000 € et le coût de la main-d'œuvre est estimé à 30 000 €. Le montant à faire figurer dans la production immobilisée est donc : 50 000 + 30 000 = 80 000 €.
> Il doit y avoir une neutralité fiscale quel que soit le circuit d'approvisionnement. Cela signifie qu'il ne doit pas y avoir intérêt à produire une immobilisation par rapport à une acquisition auprès d'un tiers.

L'essentiel en une question

Comment nommer autrement la production immobilisée ?

Consultez le corrigé
liennathan.fr/zq74kx

APPLICATIONS

EXOS FLASH

EXO 1 Quiz interactif

Testez vos connaissances sur ce chapitre avec le quiz en ligne.

liennathan.fr/gvz1tq

Votre score ....

EXO 2 Contrôle d'une facture d'achat

L'entreprise Martin a commandé le 17/02/N un outillage pour les besoins de l'entreprise d'une valeur de 350 € HT, sur lequel le fournisseur a appliqué une remise de 10 €.

1. **Calculez le montant TTC de la facture.**
2. **Doit-on classer cet achat dans un compte d'immobilisations ou de charges ? Justifiez.**

EXO 3 Contrôle de factures d'achat provenant de l'étranger

La société Merez a reçu deux factures :
– une facture d'un fournisseur italien d'un montant de 3000 € ;
– une facture d'un fournisseur américain d'un montant de 2300 UDS (1 € = 1,05 USD), augmentée de 85 € de droits de douane. Les biens acquis sont soumis au taux normal de TVA de 20 %.

1. **Calculez le montant en euros de la facture du fournisseur américain.**
2. **Précisez le traitement comptable des droits de douane.**
3. **Calculez la TVA et indiquez son incidence au niveau de son traitement comptable.**

EXO 4 Contrôle de factures relatives aux immobilisations

L'entreprise K-Plus a procédé au mois de juillet à l'acquisition de deux immobilisations :
– un matériel industriel d'une valeur de 30 000 € HT, avec des frais de livraison de 500 € HT. Un acompte de 4 800 € TTC a été versé le 15/06/N (TVA 20 %) ;
– un véhicule utilitaire acquis en crédit-bail d'une valeur de 17 000 € HT. La redevance mensuelle de crédit-bail est de 400 € HT.

1. **Dans quels comptes doit-on enregistrer ces deux immobilisations et pour quel montant ?**
2. **Précisez les étapes du traitement de la TVA sur l'acompte versé.**

EXO 5 Acquisition de titres

L'entreprise C-VIT a procédé le 15/09/N à l'acquisition à hauteur du tiers du capital de la société M-GTI pour un montant de 15 000 €. La direction envisage à terme d'intégrer complètement cette société dans son activité. Les commissions d'achat facturées par la banque se sont élevées à 960 € TTC (dont 160 € de TVA). Ces dernières sont habituellement incorporées dans le coût d'acquisition des titres.

1. **Dans quel compte l'entreprise doit-elle enregistrer l'acquisition de ces titres ?**
2. **Déterminez le coût d'acquisition des titres et précisez le traitement de la TVA sur les frais.**

APPLICATIONS

ENTRAÎNEMENT AU BTS 1 — Contrôler des factures d'achat de biens, de services et des acquisitions intracommunautaires ★★☆

L'entreprise Mercuria commercialise en gros des accessoires d'alarme et de surveillance vidéo auprès des professionnels des systèmes de protection, aussi bien en France qu'à l'étranger. Elle achète son matériel auprès de différents fournisseurs français et européens, notamment belges. Adjoint(e) au service comptable de cette société, vous êtes chargé(e) du contrôle des factures fournisseurs avant leur enregistrement. Vous disposez, dans les annexes 1 et 2, d'un certain nombre d'informations quant aux procédures internes relatives aux factures d'achat. Vous avez reçu plusieurs factures (annexe 3).

1 **Contrôlez la facture du fournisseur Secury 2000 (annexe 3, facture 1). Pourquoi ne comporte-t-elle pas de TVA ? Doit-on effectuer une opération particulière ?**

2 **Contrôlez les factures du fournisseur Domoburo (annexe 3, factures 2 et 3). Justifiez le montant de l'escompte et celui de la TVA.**

3 **Contrôlez les factures de la SARL Auto Lavage (annexe 3, factures 4 et 5).**
- a) **Le décompte de la facture d'avoir présente une erreur : laquelle ?**
- b) **Rédigez le corps du mail qui sera envoyé au fournisseur Auto Lavage.**
- c) **La TVA sur ces factures sera-t-elle déductible ou en attente ? Justifiez.**

4 **Contrôlez la facture du garage Delmas (annexe 3, facture 6) :**
- a) **Pourquoi cette facture d'acompte mentionne-t-elle de la TVA ?**
- b) **La TVA sera-t-elle déductible ou en attente ? Justifiez.**

ANNEXE 1 Organisation du service des factures d'achat

Codification des comptes de fournisseurs
Les comptes auxiliaires fournisseurs rattachés au compte collectif 401000 « Fournisseurs » ou au compte 404000 « Fournisseurs d'immobilisations » sont codifiés à l'aide des 4 premières lettres du nom ou raison sociale (pour le fournisseur Delport, le compte individuel est DELP, par exemple).

Modalités d'enregistrement des factures
Les factures d'achat font l'objet, dans un premier temps, d'un travail de vérification afin de détecter d'éventuelles erreurs. En cas d'erreur, la facture n'est pas transmise au service comptable mais doit faire l'objet d'une demande de rectification auprès du fournisseur concerné. L'adjoint(e) comptable doit préparer le travail de saisie en indiquant les particularités pour chaque facture (TVA, comptes de frais accessoires concernés...).

Règle d'enregistrement des achats de biens et services
Les frais accessoires sur achats de matières premières et de fournitures (droits de douane, assurances, transport, commissions) sont comptabilisés dans le compte de charges par nature. Le traitement de la TVA sur achats de prestations de services suit une procédure que le comptable du service fournisseurs est tenu d'appliquer lors de l'enregistrement des factures, comme indiqué dans l'annexe 2.

ANNEXE 2 Procédure pour les fournisseurs de prestations de services

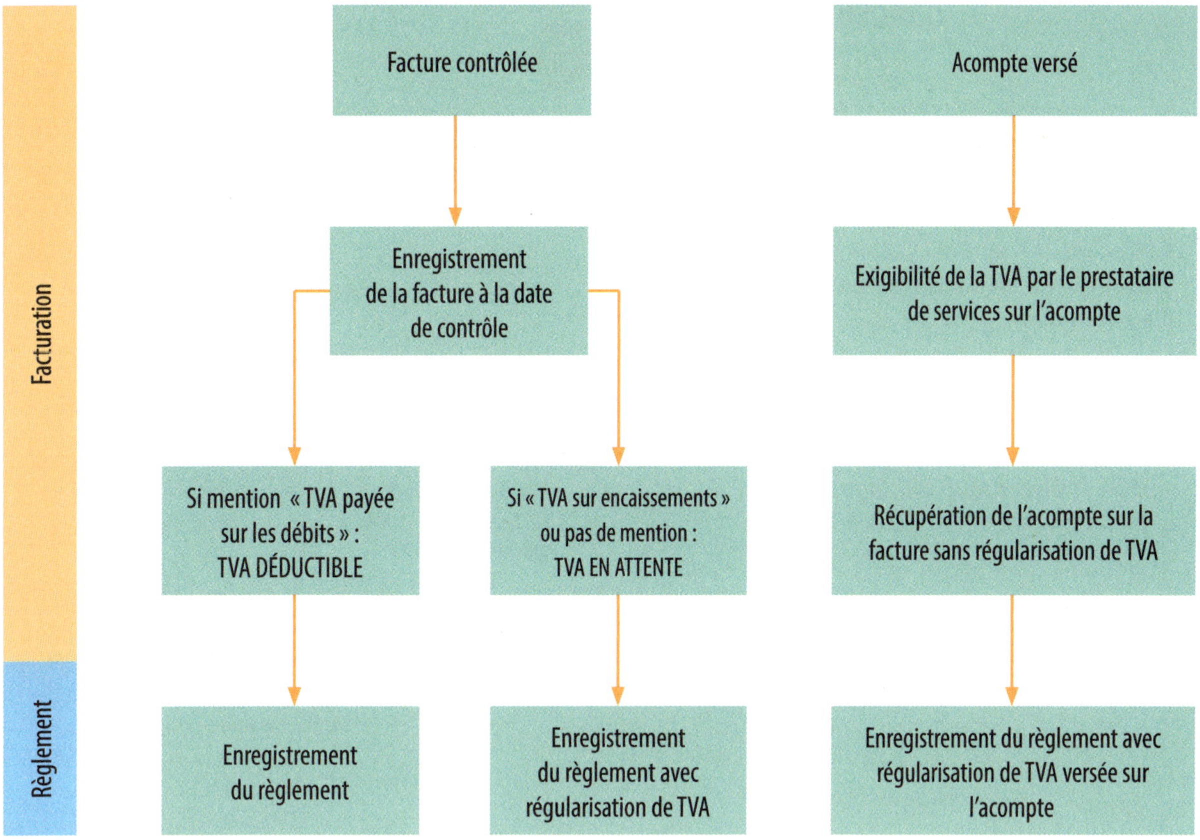

ANNEXE 3

SECURY 2000
12 rue Saint Vincent
4020 LIÈGE (BELGIQUE)
Tél. : 785 63 XX - Fax : 785 63 XX
E-mail : secury2000@aol.be
BBL 340-8569369666
RC Liège 785 123
N° identification intracommunautaire : BE 440 987 741

Le spécialiste de l'équipement de sécurité

1

Date de règlement : 31 mars N
Mode de règlement : virement
Taux de pénalité en cas de retard de paiement : 6 % l'an
Liège, le 20 mars N

Reçue le 25/03/N

N° commande	N° facture	N° client
8569	8452	1247

Société MERCURIA
37 rue Paradis
13200 ARLES - France
N° UE : FR 785 412 085

Réf.	Désignation	Qté	PU brut HT	Taux remise	PU net HT	Montant - €
HER	Centrale d'alarme HERMES	3	686,02	5 %	651,72	1 955,16
PZ4	Boîtier 4 zones	12	120,43	10 %	108,39	1 300,68
RZ6	Relais lumière 12V	20	32,01	15 %	27,21	544,20

Montant total HT	Taxes	Montant total TTC	Port HT	Taxes sur port	NET À PAYER - €
3 799,97		3 800,04	380,00		**4 180,04**

ANNEXE 3 (SUITE)

DOMOBURO SA
75 rue de l'Archange
13005 MARSEILLE
Tél. : 04 91 49 XX XX - Fax : 04 91 49 XX XX
Mail : domoburo@laposte.net

2

SA au capital de 300 000 €
RCS Marseille - B 350 471 890
Code APE : 470
N° TVA UE : FR 710 485 960

Facture de DOIT n° 14788
Bon de commande n° 14788
Mode de règlement : par chèque bancaire
Date de règlement : dès réception de la facture
Date de la commande : 17/03/N

Reçue le 25/03/N

Société MERCURIA
37 rue Paradis
13200 ARLES

N° TVA client : FR 785 412 085
N° client : 411002
Date de la facture : 19/03/N

Réf.	Désignation article	Quantité	PU HT en €	Taux de remise	PU HT après remise	Montant HT en euros
AX26	Clavier électronique étanche bi-tension	8	198,18	10 %	178,36	1 426,90
PMD	Portique détecteur de métal	2	3 048,98	5 %	2 896,53	5 793,06
EMB	Emballage de protection consigné	2	800,00		800,00	1 600,00

CADRE RÉSERVÉ AU DESTINATAIRE
Les emballages consignés ne sont pas soumis à la TVA. Ils ne bénéficient pas de l'escompte de règlement.

Montant net HT	8 819,96
Escompte de 2 %	144,40
Net financier HT	8 675,56
Frais de port	200,00
Montant soumis à TVA	7 275,56
TVA à 20 %	1 455,11
Montant net TTC	10 330,67
Acompte versé	1 525,00
NET À PAYER	**8 805,67**

DOMOBURO SA
75 rue de l'Archange
13005 MARSEILLE
Tél. : 04 91 49 XX XX - Fax : 04 91 49 XX XX
Mail : domoburo@laposte.net

3

SA au capital de 300 000 €
RCS Marseille - B 350 471 890
Code APE : 470
N° TVA UE : FR 710 485 960

Facture d'AVOIR n° A4858
Bon de retour n° 485
Mode de remboursement : à déduire de votre prochaine facture
Date de retour : 27/03/N

Reçue le 31/03/N

Société MERCURIA
37 rue Paradis
13200 ARLES

N° TVA client : FR 785 412 085
N° client : 411002
Date de la facture : 29/03/N

Réf.	Désignation article	Quantité	PU HT en €	Taux de remise	PU HT après remise	Montant HT en euros
AX26	Clavier électronique étanche bi-tension	2	198,18	10 %	178,36	356,72
EMB	Emballage de protection consigné	2	800,00		800,00	1 600,00

CADRE RÉSERVÉ AU DESTINATAIRE
Retour de 2 claviers électroniques non conformes
Retour de 2 emballages de protection consignés

Retour net HT	1 956,72
Escompte de 2 %	7,13
Net financier HT	1 949,59
TVA à 20 %	69,92
Retour net TTC	2 019,51
NET À PAYER	**2 019,51**

ANNEXE 3 (SUITE)

SARL AUTO LAVAGE
Z.I. Le Bousquet – Avenue Pierre Mendès France
13200 ARLES
FR 33 410 355 849
RCS Arles 147 693 456
APE : 520

Reçue le 01/04/N

Doit Société MERCURIA
37 rue Paradis
13200 ARLES

TVA acquittée sur les débits

4

Le 30/03/N

Facture n° V8569

N°CL	Date	Désignation	Montant HT
903036	05/03/N	Lavage véhicule transport Boxer	85,00
903040	15/03/N	Lavage véhicule transport Boxer + nettoyage interne	135,00
903053	23/03/N	Lavage véhicule transport Boxer	85,00
903185	30/03/N	Lavage véhicule transport Boxer + nettoyage interne	135,00
Paiement : 30/04/N par virement		Total HT	440,00
		TVA 20 %	88,00
		NET À PAYER TTC	**528,00**

En cas de retard de paiement, une pénalité de 1,5 fois le taux légal sera appliquée.
Une ristourne mensuelle de 3 % est accordée et sera déduite du prochain règlement.

SARL AUTO LAVAGE
Z.I. Le Bousquet– Avenue Pierre Mendès France
13200 ARLES
FR 33 410 355 849
RCS Arles 147 693 456
APE : 520

Reçue le 03/04/N

AVOIR : Société MERCURIA
37 rue Paradis
13200 ARLES

TVA acquittée sur les débits

5

Le 02/04/N

Facture d'avoir n° AV174

Désignation		Montant
Ristourne sur chiffre d'affaires de mars N		
305 × 3 % = 9,15 €	Total HT	9,15
	TVA à 20 %	1,83
	Net à déduire TTC	**10,98**
À déduire de votre prochain réglement		

GARAGE DELMAS
Réparation et entretien - Toutes marques
SARL au capital de 80 000 €
R.C. Arles B 330 850 439 APE 950

311 chemin de bellevue
13200 ARLES
Tél. : 04.90.94.74.78. - Fax : 04.90.94.75.30.
N° TVA UE : FR 452 785 693

Reçu le 03/04/N

Date de règlement : 02/04/N
Mode de règlement : chèque
Taux de pénalité en cas de retard de paiement : 6 % l'an

6

Société MERCURIA
37 rue Paradis
13200 ARLES
N° TVA : FR 785 412 085

N° facture	Date	Code client	Véhicule	Immatriculation	N° de série	Kilométrage
13066	27/03/N	411MER	Utilitaire	GR-415-XT	RT78596	62 582
Référence	**Désignation**			**Heures ou quantité**	**Prix unitaire HT**	**Montant HT**
ACOTR	Acompte sur travaux					200,00
	Code TVA 2	**Base HT**	**Montant TVA**	**Divers**	**NET À PAYER TTC**	
	20 %	200,00	40,00		**240,00**	

ENTRAÎNEMENT AU BTS 2 Contrôler des factures d'achat de biens ★★★

Vous travaillez en qualité d'aide-comptable au sein de la société ISO Fenêtres, spécialisée dans la pose de fenêtres isolantes et d'éléments d'aménagement (volets, portails, escaliers tournants, etc.) auprès des particuliers et des entreprises. Cette société est domiciliée à Salon-de-Provence (13). Vous êtes affecté(e) au service des achats de biens et de services. On vous charge de contrôler les dernières factures reçues avant leur transmission au service des enregistrements et de faciliter la saisie des factures en repérant les particularités et les éventuelles erreurs.

1. **Proposez un numéro de compte pour les deux nouveaux fournisseurs (annexe 2).**
2. **Quelle est l'erreur sur la facture du fournisseur Lovin (annexes 1 et 2) ?**
3. **Calculez le coût d'acquisition de chaque matériel pour la facture du fournisseur Informatique 3000 (annexe 2).**
4. **Pour la facture du fournisseur Caldman, calculez la valeur des deux immobilisations décomposées en euros et justifiez la base de calcul de la TVA dans la facture du transitaire en douane (annexes 3 et 4). Précisez le traitement des frais de douane.**
5. **Dans quels comptes seront enregistrés les titres achetés ? Précisez le traitement comptable des frais d'acquisition (annexes 4 et 5).**
6. **Calculez la valeur à immobiliser pour les travaux de mise en conformité des locaux (annexe 6).**

ANNEXE 1 Processus de contrôle des factures fournisseurs reçues

À la réception des factures fournisseurs, la secrétaire vérifie que ces dernières sont établies en double exemplaire ; au besoin, il faut en faire une photocopie. Un tampon « Reçu le » est apposé sur la facture et la date du jour est inscrite sur chaque pièce comptable papier entrant dans l'entreprise et destinée à être comptabilisée. La date marquée est celle qui est prise en compte pour l'enregistrement.

Les factures sont transmises à l'aide-comptable chargé(e) des vérifications. Il est nécessaire de comparer le bon de commande, le bon de livraison et la facture fournisseur.

– Si tout est conforme, la facture est transmise au service comptable.
– S'il y a des anomalies, l'aide-comptable procède aux contestations nécessaires auprès du fournisseur. Les factures contestées ne sont transmises qu'après régularisation.
– Il faut également procéder à des vérifications de base : remises accordées conformes, conversion des dettes en monnaies étrangères, erreurs de taux de TVA, etc.
– L'aide-comptable doit également aider à repérer les particularités : nouveau fournisseur (proposer le numéro de compte en conformité avec les règles de codification), particularités pour les acquisitions d'immobilisations (traitement des frais accessoires, des petits matériels, décomposition éventuelle des immobilisations entre structure principale et composants, etc.).

ANNEXE 2 Factures fournisseurs reçues et non encore traitées

Menuiserie LOVIN
Le Village
21121 FONTAINE-LÈS-DIJON
Tél. : 03 80 74 XX XX. Fax : 03 80 74 XX XX
Mail : lovin@orange.fr

SA au capital de 55 000 euros
RCS Dijon. B 350 780 800
Code NAF 158
N° identification intracommunautaire : FR 25 350808810

Les comptes clients et fournisseurs sont affectés du numéro de compte principal (401, 404 ou 411) suivi des cinq premières lettres du nom du client ou du fournisseur.

Reçue le 15/09/N

Nouveau fournisseur

Date de règlement : 31/10/N

N° commande	N° facture	N° client
47859	47859	411ISO

Société ISO FENÊTRES
45 rue Théodore Aubanel
13300 SALON-DE-PROVENCE
N° TVA client : FR 97 859 789 125

Mode de règlement : virement
Escompte de 3 % si règlement comptant

Fontaine-lès-Dijon, le 12/09/N

Une remise de 10 % est accordée pour toute commande supérieure ou égale à 3 000 € HT.

Réf.	Désignation	Qté	PU brut HT	Taux remise	PU net HT	Montant - €
RT748	Fenêtre isolante biclair bois exotique Double vitrage 14 mm - 45 × 40	2	548,82		548,82	1 097,64
RT897	Portes-fenêtres biclair bois exotique Double vitrage 14 mm - 215 × 80 avec clé	3	884,20		884,20	2 652,60

Montant total HT	Escompte de règlement	Net financier	Port HT	TVA facturée à 20 %	NET À PAYER TTC - €
3 750,24		3 750,24	Franco	750,05	**4 500,29**

Le taux de pénalité en cas de retard de paiement est fixé à 6,35 % l'an (les pénalités sont exigibles sans qu'un rappel soit nécessaire).

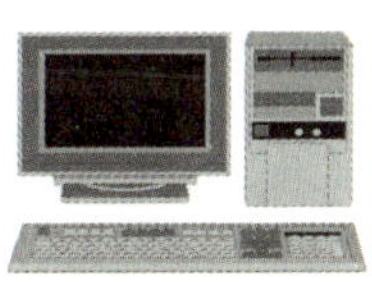

INFORMATIQUE 3000
115 rue Dante
13300 SALON-DE-PROVENCE
Tél. : 04 90 53 XX XX - Fax : 04 90 53 XX XX
E-mail : info3000@attglobal.net

Nouveau fournisseur

Fournitures et matériel informatique
Concessionnaire CANON
Service après-vente
Études - Conseils - Formation

Reçue le 15/09/N

Date de règlement : 20/09/N
Mode de règlement : chèque
Taux de pénalité en cas de retard de paiement : 6,70 % l'an

Société ISO FENÊTRES
45 rue Théodore Aubanel
13300 SALON-DE-PROVENCE
N° TVA client : FR 97 859 789 125

Réf. article	Désignation	Quantité	Prix unitaire net HT	Montant net HT - €
SERV896	Serveur Evolution Intel-Core i3-4130 3,4 GHz 64 bits	1	1 599,00	1 599,00
IINT48	Frais d'installation et de mise en conformité			500,00
CAN78745	Imprimante Canon PIXMA PRO 100 WiFi	1	575,00	575,00
USB44	Clé USB 64 Go	1	75,00	75,00
	Matériels garantis 1 an pièces et main-d'œuvre			
REM	Remise de 5 %			– 137,45

Date	N° facture	Code client	Montant HT	TVA à 20 %	Acompte versé	Total TTC
11/09/N	7450	411ISOFEN	2 611,55	522,31	1 000,00	**2 133,86**

Société anonyme au capital de 50 000 € - APE 850 R - N° TVA UE : FR 89 878 052 859
Code NAF : 951. – SIREN 732 859 415 00789 RCS Marseille

ANNEXE 3 **Autres factures reçues à traiter**

CALDMAN L.C.

25 Union square West
New York
NY 10003 USA
Tél. : 785.741.856. - Fax : 785.852.749.
8569-963125-7589
Electronic box : caldman@attglobal.net

Reçue le 15/09/N

Société ISO FENETRES
45 rue Théodore Aubanel
13300 SALON-DE-PROVENCE
FRANCE

Your order date	Number	Client Number
09/03/N	7452	523695

Réf.	Description	Q	Price next	R	Price after	Amount
8523	Bandsaw TOLD digital control	1	3,300.00	10 %	2,970.00	2,970.00
8963	Hacksaw blade	1	2,000.00	5 %	1,900.00	1,900.00
	Order number n° 7512					

Goods	Freight	Credit	Restriction	Insurance	Amount due
4,870.00	400.00			80.00	**5,350.00 USD**

International Logistic

Transport international – Transitaire en douane

Date : 12/09/N
N° Facture : SN14789

Reçue le 15/09/N

Gare Maritime
13001 MARSEILLE
APE : 085.

RCS : Marseille
Expéditeur : CALDMAN L.C.
Cargaison : Scie à ruban commande numérique

TVA UE : FR 45 896 056 896
Date de paiement : 20/09/N

ISO Fenêtres
45 rue Aubanel
13300 SALON-DE-PROVENCE
France

Base de calcul de la TVA : 5 359,35 €

Départ :	New York		Colis:	Volume
Arrivée :	Marseille		2	**28 m³**

	Non taxable	Taxable
Sommes acquittées aux douanes		
Droits de douane		511,58
Honoraires et frais divers		710,40
TVA à 20 % sur honoraires et frais		142,08
NET À PAYER TTC	**1 364,06 €**	

ANNEXE 4 Renseignements sur les immobilisations acquises

L'acquisition d'une scie à ruban à commande numérique de marque TOLD (fournisseur CALDMAN, référence 8523) a une durée d'utilisation prévue sur 5 ans. En revanche, la lame de scie à métaux (référence 8963) doit être changée tous les deux ans.

Lors de l'acquisition d'une immobilisation décomposable, la structure et les composants sont comptabilisés dans les comptes créés à cet effet dans le plan des comptes de la société. Les comptes d'immobilisations sont adaptés en conséquence.

Les frais de port, droits de douane et d'assurance relatifs à l'immobilisation décomposable sont affectés à la structure principale (la scie à ruban référence 8523).

Pour la conversion de la facture d'importation du fournisseur américain, le taux de change suivant est à retenir : 1 € = 1,1036 USD.

Les immobilisations produites par l'entreprise pour ses propres besoins seront évaluées au coût de production et feront l'objet d'une facture émise par le service comptable.

ANNEXE 5 Relevé de mouvements de titres

BANQUE DE PROVENCE

Société ISO Fenêtres

RELEVÉ DE VOS MOUVEMENTS TITRES
Période du : 1er septembre au : 30 septembre N

ORDRE D'ACHAT N° 4589 du 17/09/N				
Libellé	Code	Qté	Cours	Valorisation
SICAV THESARD Commissions TVA	FR0800114589	100	21,00	21 000,00 200,00 40,00
Net à votre débit (date de valeur 15/09/N)				**21 240,00**

L'ordre d'achat SICAV correspond au placement d'un excédent de trésorerie. L'ordre d'achat des actions des Menuiseries Alsaciennes répond à des enjeux stratégiques dans le but de contrôler le quart du capital de cette société. Les commissions seront intégrées dans le prix d'acquisition des titres.

ORDRE D'ACHAT N° 4631 du 19/09/N				
Libellé	Code	Qté	Cours	Valorisation
Actions MENUISERIES ALSACIENNES Commissions TVA	FR00001458963	800	500,00	400 000,00 1 250,00 250,00
Net à votre débit (date de valeur 18/09/N)				**401 500,00**

ANNEXE 6 Travaux de mise en conformité des locaux

Ces travaux, réalisés par l'entreprise elle-même, dans les locaux dont elle est propriétaire, ont débuté en mai et sont achevés depuis le 1er septembre N. À la demande de la commission de sécurité, la société a réalisé les travaux suivants :
- agrandissement des sorties de secours ;
- pose de nouvelles huisseries aux normes de sécurité et de portes coupe-feu.

La fiche de coût établie par le service comptable fait état des sommes suivantes, comptabilisées en charges :
- matières premières et fournitures : 8 500 € ;
- main-d'œuvre : 3 150 € ;
- autres charges de production : 980 €.

SYNTHÈSE

Synthèse audio
liennathan.fr/gxsmiq

Le contrôle des documents liés aux achats de biens ou d'immobilisations

1 Préparer l'enregistrement d'une facture d'achat

Contrôler les éléments

- **Comparer** les éléments facturés avec ceux mentionnés dans le bon de commande et dans le bon de livraison (références, quantités, prix...).
- Repérer les erreurs éventuelles.
- Les signaler au fournisseur.

Anticiper l'enregistrement des remises

- Les **RRR** sont déduites du prix d'achat (directement si RRR sur facture ou *via* le compte 609 si RRR hors facture).
- Les **escomptes** sont un produit financier (765) sauf pour les immobilisations : ils sont déduits du prix d'achat.

Anticiper l'enregistrement des autres éléments

- **Transport et assurance :** soit enregistrés par nature (61 ou 62), soit regroupés en 608. Pour les achats d'immobilisations, ils sont le plus souvent intégrés dans le prix d'achat.
- **Consigne :** considérée comme une créance (4096).
- Déduction d'une **avance** ou d'un **acompte :** prévoir de solder le compte 4091.

2 Contrôler les factures d'achat intracommunautaire ou d'importation

Convertir les données en euros

Les valeurs sont converties et comptabilisées en euros sur la base du **cours de change** en vigueur lors de leur comptabilisation.

Il est possible d'opter pour un achat « à terme » pour bloquer le taux de change.

Anticiper le traitement de la TVA

La TVA est calculée par l'acheteur lui même et « auto-liquidée » sur la déclaration de TVA.

Acquisitions intracommunautaires

Calculée sur prix d'achat HT + frais accessoires

Autoliquidation : 4456/4452

Importations

Calculée sur prix d'achat converti en euros + frais accessoires et droits de douane

Autoliquidation : 4456/44573

3 Contrôler les acquisitions d'immobilisations

Le coût d'acquisition des immobilisations

Prix d'achat – réductions + frais accessoires, frais d'installation, droits de douane…

Si l'immobilisation est **composée** d'éléments de durée de vie variable, les isoler dans des comptes distincts.

Les immobilisations financières

Évalués à leur prix d'achat.

Les **frais d'acquisition** peuvent être incorporés aux coûts des titres ou enregistrés par nature.

La production immobilisée

Les travaux faits par l'entreprise elle-même sont enregistrés aux **coûts de production**.

Compte 72 « Production immobilisée »

CHAPITRE 10

L'enregistrement des achats et de leur financement, la gestion des échéances

Activité	Composantes d'activité	Compétences	
1.5. Enregistrement et suivi des opérations relatives aux fournisseurs	**1.5.4.** Enregistrement des factures d'achat de bien, de service et/ou d'acquisition d'immobilisation **1.5.5.** Gestion des échéances relatives aux règlements des fournisseurs **1.5.6.** Enregistrements relatifs aux opérations de financement	– Réaliser et valider les enregistrements relatifs aux achats de biens, de services et aux acquisitions d'immobilisations – Gérer les échéances relatives aux règlements des fournisseurs – Réaliser et valider les enregistrements relatifs au financement	**P7** L'utilisation du PGI pour effectuer les enregistrements et mettre à jour les données

SITUATION PROFESSIONNELLE

La SARL Les Petites Gourmandises est une entreprise familiale située à Montlouis-sur-Loire. Son activité consiste à fabriquer et commercialiser des chocolats, nougats de Tours, calissons, *cupcakes* et confiseries diverses. L'entreprise propose également des cours de pâtisserie et son chiffre d'affaires est en hausse régulière.

Avec le développement de l'activité, les factures d'achat se multiplient. La SARL est également amenée à investir dans ses moyens de production. Vous poursuivez votre travail auprès de Mlle Caide, l'aide comptable, qui avait pris du retard dans le traitement des factures des fournisseurs.

VOS MISSIONS

Mlle Caide est satisfaite de votre travail de préparation des factures (chapitre 9). Elle vous confie à présent la mission de préparer leur enregistrement.

- MISSION 1 **Comptabiliser les factures d'achat de biens et de services** ▶ Fiches ressource 1 à 5
- MISSION 2 **Comptabiliser les achats hors de France** ▶ Fiches ressource 6 à 8
- MISSION 3 **Comptabiliser les achats liés aux immobilisations et leur financement** ▶ Fiches ressource 9 et 10

CHAPITRE 10

VOS MISSIONS

MISSION 1 Comptabiliser les factures d'achat de biens et de services

1. Observez les échanges avec le fournisseur Prim'Distribution. Pourquoi a-t-on reçu une facture d'avoir ? Enregistrez ces deux factures au journal et montrez l'impact sur le résultat comptable.
   ▶ Annexes 1 à 3 ▶ Fiches ressource 1 et 2
2. Enregistrez au journal la facture du conseil juridique. Justifiez votre écriture en la remettant dans le contexte.
   ▶ Annexe 4 ▶ Fiche ressource 3
3. Le fournisseur Prim'Distribution décide d'émettre une lettre de change (LC). Quel est son intérêt ? Justifiez le montant. Traduisez votre acceptation dans le journal. Que se passera-t-il pour vous si le fournisseur décide d'escompter cette LC ?
   ▶ Annexe 5 ▶ Fiche ressource 4

La question de l'expert

Le fournisseur Prim'Distribution représente à lui seul 25 % du volume des achats de matières premières. Que serait-il judicieux de négocier en fin d'année ? Comment s'y prendre ?
▶ Fiche ressource 5

Besoin d'aide ? liennathan.fr/bdaewe

L'autocorrection en vidéo liennathan.fr/0adnws

MISSION 2 Comptabiliser les achats hors de France

Discutons-en ! Où en est l'harmonisation de la TVA européenne ?

4. Après avoir rappelé la règle en matière de TVA, enregistrez au journal les trois factures liées aux achats hors de France.
   ▶ Annexe 6 ▶ Fiches ressource 6 à 8
5. Pourquoi l'achat auprès du fournisseur MondWest comporte-t-il un risque, mais pas celui fait auprès du fournisseur San Pablo ?

Besoin d'aide ? liennathan.fr/mitqv1

MISSION 3 Comptabiliser les achats liés aux immobilisations et leur financement

6. À partir de l'analyse des factures d'achat d'immobilisations, procédez à l'enregistrement en comptabilité.
   ▶ Annexe 7 ▶ Fiche ressource 9
7. Quel est l'impact au bilan et au compte de résultat de l'achat d'une immobilisation ? Comparez avec l'acquisition d'un bien en crédit-bail. Commentez.
   ▶ Fiche ressource 10
8. Enregistrez au journal la notification de la subvention et le versement de l'emprunt.
   ▶ Annexes 8 et 9
9. Retrouvez le détail de la première ligne de l'emprunt : compte tenu des règles de calcul, expliquez pourquoi les amortissements de l'emprunt sont progressifs alors que les intérêts sont dégressifs.
   ▶ Annexe 10
10. Expliquez pourquoi, lors des remboursements d'emprunt, les intérêts seront enregistrés en compte de charges alors que l'amortissement sera déduit du compte 164.

Besoin d'aide ? liennathan.fr/goaukd

DONNÉES DE LA SITUATION

ANNEXE 1 Modalités d'enregistrement et plan de compte de l'entreprise

Les Petites Gourmandises – Modalités d'enregistrement
Les factures d'achat sont enregistrées à leur date de réception.
Les factures en devises sont converties en euros au cours du jour d'enregistrement.
Les frais accessoires sur achats de matières premières et de fournitures (assurances, transport, commissions…) sont enregistrés dans les comptes de charges par nature, à l'exception des droits de douane qui sont intégrés dans le prix d'achat des matières et fournitures achetées.

Les Petites Gourmandises – Extrait du plan de compte

- 131000 Subventions d'équipement
- 164000 Emprunts et dettes auprès des établissements de crédit
- 215400 Matériel industriel
- 215410 Matériel industriel Enrobeuse à tempérage – Structure principale
- 215420 Matériel industriel Enrobeuse à tempérage – Composant
- 238000 Avances et acomptes versés sur commandes d'immobilisations corporelles
- 218100 Installations générales, agencements, aménagements divers
- 261000 Titres de participation
- 401096 Fournisseur DISTRI'CONFISERIE
- 401128 Fournisseur MONDWEST FRUIT
- 401144 Fournisseur SAN PABLO
- 401152 Fournisseur BRC Leasing
- 401210 Fournisseur PRIM'DISTRIBUTION
- 401214 Transitaire en douane du Havre
- 401219 Fournisseur Info Services Val de Loire
- 401252 Fournisseur Paul RENOUX
- 405000 Fournisseurs d'immobilisations, effets à payer
- 404060 Fournisseur d'immobilisation DARLLIER INOX
- 404061 Fournisseur d'immobilisation INNOV'CHOC
- 409100 Fournisseurs, avances et acomptes versés sur commandes
- 409600 Fournisseurs, créances pour emballages à rendre
- 441000 État – Subventions à recevoir
- 445200 TVA due intracommunautaire
- 445620 TVA déductible sur immobilisations
- 445660 TVA déductible sur autres biens et services – France
- 445662 TVA déductible sur autres biens et services – Union Européenne
- 445664 TVA déductible sur autres biens et services – Étranger
- 445710 TVA collectée
- 445800 TVA en attente ou à régulariser
- 503000 Actions
- 512100 Banque régionale du Centre
- 601100 Achats de fèves
- 601200 Achats d'amandes
- 601500 Achats de fruits confits
- 606300 Achats de fournitures et de petit équipement
- 612200 Redevances de crédit-bail
- 618500 Frais de colloques, séminaires, conférences
- 621100 Personnel intérimaire
- 622400 Rémunérations des transitaires
- 622600 Honoraires
- 624100 Transports sur achats
- 627000 Services bancaires et assimilés
- 661000 Charges d'intérêts
- 721000 Production immobilisée
- 765000 Escomptes obtenus

ANNEXE 2 Extrait de la facture du fournisseur Prim'Distribution du 28/05/N (voir chapitre 9, annexe 3)

Code	Taux	Base	Montant	Frais accessoires	Montant	**Total HT**	**915,40**
1	5,50 %	742,60	40,84	Emballages	150,00	Escompte	
2	20,00 %	172,80	34,56	Assurance		Net financier	915,40
Port	20,00 %	90,00	18,00			Port facturé	90,00
Total de la TVA			**93,40**	**Total**	**150,00**	TVA facturée	93,40
Taux de pénalités en cas de retard de paiement : 6,45 % l'an.						Frais accessoires	150,00
						Acompte versé	500,00
						Net à payer TTC	**748,80**

ANNEXE 3 Facture d'avoir du fournisseur Prim'Distribution (extrait)

PRIM'DISTRIBUTION

149 chemin de Provence
13160 CHÂTEAURENARD
RCS B 510 458 963 TVA UE : FR 63 456 510 458
Code APE : 4721Z

Retour d'articles et d'emballage
À déduire de votre prochain paiement

Les Petites Gourmandises
Quai Albert Braille
37270 MONTLOUIS-SUR-LOIRE

N° client : 411856
Facture d'**avoir** n° A4788
Date : 02/06/N

Réf.	Désignation article	Quantité	PU HT	Taux de remise	PU HT après remise	Avoir HT
47859 TVA	Fruits confits TVA récupérée	5	12,80	10%	11,52	57,60 11,52
CADRE RÉSERVÉ AU DESTINATAIRE					Avoir net HT	69,12
					Emballages retournés	150,00
					AVOIR NET TTC	**219,12**

ANNEXE 4 Facture reçue de prestations de services

Paule RENOUX
CONSEIL JURIDIQUE ET FISCAL
Docteur en droit des affaires
Avocat au barreau de Tours
8 place Roosevelt
37000 TOURS
Tél. : 02 47 40 XX XX – Fax : 02 47 41 XX XX

Reçu le 04/06/N

V/Réf. : 47896
N/Réf. : 8563

Les Petites Gourmandises
Quai Albert Baille
37270 MONTLOUIS-SUR-LOIRE

N° facture	Date	Désignation	Total
563	03/06/N	Formalités juridiques pour le dépôt d'un droit de propriété intellectuelle TVA facturée à 20 % Acompte versé le 14/05/N (dont TVA incluse : 200 €)	2 800,00 560,00 – 1 200,00
		MONTANT À PAYER TTC	**2 160,00**

En votre aimable règlement

Membre d'un centre de gestion agréé par l'administration fiscale. Accepte à ce titre les règlements par chèque.

ANNEXE 5 Lettre de change reçue du fournisseur Prim'Distribution

PRIM'DISTRIBUTION
149 chemin de Provence
13160 CHÂTEAURENARD

Contre cette LETTRE DE CHANGE
stipulée SANS FRAIS
Veuillez payer la somme indiquée
ci-dessous à l'ordre de : Nous-mêmes

N° 48

A Roubaix Le 05/06/N

Montant pour contrôle	Date de création	Échéance	LCR seulement	€ Montant
529,68	05/06/N	31/07/N	Réf tiré	529,68

RIB du tiré

Code étab	Code guichet	N° compte	Clé RIB
29030	04785	0008569785	14

Valeur en Marchandises

Les Petites Gourmandises
Quai Albert Braille
37270 Montlouis-sur-Loire

Domiciliation
Banque Régionale du Centre
37000 Tours

Signature

Acceptation ou aval ▲ Le 05/06/N Ne rien inscrire au dessous de cette ligne ▼

ANNEXE 6 Extrait des factures d'achat hors de France (voir chapitre 9, annexe 5)

	San Pablo	MondWest Fruit L.C.	Transports du Havre
Pays	Portugal	États-Unis Los Angeles	Douane française
N° facture	145896	478596	7856
Date facture	30/05/N	25/05/N	01/06/N
Date réception facture	01/06/N	01/06/N	01/06/N
Devise facture	Euro	Dollar	Euro
Total	**873 €**	**1 315 $**	**131,70 €**
Acompte	150 €	0	0
À payer	**723 €**	**1 315 $**	**131,70 €**
Cours jour réception facture		1 $ = 0,9355 €	
Conversion		**1 230,18 €**	
Commentaires			Droits de douane 74,40 + Honoraires 47,75 + TVA 9,55

ANNEXE 7 Analyse des achats d'immobilisations (pièces comptables accessibles au chapitre 9, annexes 6 et 9)

	Trempeuse bac calorifugé	Enrobeuse à tempérage	
		Structure principale	Composant
Prix d'acquisition	3 450,00	9 900,00	3 000,00
Réductions commerciales		– 495,00	– 150,00
Réductions financières	– 34,50		
Frais de port	80,00	400,00	
Frais de mise en route		500,00	
Coût d'acquisition HT	3 495,50	10 305,00	2 850,00
TVA	699,10	2 631,00	
Acompte versé		3 000,00	
À régler TTC	**4 194,60**	**12 786,00**	
Compte fournisseur	404060	404061	

Par ailleurs, l'entreprise a acquis **1 000 actions de la Chocolaterie provençale à 120 € l'une.** Les frais de commission sont de 800 € HT.
Date d'achat : 30/05/N Date de valeur : 29/05/N Avis d'écriture reçu le 02/06/N

ANNEXE 8 Notification de subvention

Le conseil municipal de Montlouis-sur-Loire a accordé à l'entreprise Les Petites Gourmandises une subvention d'investissement de 3 000 €, notification reçue le 19/06/N. Le versement sera effectif à la fin du mois.

ANNEXE 9 Accord de l'emprunt par la banque

La Banque Régionale du Centre a accordé aux Petites Gourmandises un emprunt de 8 000 € remboursable en 12 trimestrialités constantes sur 3 ans au taux trimestriel proportionnel de 1,2 %.

Les fonds seront débloqués le 15/07/N et versés sur le compte bancaire de l'entreprise.

ANNEXE 10 Tableau d'amortissement de l'emprunt

Montant emprunté	8 000 €	Nombre de périodes	12
Taux d'intérêt trimestriel	1,20 %		

Échéance	Capital dû début de période	Trimestrialité	Intérêt	Amortissement	Capital dû fin de période
15/10/N	8 000,00	719,80	96,00	623,80	7 376,20
15/01/N+1	7 376,20	719,80	88,51	631,29	6 744,91
15/04/N+1	6 744,91	719,80	80,94	638,86	6 106,04
15/07/N+1	6 106,04	719,80	73,27	646,53	5 459,51
15/10/N+1	5 459,51	719,80	65,51	654,29	4 805,22
15/01/N+2	4 805,22	719,80	57,66	662,14	4 143,08
15/04/N+2	4 143,08	719,80	49,72	670,09	3 473,00
15/07/N+2	3 473,00	719,80	41,68	678,13	2 794,87
15/10/N+2	2 794,87	719,80	33,54	686,27	2 108,60
15/01/N+3	2 108,60	719,80	25,30	694,50	1 414,10
15/04/N+3	1 414,10	719,80	16,97	702,83	711,27
15/07/N+3	711,27	719,80	8,53	711,27	0,00

FICHE RESSOURCE 1

CHAPITRE 10

La comptabilisation des achats de biens

I Les factures de doit

Les achats sont comptabilisés dans le journal auxiliaire des achats. Le compte à utiliser dépend de la nature de l'achat (601, 606 ou 607). Le traitement des réductions diffère selon qu'il s'agit de réductions commerciales ou financières.

<table>
<tr><th>Enregistrement d'une facture d'achat avec réduction</th><th>Exemples</th></tr>
<tr><td>Réductions commerciales (RRR)
Elles sont déduites du prix d'achat. Elles n'apparaissent donc pas dans un compte. À la lecture de l'enregistrement, on ne peut pas savoir s'il y a eu RRR.</td><td>Ex. 1 : achat 2 000 €, RRR 200 €<table><tr><td>607</td><td>1 800</td><td></td></tr><tr><td>44566</td><td>360</td><td></td></tr><tr><td>401</td><td></td><td>2 160</td></tr></table></td></tr>
<tr><td>Réduction financière (escompte)
Elle est indépendante du prix commercial négocié et ne fait donc pas baisser le prix d'achat. Il s'agit d'une logique financière (et non d'exploitation) enregistrée comme un gain financier.</td><td>Ex. 2 : achat 2 000 €, escompte 200 €<table><tr><td>607</td><td>2 000</td><td></td></tr><tr><td>44566</td><td>360</td><td></td></tr><tr><td>765</td><td></td><td>200</td></tr><tr><td>401</td><td></td><td>2 160</td></tr></table></td></tr>
</table>

II Les factures d'avoir

Une facture d'avoir représente en quelque sorte une facture négative qui vient annuler ou rectifier la facture de doit. On distingue deux grandes catégories de factures d'avoir : celles liées au retour de marchandises et celles relatives à des réductions commerciales et financières hors facture.

<table>
<tr><th>Enregistrement d'une facture d'avoir</th><th>Exemples</th></tr>
<tr><td>Avoir sur retour de marchandises
L'écriture est contrepassée ligne à ligne, pour le montant exact des marchandises retournées. Tous les montants sont repris sauf, généralement, les frais de transport de la facture initiale.</td><td>Ex. 2 (suite) : retour de 50 % des marchandises<table><tr><td>765</td><td>100</td><td></td></tr><tr><td>401</td><td>1 080</td><td></td></tr><tr><td>607</td><td></td><td>1 000</td></tr><tr><td>44566</td><td></td><td>180</td></tr></table></td></tr>
<tr><td>Avoir sur réduction commerciale hors facture
Il s'agit de calculer le montant de la réduction HT et de mesurer son impact sur la TVA. Cette réduction va réduire la dette fournisseur et la TVA déductible, qui seront donc enregistrées dans le sens opposé au sens habituel. La réduction commerciale réduit la charge d'achat (609).</td><td>Ex. 3 : ristourne annuelle 1 000 € HT<table><tr><td>401</td><td>1 200</td><td></td></tr><tr><td>6091</td><td></td><td>1 000</td></tr><tr><td>44566</td><td></td><td>200</td></tr></table></td></tr>
<tr><td>Avoir sur réduction financière hors facture
Cette réduction va réduire la dette fournisseur et la TVA déductible, qui seront donc enregistrées dans le sens opposé au sens habituel. La réduction financière augmente les produits financiers (765).</td><td>Ex. 4 : avoir pour paiement anticipé<table><tr><td>401</td><td>1 200</td><td></td></tr><tr><td>765</td><td></td><td>1 000</td></tr><tr><td>44566</td><td></td><td>200</td></tr></table></td></tr>
</table>

? L'essentiel en une question

Comment enregistre-t-on une réduction commerciale dans une facture de doit ? dans une facture d'avoir ? Justifiez.

Consultez le corrigé
liennathan.fr/uzlsfu

FICHE RESSOURCE 2

La comptabilisation des acomptes, frais de transport et emballages

I Les avances et acomptes versés sur commandes de biens

Lors d'une commande, le client peut être amené à verser une avance ou un acompte.
Depuis le 01/01/2023, la TVA est facturée sur tout versement d'acompte.

Acompte

L'entreprise fait un versement pour le montant TTC qui réduit la dette fournisseur à venir (409). La TVA déductible (44566) est désormais inscrite dans un compte de TVA en attente (4458). L'entreprise pourra la déduire ce mois.

Exemple : acompte 1 200 €

Compte	Débit	Crédit
4091	1 200	
44566	200	
512		1 200
4458		200

Facture de doit

La facture est enregistrée. Les comptes 4458 et 4091 sont soldés.
La TVA totale est répartie dans deux comptes : le compte 44566 déductible le mois de la facture et le compte 4458 déjà déduit le mois de l'acompte.

Exemple : vente 3 610 € HT, TVA 722 €

Compte	Débit	Crédit
607	3 610	
44566	522	
4458	200	
4091		1 200
401		3 132

II Les frais accessoires sur achats

Il s'agit principalement des frais de port, d'assurance et commissions. Il existe trois méthodes d'enregistrement (voir Fiche ressource 3, chapitre 9).

Solution 1

Les frais de port sont inclus dans le montant des achats de marchandises. L'écriture comporte trois lignes.

Exemple : achat 1 300 €, transport 50 €

Compte	Débit	Crédit
607	1 350	
44566	270	
401		1 620

Solutions 2 et 3

Les frais de port sont isolés sur une ligne distincte. Il peut s'agir d'un compte par nature (6241) ou d'un sous-compte du compte 608. L'écriture comporte quatre lignes.

Exemple : achat 1 300 €, transport 50 €

Compte	Débit	Crédit
607	1 300	
6241 ou 6081	50	
44566	270	
401		1 620

III Les emballages à rendre aux fournisseurs

Un emballage récupérable n'est pas vendu mais « consigné » : sa valeur est facturée au client mais sera récupérée une fois l'emballage rendu (voir Fiche ressource 3, chapitre 9).

Enregistrement d'une facture d'achat puis du retour d'emballage

Premier temps : enregistrement d'une facture d'achat

Les frais d'emballage sont enregistrés dans le compte 4096 « Fournisseurs – Créances pour emballages ». C'est une créance (chiffre 9 en 3e position) car on s'attend au remboursement de cette somme quand l'emballage sera retourné.
Il n'y a pas de TVA sur la consignation.

Exemple : Achat 8 000 €, emballage 200 €

Compte	Débit	Crédit
607	8 000	
44566	1 600	
4096	200	
401		9 800

Deuxième temps : enregistrement du retour d'emballage

Le compte 4096 est soldé. En contrepartie, la dette fournisseur est réduite (débit du compte 401).

Exemple

Compte	Débit	Crédit
401	200	
4096		200

? L'essentiel en une question

Pourquoi les comptes avec le chiffre 9 en 3e position sont-ils utilisés pour les acomptes et les emballages, mais pas pour les frais de port ?

Consultez le corrigé
liennathan.fr/m8jcbp

FICHE RESSOURCE 3

La comptabilisation des achats de services

I L'incidence de la TVA sur les achats de services

Le fait générateur (le moment où la TVA prend naissance) dépend de la nature de l'achat.

Les achats de biens	**Fait générateur**	Livraison du bien	Le fait générateur et la déductibilité **coïncident**.
	Déductibilité	Livraison du bien	
Les achats de services (régime des encaissements)	**Fait générateur**	Exécution de la prestation	Le fait générateur et la déductibilité sont **dissociés**.
	Déductibilité	Paiement	

Remarque : le traitement des avances et acomptes est identique à celui des livraisons de biens (voir Fiche ressource 2).

II Le régime des encaissements

Il s'agit du régime normal pour les prestations de services.

Enregistrement de la facture puis du paiement	Exemple		
Facture de prestation de services Au moment de la facture, la TVA n'est pas encore déductible. Elle apparaît dans un compte d'attente.	Facture de réparation 500 € HT		
	615	500	
	4458	100	
	401		600
Règlement d'une facture de prestation de services La TVA devient déductible. Le compte d'attente est soldé et la TVA placée dans un compte qui permet de la déduire.	Règlement		
	401	600	
	512		600
	44566	100	
	4458		100

III L'option du paiement de la TVA selon les débits

Le fournisseur de services peut choisir d'opter pour le paiement de la TVA sur les débits. Dans ces conditions, le client peut récupérer le montant de la TVA facturée lors de l'enregistrement de la facture.

Enregistrement de la facture puis du paiement	Exemple		
Facture de prestation de services (option sur les débits) Au moment de la facture, la TVA est déductible.	Facture d'honoraires 2 000 € HT		
	6226	2 000	
	44566	400	
	401		2 400
Règlement d'une facture de prestation de services Règlement TTC de la facture. Aucune régularisation de TVA n'intervient à ce niveau.	Règlement		
	401	2 400	
	512		2 400

L'essentiel en une question

La TVA est-elle immédiatement déductible sur une prestation de services ?

Consultez le corrigé
liennathan.fr/ahd457

FICHE RESSOURCE 4

Le règlement des dettes à l'aide d'effets de commerce

I Principe

Le crédit inter-entreprises (les délais de paiement) est très répandu. Le fournisseur peut proposer à son client d'accepter un paiement par lettre de change (voir Chapitre 7).

II Les comptes utilisés lors d'un paiement par lettre de change

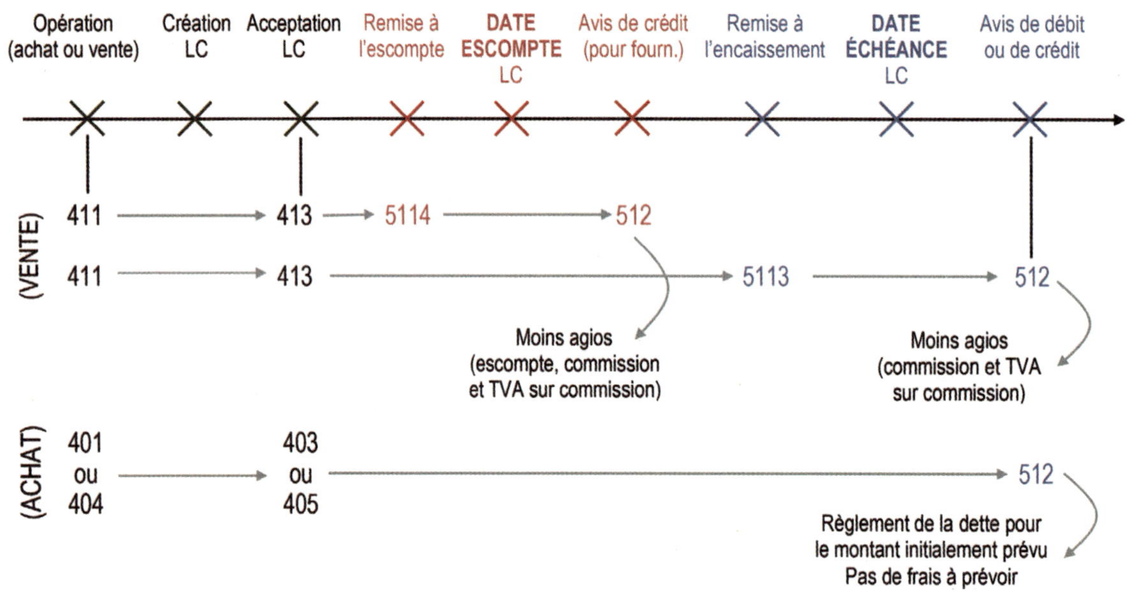

On peut voir sur ce schéma que si le paiement par lettre de change affecte les encaissements chez le vendeur, il ne change en rien le décaissement chez l'acheteur.

Traitement d'une lettre de change	Exemple		
Acceptation de la lettre de change La facture fournisseur a été enregistrée en compte 401 ou 404. Lorsque la LC est acceptée, la dette fournisseur est transférée dans un compte dédié (403) pour faire l'objet d'un suivi particulier.	Dette 2 800 € TTC 401 403	 2 800	 2 800
Paiement de la lettre de change Le paiement se fait à l'échéance pour l'acheteur. (Si le vendeur escompte la LC, l'acheteur n'est pas concerné.)	Règlement 403 512	 2 800	 2 800

L'essentiel en une question

L'acheteur qui a accepté une lettre de change est-il concerné par une éventuelle remise à l'escompte effectuée par le vendeur ?

Consultez le corrigé
liennathan.fr/drpcsx

FICHE RESSOURCE 5

La gestion des règlements fournisseurs

I Le calcul et l'analyse des délais de crédit fournisseurs

Les dettes fournisseurs représentent un élément très important du financement du cycle d'exploitation. Plus les délais de paiement sont longs, plus l'entreprise protège sa trésorerie. C'est pourquoi les gestionnaires suivent de très près cet indicateur.

Tous les fournisseurs n'accordent pas les mêmes délais de crédit. C'est pourquoi on calcule la durée moyenne de crédit consentie par les fournisseurs à l'aide du ratio (rapport) suivant :

$$\text{Délai règlement moyen} = \frac{\text{Dettes fournisseurs (TTC)}}{\text{Achats TTC}} \times 360$$

Le résultat sera exprimé en nombre de jours.

Le numérateur et le dénominateur doivent être au même format vis-à-vis de la TVA. On convertit donc les achats en TTC.

> Exemple
>
> Le montant annuel des achats de marchandises s'élève à 710 480 € HT (TVA à 5,50 %). Dans le bilan au 31/12/N, les dettes fournisseurs figurent pour la somme de 165 000 € (TVA comprise).
>
> $$\text{Ratio du crédit fournisseur} = \frac{165\,000 \times 360 \text{ jours}}{(710\,480 \times 1,055)} = 79,25 \text{ jours.}$$
>
> Cela signifie que les fournisseurs nous accordent en moyenne un temps de règlement correspondant à environ 79 jours d'achat.

II Le relevé annuel des achats et les éventuelles ristournes

Il s'agit d'éditer pour chaque fournisseur un relevé annuel des achats qui permettra de classer les fournisseurs en fonction du volume des achats, ce qui présente les avantages suivants :

– renégocier les délais de paiement ;

– demander des ristournes annuelles sur le montant des achats.

En général, l'entreprise ne crée pas de sous-compte d'achat par fournisseur mais par nature d'achat (601, 607…). C'est pourquoi il faut se servir des comptes de dettes par fournisseur (sous-compte 401) pour retrouver le montant des achats par fournisseur.

> Exemple
>
> Le relevé annuel des dettes auprès du fournisseur Assalian édité par le PGI est le suivant (extrait) :

Compte 401ASS Relevé annuel des achats (factures fournisseurs de doit et d'avoir)				
Dates	Libellé de l'opération	Débit	Crédit	Cumul
15/12/N	Facture n° 46788		1 790,00	16 800,00
31/12/N	Solde cumulé au 31/12/N			16 800,00

> Ce fournisseur nous accorde une ristourne annuelle sur le montant du chiffre d'affaires TTC de 3 %. Nous recevons la facture d'avoir n° A998 le 31/12/N :
>
> – Montant TTC de la ristourne : 16 800 × 3 % = 504 €
>
> – Montant HT de la ristourne : 504/1,20 = 420 €
>
> – Montant de la TVA : 420 × 20 % = 84 €

Enregistrement d'une ristourne annuelle	Exemple		
La ristourne est une réduction commerciale qui réduit le prix d'achat (compte de charges avec le chiffre 9 en 3e position). La TVA est déductible sur achat (compte 44566 au crédit). La ristourne fait l'objet d'une facture d'avoir.	Ristourne 504 € TTC		
	401	504	
	6097		420
	44566		84

L'essentiel en une question

Quel est l'intérêt de réaliser des relevés annuels d'achat par fournisseur ?

Consultez le corrigé
liennathan.fr/9qxt4y

FICHE RESSOURCE 6

La particularité des achats hors de France

A MONTANT DES OPÉRATIONS RÉALISÉES
OPÉRATIONS IMPOSABLES (H.T.)

2B	Importations (entreprises ayant opté pour le dispositif d'autoliquidation de la TVA à l'importation)	0045
03	Acquisitions intracommunautaires (dont ventes à distance et/ou opérations de montage : ....)	0031

	Achats en France	Achats dans l'Union européenne	Achats hors de l'Union européenne
Nom de l'opération	Achat	Acquisition intracommunautaire	Importation
Régime de TVA applicable	Interne	Intracommunautaire	Externe
TVA facturée ?	Oui	Non(1)	Non
Facture fournisseur	TTC	Sans TVA(1)	Sans TVA
Particularité	–	TVA exigible dès l'entrée en France	TVA exigible dès l'entrée en France
Qui facture la TVA ?	Le fournisseur français sur la facture d'achat	Le client français en dehors de la facture d'achat	Le client français en dehors de la facture d'achat
Factures libellées en euros	Oui	Oui et Non(2)	Non
Qui collecte la TVA ?	Le fournisseur français	Le Trésor public	Le Trésor public (autoliquidation de la TVA sur import)
Quel compte de TVA collectée utiliser ?	44571 TVA collectée	4452 TVA due intracommunautaire	445713 TVA collectée sur importations
Taux de TVA applicable	Taux en vigueur en France	Taux en vigueur en France	Taux en vigueur en France
Droits de douane	Non	Non	Oui
Base de calcul de la TVA	Prix d'achat net	Prix d'achat net	Prix d'achat net + droits de douane
Quel compte de TVA déductible utiliser ?	4456 TVA déductible	4456 TVA déductible	4456 TVA déductible

(1) Sous réserve que le fournisseur dispose du numéro de TVA intracommunautaire de l'acheteur.
(2) Tous les pays membres de l'Union européenne ne font pas partie de la zone euro.

16	Total de la TVA brute due (lignes 08 à 5B)........	
7C	Dont TVA sur importations bénéficiant du dispositif d'autoliquidation	0046
17	Dont TVA sur acquisitions intracommunautaires ..	0035

L'essentiel en une question

Quelles catégories d'achat doivent faire l'objet d'une autoliquidation de la TVA ?

Consultez le corrigé
liennathan.fr/sz65kl

FICHE RESSOURCE 7

La comptabilisation des acquisitions intracommunautaires

Les acquisitions intracommunautaires sont effectuées dans un pays membre de l'Union européenne. Les factures sont libellées en euros si le pays fait partie de la zone euro, ce qui est majoritairement le cas. La liberté de circulation des biens n'entraîne aucuns droits de douane.

I Le traitement comptable

Une facture d'acquisition intracommunautaire s'enregistre comme un achat classique, si ce n'est que la facture du fournisseur européen ne comporte pas de TVA (à condition que ce dernier possède le numéro d'identification intracommunautaire du client, ce qui est la règle générale).

Traitement comptable d'une acquisition intracommunautaire	Exemple		
Enregistrement de la facture Aucune TVA n'est facturée par le fournisseur européen.	Achat marchandises 950 €, port 50 €		
	607	950	
	6241	50	
	401		1 000
Traitement de la TVA C'est le pays dans lequel les biens entrent qui facture et encaisse la TVA. La TVA française est donc applicable sur les biens qui entrent sur le territoire français. Son taux dépend de la nature du bien. Elle est versée au Trésor public (sur la déclaration de TVA) et est **autoliquidée** (TVA à la fois déductible et collectée).	TVA = 1 000 × 0,2 = 200		
	44566	200	
	4452		200

II La déclaration de TVA

À la fin du mois d'octobre, sur la déclaration de TVA, on doit trouver :

TVA brute (collectée)		TVA déductible (autres biens et services)
Base HT	Taxe due	
1 000,00	200,00	200,00

TVA soldée

Les acquisitions intracommunautaires font l'objet d'une information spécifique dans la déclaration de TVA (cadre A).

03	Acquisitions intracommunautaires (dont ventes à distance et/ou opérations de montage : ....)	0031	1 000

? L'essentiel en une question

Pourquoi ne trouve-t-on pas de la TVA sur une facture d'acquisition intracommunautaire ?

Consultez le corrigé
liennathan.fr/ymxr0o

FICHE RESSOURCE 8

La comptabilisation des importations

I Une conversion au préalable de la dette en euros

Les enregistrements comptables se font obligatoirement en euros. Ainsi, toute facture d'achat provenant de l'étranger et libellée dans une autre devise doit faire l'objet d'une conversion en euros au cours de la devise à la date de sa réception.

> **Exemple**
> Une entreprise française reçoit le 28/09/N une facture d'achat de marchandises d'un fournisseur canadien pour 800 CAD. Le cours du CAD à la date de réception de la facture est de : 1 CAD = 0,7366 €. Conversion en euros : 800 × 0,7366 = 589,28 €.

II Le traitement comptable

Traitement comptable d'une importation	Exemple (suite)		
Enregistrement de la facture d'achat + droits de douane Dans le cas d'un achat hors de l'Union européenne, les produits importés font l'objet de droits de douane calculés par le service des douanes. Ils sont intégrés au prix des biens (augmentation des achats) mais enregistrés dans un compte de dettes distinct (dettes envers les douanes). Aucune TVA n'est facturée par le fournisseur étranger.	Achat marchandises 800 CAD = 589,28 €, droits de douane 20 € 607 401 467	 609,28 	 589,28 20,00
Traitement de la TVA La TVA est calculée sur le prix des biens majoré des droits de douane. Le montant de la TVA est à la fois déductible et collecté : elle est autoliquidée sur la déclaration de TVA. On utilise le compte 445713 pour la TVA collectée à l'étranger.	TVA = 609,28 × 0,2 = 121,86 € 44566 445713	 121,86 	 121,86
Règlement de la facture en devises – Hypothèse 1 Le jour du règlement, on doit acheter les devises pour régler le fournisseur. Or, le cours peut avoir varié depuis la facture. Si les devises sont plus chères, on doit enregistrer une perte de change. L'écriture est toujours en euros.	Hypothèse 1 : 1 CAD = 0,7555 € 800 × 0,7555 = 604,40 401 656 512	 589,28 15,12 	 604,40
Règlement de la facture en devises – Hypothèse 2 Si les devises sont moins chères, on doit enregistrer un gain de change.	Hypothèse 2 : 1 CAD = 0,7212 € 800 × 0,7212 = 576,96 € 401 756 512	 589,28 	 12,32 576,96

? L'essentiel en une question

Dans quelle monnaie sont enregistrées en comptabilité les factures d'importation puis, plus tard, leur règlement ?
Quelle en est la conséquence ?

Consultez le corrigé
liennathan.fr/wyqjo7

FICHE RESSOURCE 9

Les acquisitions d'immobilisations

I Les avances et acomptes versés sur commandes d'immobilisations

Deux comptes peuvent être utilisés : le compte 237 pour les immobilisations incorporelles et le compte 238 pour les immobilisations corporelles. La TVA est facturée sur tout acompte (voir Fiche ressource 2).

II Les acquisitions d'immobilisations corporelles non décomposées

L'immobilisation est enregistrée à son coût d'acquisition, qui diffère du prix d'achat.

Acquisition d'une immobilisation non décomposée	Exemple		
Il faut tout d'abord calculer un coût d'acquisition (prix d'achat – RRR – escompte + installation, droits de douane, assurance, transport…). Le compte d'immobilisations est alors débité du coût d'acquisition. La TVA et la dette fournisseur sont enregistrées dans des comptes particuliers.	Achat de matériel 10 000 €, remise 5 %, installation 800 €, TVA 20 %		
	2124	10 300	
	44562	2 060	
	404		12 360

III Les acquisitions d'immobilisations incorporelles décomposées

Lorsque les composants de l'immobilisation ont des durées de vie différentes, il est nécessaire d'enregistrer séparément chaque composant.

Acquisition d'une immobilisation décomposée	Exemple		
Il faut tout d'abord distinguer les différents composants (à l'aide d'une étude sur les durées de vie). Puis il convient de répartir le coût de l'immobilisation sur chaque composant en fonction de leur coût d'acquisition. Les frais d'acquisition peuvent être répartis proportionnellement entre la valeur de la structure et celle du composant. Enfin, on enregistre chaque composant dans un sous-compte de l'immobilisation principale.	Achat d'un camion 35 000 € (durée de vie 8 ans) dont 5 000 € pour le système de réfrigération (durée de vie 4 ans)		
	21821	30 000	
	21822	5 000	
	44562	7 000	
	404		42 000

IV Les acquisitions d'immobilisations incorporelles

Le principe est identique à celui des immobilisations corporelles. Les frais de constitution engagés lors de la création de l'entreprise peuvent être enregistrés, sur option, au débit d'un compte d'immobilisations (2011 « Frais de constitution ») au lieu d'un compte de charges.

V Les acquisitions d'immobilisations financières

Les titres financiers immobilisés sont enregistrés à leur prix d'achat, augmenté éventuellement des frais d'acquisition (incorporés dans le coût d'achat des titres).

Acquisition d'une immobilisation financière	Exemple		
Les immobilisations financières ne sont pas soumises à la TVA. Seuls les frais d'acquisition sont soumis à une TVA de 20 %.	Achat de titres de participation 3 000 €, frais 50 € HT		
	261	3 050	
	44562	10	
	404		3 060

? L'essentiel en une question

Dans quels comptes sont enregistrés les frais accessoires et les réductions commerciales et financières sur acquisition d'immobilisation ?

Consultez le corrigé
liennathan.fr/irwycw

FICHE RESSOURCE 10

Les opérations de financement

I Les subventions

Une immobilisation peut faire l'objet d'une subvention, c'est-à-dire d'une aide financière versée par l'État ou les collectivités territoriales.

Enregistrement d'une subvention	Exemple		
Enregistrement de la notification	Subvention 4 000 €		
Il faut enregistrer la subvention dans un compte provisoire, le jour où on reçoit la notification. Elle augmente l'actif et les ressources au passif.	441	4 000	
	131		4 000
Enregistrement de l'encaissement de la subvention			
Le compte provisoire est soldé lorsque les fonds sont enregistrés dans le compte Banque.	512	4 000	
	441		4 000

II Les emprunts

Les acquisitions d'immobilisations peuvent être financées par un emprunt bancaire.

Enregistrement d'un emprunt bancaire	Exemple		
Enregistrement de l'encaissement des fonds	Emprunt 9 000 €		
L'emprunt est une ressource financière à long terme, il est donc enregistré en classe 1.	512	9 000	
	164		9 000
Enregistrement de la première mensualité d'emprunt	Mensualité 170 € dont 20 € d'intérêts		
Ce n'est pas le montant de la mensualité qui réduit l'emprunt car elle comporte les intérêts qui sont payés en plus. Seule la partie « amortissement » est à débiter du compte 164.	164	150	
	661	20	
	512		170

III Le crédit-bail

Les immobilisations peuvent être également financées par crédit-bail, c'est-à-dire par location avec option d'achat en fin de contrat (on appelle ceci la « levée de l'option » d'achat).

Traitement comptable du crédit-bail	Exemple		
Enregistrement de la caution	Caution de 5 000 €		
Une caution est exigée lors de la signature du contrat. Elle est enregistrée dans un compte d'immobilisations financières. Elle n'est pas soumise à TVA.	275	5 000	
	512		5 000
Enregistrement d'une redevance	Redevance 1 600 € HT		
La redevance est une charge soumise à TVA.	612	1 600	
	44566	320	
	512		1 920
Enregistrement de la levée d'option en fin de contrat	Rachat du bien 9 000 € HT		
L'entreprise a la possibilité de racheter le bien en fin de contrat. Le bien devient alors une propriété de l'entreprise et est enregistré en immobilisation. La caution est alors rendue, ce qui réduit le prix du rachat.	2182	9 000	
	44562	1 800	
	275		5 000
	404		5 800

? L'essentiel en une question

Les financements par subvention ou emprunt sont-ils soumis à la TVA ? Qu'en est-il du crédit-bail ? Que pouvez-vous conclure ?

Consultez le corrigé
liennathan.fr/e4ohhl

APPLICATIONS

ATELIER PGI — Traiter, suivre et analyser les achats

ebp SOLUTIONS DE GESTION

Chapitres concernés

Chapitre 9 : Le contrôle des documents liés aux achats de biens ou d'immobilisations

Chapitre 10 : L'enregistrement des achats et de leur financement, la gestion des échéanc

Téléchargez la fiche de travail liennathan.fr/9fnv69 PDF

EXOS FLASH

EXO 1 Quiz interactif

Testez vos connaissances sur ce chapitre avec le quiz en ligne.

liennathan.fr/abzoyy

Votre score ....

EXO 2 Comptabiliser des factures d'achat de biens

L'entreprise MDB a reçu plusieurs factures (annexe).

- **Enregistrez les factures dans le journal des achats en sachant que tous les biens de l'entreprise sont soumis au taux normal de TVA à 20 % et que les frais accessoires sur achats sont enregistrés dans les comptes de charges par nature.**

ANNEXE 2 **Factures reçues par l'entreprise MDB**

Facture 1

Société BRICART Le 03/05/N Doit MDB	Montant
Achats de marchandises	3 000,00
– Remise de 5 %	– 150,00
= Net commercial	2 850,00
– Escompte de 1 %	– 28,50
= Net financier	2 821,50
+ TVA à 20 %	564,30
+ Emballages consignés	100,00
= Net à payer TTC	**3 485,80**

Facture 2

Garage du Centre Le 05/05N Doit MDB	Montant
Véhicule de tourisme	12 000,00
+ Frais de livraison	1 000,00
– Remise de 5 %	– 650,00
= Net commercial	12 350,00
+ TVA à 20 %	2 470,00
= Net TTC	14 820,00
– Acompte versé TTC	– 3 600,00
= Net à payer	**11 220,00**

Facture 3

ANTONELLI – Italia Le 07/05/N Doit MDB	Montant
Achats de marchandises	5 000,00
– Remise de 5 %	– 250,00
= Net commercial	4 750,00
+ Frais de port	250,00
= Net à payer	**5 000,00**

Facture 4

STANDFACT – USA Le 12/05/N Doit MDB	Montant
Marchandises en USD	3 000,00
+ Frais de port en USD	500,00
= Net à payer en USD	**3 500,00**
1 € = 1,08 USD	

Facture 5

Société BRICART Le 14/05/N Avoir MDB	Montant
Retour de marchandises	600,00
– Remise de 5 %	– 30,00
= Retour net commercial	570,00
– Escompte de 1 %	– 5,70
= Retour net financier	564,30
+ TVA récupérée à 20 %	112,86
+ Emballages consignés retournés	100,00
= Net en votre faveur TTC	**777,16**

Facture 6

Transit Import Le 17/05/N Doit MDB	Montant
Droits de douane	90,00
+ Commissions de transit	150,00
+ TVA sur commissions	30,00
= Net à payer TTC	**270,00**
TVA payée sur les débits	

APPLICATIONS

EXO 3 Comptabiliser une facture d'achat de services

La société Ricardo a reçu deux factures de prestataires de services (annexe).

1 Reconstituez l'écriture de versement de l'acompte en date du 17/09/N.

2 Enregistrez les deux factures dans le journal des achats.

ANNEXE Factures reçues par la société Ricardo

Facture 1

Société Dépan-Plus Le 08/10/N Doit MDB	**Montant**
Intervention sur matériel	700,00
+ TVA à 20 %	140,00
– Acompte versé le 17/09/N	– 240,00
= Net à payer TTC	**600,00**

Facture 2

Laurent Dupont – Avocat Le 10/10/N Doit MDB	**Montant**
Honoraires de représentation	1 200,00
+ TVA à 20 %	240,00
= Net à payer TTC	**1 440,00**
TVA payée selon les débits	

EXO 4 Immobilisation décomposée : financement par subvention et emprunt

L'entreprise Lysa a procédé le 15/04/N à l'acquisition d'une ligne de production qui a été financée en partie par une subvention, le reste par emprunt bancaire.

- **Enregistrez les écritures relatives aux opérations décrites en annexe.**

ANNEXE Informations relatives à l'acquisition de la ligne de production

Le coût d'acquisition d'une ligne de production est de 120 000 € TTC (TVA à 20 %), soit 100 000 € HT. Elle est distinguée en deux composants :

– la structure principale pour un prix d'achat de 85 000 € HT, d'une durée de vie de 8 ans ;

– le tapis de déroulage pour un prix d'achat de 15 000 € HT, qui devra être remplacé au bout de 4 ans.

Elle a été mise en service le 15/04/N. Un acompte de 24 000 € TTC a été versé le 12/02/N.

La facture du fournisseur a été réglée le 20/04/N pour 96 000 €. L'entreprise a obtenu du conseil départemental une subvention d'investissement à hauteur de 30 000 €. Cette subvention a été notifiée le 12/03/N et encaissée le 14/04/N.

Un emprunt à hauteur de 70 000 € a été réalisé auprès de la banque. Le versement des fonds a été effectif le 17/04/N. La première mensualité, d'un montant de 1 289,16 € (dont 233,33 € d'intérêts), sera payée le 17/05/N.

EXO 5 Gestion des écarts de règlement

La société Constructions des Alpes a acheté le 14/09/N du bois de mélèze à son fournisseur canadien pour la construction de chalets. Elle a réglé son fournisseur le 20/10/N.

- **Procédez à l'enregistrement des opérations décrites en annexe.**

ANNEXE Informations relatives à la facture reçue

La facture du fournisseur canadien s'élevait à 8 200 CAD (dollar canadien) le 14/09/N. Les droits de douane se sont élevés à 240 € et ont été réglés le 18/09/N au service des douanes par virement bancaire. Le taux de TVA est égal à 20 % sur les biens importés.

La facture du fournisseur canadien a été réglée le 20/10/N par virement bancaire.

Dates	14/09/N	20/10/N
Cours du CAD	1 € = 1,40 CAD	1 € = 1,35 CAD

ENTRAÎNEMENT AU BTS 1

Enregistrer des factures d'achat de biens, de services et des acquisitions intracommunautaires

★★☆

L'entreprise Mercuria commercialise en gros des accessoires d'alarme et de vidéosurveillance auprès des professionnels des systèmes de protection, aussi bien en France qu'à l'étranger. Elle achète son matériel auprès de différents fournisseurs français et européens, notamment belges. Adjoint(e) au service comptable de cette société, vous avez été chargé(e) du contrôle des factures fournisseurs avant leur enregistrement dans le chapitre 9 (entraînement 1). Vous disposez dans les annexes 1 et 2 des règles d'enregistrement des frais accessoires et du plan de compte de Mercuria. On vous précise que l'ensemble des opérations est soumis au taux normal de TVA (20 %).

1. **Enregistrez au journal la facture du fournisseur Secury 2000 *(chapitre 9, entraînement 1).***
2. **Enregistrez au journal les factures et règlements du fournisseur Domoburo *(chapitre 9, entraînement 1).***
3. **Procédez à l'enregistrement des factures du fournisseur Auto Lavage.**
   a) **Enregistrez la facture de doit et le premier avoir *(chapitre 9, entraînement 1).***
   b) **Enregistrez le second avoir (document 3). Justifiez le compte de ristourne que vous utilisez.**
4. **Enregistrez au journal l'acompte du fournisseur Delmas *(chapitre 9, entraînement 1).***

ANNEXE 1 Règle d'enregistrement des frais accessoires sur achats

Les frais accessoires sur achats de matières premières et de fournitures (droits de douane, assurances, transport, commissions) sont comptabilisés dans le compte de charges par nature.

Le traitement de la TVA sur achats de prestations de services suit une procédure que le comptable du service fournisseurs est tenu d'appliquer lors de l'enregistrement des factures comme indiqué dans l'annexe 2 de l'entraînement 1 du chapitre 9.

ANNEXE 2 Extrait du plan de compte

401AUT Fournisseur AUTO LAVAGE
401DEL Fournisseur Garage DELMAS
401DOM Fournisseur DOMOBURO
401SEC Fournisseur SECURY 2000
409100 Fournisseurs – Avances et acomptes versés sur commandes
409600 Fournisseurs – Créances sur emballages à rendre
445200 TVA due intracommunautaire
445660 TVA déductible sur autres biens et services – France
445662 TVA déductible sur autres biens et services – Union européenne
445800 TVA à régulariser ou en attente
512100 Banque LCL
607115 Achats de centrales d'alarme
607116 Achats de boîtiers
607118 Achats de claviers électroniques
607120 Achats de portiques
607125 Achats de relais lumière
609000 Ristournes obtenues sur achats
615000 Entretien et réparations
619000 Ristournes obtenues sur services extérieurs
624100 Transports sur achats
765000 Escomptes obtenus

ANNEXE 3 Facture d'avoir de la SARL Auto Lavage

SARL AUTO LAVAGE Z.I. Le Bousquet Avenue Pierre Mendès France 13200 ARLES	**Reçu le 07/04/N**	TVA acquittée sur les débits
FR 33 410 355 849 RCS Arles 147 693 456 APE : 520	Avoir : Société MERCURIA 37 rue Paradis 13200 ARLES	
Le 02/04/N	Facture d'avoir n° AV174	
Ristourne sur chiffre d'affaires de mars N 440 × 3 % = 13,20 €		
	Total HT	13,20
	TVA à 20 %	2,64
À déduire de votre prochain règlement	**Net à déduire TTC**	**15,84**

ENTRAÎNEMENT AU BTS 2 — Enregistrer des factures d'achat de biens et des opérations relatives à leur financement ★★★

Vous travaillez en qualité d'aide-comptable au sein de la société ISO Fenêtres, spécialisée dans la pose de fenêtres isolantes et de nombreux autres éléments d'aménagement (volets, escaliers tournants, etc.) auprès des particuliers et des entreprises. Cette société est domiciliée à Salon-de-Provence (13). Vous êtes affecté(e) au service des achats de biens et de services. On vous a chargé(e) dans le chapitre 9 (entraînement 2) de contrôler les dernières factures reçues avant leur transmission au service des enregistrements et de faciliter la saisie des factures en repérant les particularités et les éventuelles erreurs. On vous confie maintenant la mission de procéder à leur enregistrement comptable. Le plan de compte de l'entreprise est précisé dans l'annexe 1.

1. **Vous n'avez pas reçu la facture rectificative de Lovin (*chapitre 9, entraînement 2*). Faut-il enregistrer la facture initiale erronée ? Justifiez.**
2. **Enregistrez les factures d'immobilisations des fournisseurs Informatique 3000, Caldman et International Logistic (*chapitre 9, entraînement 2*).**
3. **Passez l'écriture nécessaire aux mouvements de titres et aux livraisons à soi-même (*chapitre 9, entraînement 2*).**

Une nouvelle ligne de production de fenêtres isolantes de qualité supérieure a été acquise. L'investissement, d'un montant de 80 000 € HT, a été financé en partie par une subvention et par un emprunt bancaire.

4. **Calculez le coût d'acquisition de la nouvelle ligne de production de fenêtres (annexe 2) et procédez à son enregistrement comptable.**
5. **Procédez aux enregistrements relatifs aux opérations de financement de cet investissement (subvention et emprunt), ainsi qu'au paiement de la première échéance, le 01/11/N (annexes 3 et 4).**

ANNEXE 1 Extrait du plan de compte

131000 Subventions d'équipement
164100 Emprunt Banque de Provence
201300 Frais d'augmentation de capital
215410 Matériel industriel – Scie à ruban à commande numérique
215420 Matériel industriel – Lame de scie à métaux
215430 Matériel industriel – Ligne de production
218100 Installations générales, agencements, aménagements divers
218310 Matériel informatique – Serveur
218320 Matériel informatique – Périphériques
238000 Avances et acomptes versés sur commandes d'immobilisations corporelles
261000 Titres de participation
401CALDM Fournisseur CALDMAN
401GASPA Fournisseur GASPARD
401INTER Fournisseur International Logistic
401LOVIN Fournisseur LOVIN
401NOTAI Fournisseur Notaires Michalaud et Dufleau
404INFOR Fournisseur d'immobilisation Informatique 3000
404LEXIN Fournisseur d'immobilisations LEXINGMARK France
409100 Fournisseurs – Avances et acomptes versés sur commandes
441000 État – Subventions à recevoir
445620 TVA déductible sur immobilisations – France
445623 TVA déductible sur immobilisations – Étranger
445660 TVA déductible sur autres biens et services – France
445663 TVA déductible sur autres biens et services – Étranger
445710 TVA collectée à 20 % –France
503000 Actions
512100 Banque de Provence
601110 Achats de fenêtres
601111 Achats de portes-fenêtres
601112 Achats de portes
606000 Achats non stockés de matières et fournitures
622400 Rémunération des transitaires
661000 Charges d'intérêts
720000 Production immobilisée

ANNEXE 2 Facture d'achat de la ligne de production

LEXINGMARK France SA
84 rue de la République
44300 NANTES
Tél : 02 40 78 XX XX – Fax : 02 40 78 XX XX
RCS Nantes B 458 963 145 420
TVA UE : FR 96 458 963 145
Code APE : 3299Z
Taux de pénalités en cas de retard de paiement : 6,70 % l'an

Facture n° 4785960
Date : 03/10/N

ISO FENÊTRES
45, rue Théodore-Aubanel
13300 SALON-DE-PROVENCE
TVA UE : FR 97 859 789 125

Référence	Désignation	Quantité	PU HT	MONTANT en €
L85693	Ligne de production Frais de mise en service	1 1	78 000,00 2 000,00	78 000,00 2 000,00
		Brut hors taxes Escompte de 2 %		80 000,00 –1 600,00
		Net financier TVA 20 %		78 400,00 15 680,00
		Net à payer		**94 080,00**

En votre aimable règlement au 05/10/N.

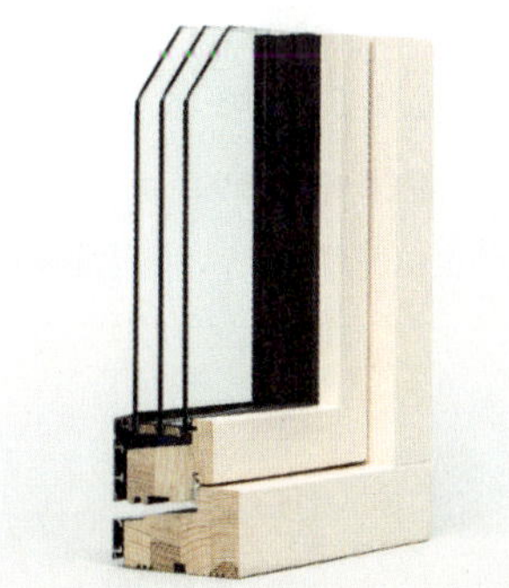

ANNEXE 3 **Notification de la subvention d'investissement**

Agence pour l'économie de l'énergie
Provence Alpes Côte d'Azur
56 boulevard des Libérateurs
13012 MARSEILLE

Marseille, le 20 septembre N

À l'attention de Monsieur SPILETTI
Directeur de la société ISO FENÊTRES
45 rue Théodore-Aubanel
13300 SALON-DE-PROVENCE

Réf. : Ligne de production L85693

Monsieur,

Nous avons le plaisir de vous informer que suite à votre demande en date du 3 juillet N, et après un examen attentif de votre dossier, nous vous accordons une subvention d'investissement d'un montant de 30 000 euros. Cette subvention sera virée sur votre compte le 3 octobre N.

Veuillez agréer, Monsieur, nos salutations distinguées.
…

ANNEXE 4 **Documents relatifs à l'emprunt bancaire**

AVIS DE CRÉDIT

BANQUE DE PROVENCE
83 rue Nostradamus
13300 SALON-DE-PROVENCE

AVIS D'OPÉRATION
Le 05/10/N

N° 567894
Société ISO FENÊTRES
45 rue Théodore-Aubanel
13300 SALON-DE-PROVENCE

Compte n° 5290545 78

Date d'opération	Opération	Débit	Crédit
01/10/N	Virement prêt accordé sur votre compte courant. Prêt n° 343210987		40 000,00
03/10/N	Virement Agence pour l'économie de l'énergie		30 000,00

AVIS DE DÉBIT N° 45789630

BANQUE DE PROVENCE
83 rue Nostradamus
13300 SALON-DE-PROVENCE

AVIS D'OPÉRATION
Le 01/11/N

Société ISO FENÊTRES
45 rue Théodore-Aubanel
13300 SALON-DE-PROVENCE

Compte n° 5290545 78

Date d'opération	Opération	Débit	Crédit
01/11/N	Prélèvement échéance n° 1 Prêt n° 343210987 (dont intérêts : 160 €)	561,60	

ENTRAÎNEMENT AU BTS 3 Gérer des règlements fournisseurs ★★☆

L'entreprise AGM Imprimerie est spécialisée dans l'impression de documents à partir de supports papier et numériques. Le gérant de la société s'inquiète quant à une dégradation progressive des conditions de paiement accordées par les fournisseurs qui entraînent des difficultés de trésorerie.

1. **Procédez au lettrage des comptes fournisseurs de l'annexe 1.**
2. **Le fournisseur Texier vous a contacté(e) par téléphone le 29/11/N en vous demandant le règlement des factures n° 004889 et n° 004891. Sa demande est-elle justifiée ?**
3. **Calculez les délais du crédit moyen accordé par les fournisseurs pour les exercices N-2 et N-1 (arrondir les chiffres au jour le plus proche) à l'aide de l'annexe 2. Que constatez-vous ? Existe-t-il une marge de négociation ?**
4. **Indiquez un moyen qui permettrait à l'entreprise de renégocier son crédit fournisseur.**

ANNEXE 1 Extrait du grand-livre du compte 401000 « Fournisseurs »

ENTREPRISE AGM Imprimerie Édition du 30/11/N

Comptes 4010100 à 4010200 Monnaie : euro Période du 01/09/N au 30/11/N

Date	Journal	Pièce	Libellé	Let.	Débit	Crédit	Solde cumulé
4010100	CALARIAN						
01/09/N	AN		RAN			4 730,00	4 730,00
02/09/N	AC	004875	FACT 004875			3 910,00	8 640,00
16/09/N	AC	004883	FACT 004883			435,00	9 075,00
30/09/N	BQ	CH 863241	REG FACT 004651		4 730,00		4 345,00
07/10/N	AC	004951	FACT 004951			955,00	5 300,00
19/10/N	AC	004982	FACT 004982			1 810,00	7 110,00
29/10/N	BQ	CH 863547	REG FACT 004875 et 004883		4 345,00		2 765,00
25/11/N	BQ	CH 863653	REG FACT 004951 et 004982		2 765,00		0,00
28/11/N	AC	004984	FACT 004984			990,00	990,00
28/11/N	AC	004985	FACT 004985			1 540,00	2 530,00
28/11/N	BQ	CH 863782	REG FACT 004985		1 493,80		1 036,20
30/11/N	AC	AV00159	FACT AVOIR 00159		46,20		990,00
			Total pour le compte 4010100		**13 333,80**	**14 370,00**	**1 036,20**
4010122	TEXIER						
01/09/N	AN		RAN			610,00	610,00
05/09/N	BQ	CH 004994	REG FACT 004862		610,00		0,00
10/09/N	AC	004890	FACT 004889			812,00	812,00
16/09/N	AC	004893	FACT 004891			655,00	1 467,00
20/10/N	AC	004896	FACT 004893			428,00	1 895,00
			Total pour le compte 4010122		**610,00**	**2 505,00**	**1 895,00**

Les règlements pour ces deux fournisseurs sont fixés à 30 jours fin de mois. Pour tout règlement comptant, un escompte de 3 % pourra être déduit directement par nos soins. Ces deux fournisseurs appliquent un taux d'intérêt annuel de 4 % en cas de retard de paiement.

ANNEXE 2 Extrait des comptes de l'entreprise en N-2 et N-1

Éléments	31/12/N-2	31/12/N-1
601000 Achats de matières premières (HT)	885 300	897 200
401000 Collectif fournisseurs	88 200	41 700

Délai moyen de crédit dans la profession : 45 jours

SYNTHÈSE

Synthèse audio
liennathan.fr/5p0nxk

L'enregistrement des achats et de leur financement, la gestion des échéances

1 La comptabilisation des achats de biens et services en France

Acomptes

- Représentent des créances sur le fournisseur : **D4091** ← C512
- La TVA est déductible : D44566 ← **C4458**
- Les comptes 4091 et 4458 seront soldés lors de la facture → réduit la dette 401 et la créance 44566.

Factures de doit

- Les **RRR** sont déduits du prix d'achat.
- L'**escompte** est un produit financier (C765).
- Le **port** est intégré à l'achat C60… ou enregistré par nature C6241 ou C6081.
- **Emballage** = créance fournisseur D4096 (à solder au retour).
- **TVA** :
  – Achat de bien : D44566
  – Achat de service : D4458 à solder lors du règlement avec D44566.

Factures d'avoir

- **Sur retour de marchandise :** contrepasser l'écriture pour le montant retourné.
- **Pour RRR :** on réduit les achats (C609…).
- **Pour escompte :** on augmente les produits financiers (C765).

Dans les trois cas, on réduit la TVA (C44566) et la dette fournisseur (D401).

Règlements

La dette fournisseur est soldée (D401).

Si le fournisseur a émis une lettre de change, la dette inscrite en compte 403 est soldée à l'échéance.

2 La comptabilisation des achats hors de France

Acquisition communautaire

- La facture du fournisseur est en euros. Elle n'a pas de TVA. C'est le client qui la calcule et la déclare.
- La TVA est autoliquidée : **D44566 ← C4452**

Importation

- La facture du fournisseur est en **devises**. À convertir en euros au cours du jour où la facture a été reçue.
- **La douane facture des droits** qui sont intégrés au prix des biens (dette douane en **467**).
- La facture n'a **pas de TVA**. À calculer sur le prix des biens + droits de douane. Autoliquidation : D44566 ← 445713
- Le **jour du règlement**, il faut enregistrer soit un **gain de change** (756), soit une **perte de change** (656).

3 La comptabilisation des immobilisations et leur financement

Acompte

- Enregistré en immobilisation : **D238 ou 237** ← C512
- La TVA est déductible : D44562 ← **C4458**
- Les comptes 238 et 4458 seront soldés lors de la facture.

Acquisition d'immobilisation

- **D2…**
  D44562 ← **C404**
- Si l'immobilisation est composée d'éléments ayant des durées de vie différentes, chaque **composant** est enregistré dans un sous-compte.

Financement

- **Subvention**
  Notification : D441 ← **C131**
  Versement : D512 ← C441
- **Emprunt**
  Versement : D512 ← **C164**
  Remboursement : **D164 D661** ← C512
- **Crédit-bail**
  Caution début de contrat : D275 ← C512
  Loyers avec TVA : D612 D44566 ← C512
  Levée d'option : D2…. D44562 ← C275 C404

CHAPITRE 11

La réalisation des rapprochements bancaires

Activité	Composantes d'activité	Compétences	
1.6. Réalisation des rapprochements bancaires (comptabilité de trésorerie)	**1.6.1.** Pointage des relevés et des comptes bancaires **1.6.2.** Réalisation d'un état de rapprochement **1.6.3.** Enregistrement des écritures de régularisation suite au rapprochement bancaire	– Repérer et analyser les écarts entre le relevé bancaire et les comptes « banque » – Effectuer un état de rapprochement et traiter les écarts analysés afin de préparer les enregistrements adéquats – Enregistrer les écritures de régularisation nécessaires	**P7** L'utilisation du PGI pour effectuer les traitements pertinents, les enregistrements des écritures de banque, les contrôler et mettre à jour les données

SITUATION PROFESSIONNELLE

La SARL Les Petites Gourmandises produit des chocolats, des nougats, des calissons et diverses confiseries. Elle propose également des cours de pâtisserie. Un important client a été exceptionnellement en retard de paiement, ce qui a entraîné un découvert bancaire assez important alors qu'habituellement, la société dispose de fonds en quantité suffisante. Cet événement a incité l'entreprise à plus de prudence quant à la gestion de ses comptes bancaires. Elle souhaite ouvrir un compte rémunérateur sur lequel elle placera ses surplus de trésorerie et dans lequel elle pourra puiser en cas de difficultés passagères.

VOS MISSIONS

La comptable, Mme Sorgel, vous confie le contrôle de certaines opérations de trésorerie au niveau de la Banque Régionale du Centre. Vous travaillez également sous la responsabilité de Mlle Caide, l'aide-comptable, qui vous demande de terminer un état de rapprochement bancaire.

MISSION 1 **Contrôler les opérations financières** ▶ Fiches ressource 1 à 3

MISSION 2 **Réaliser un rapprochement bancaire** ▶ Fiches ressource 4 à 6

VOS MISSIONS

MISSION 1 Contrôler les opérations financières

Discutons-en !
Concrètement, qu'est-ce qu'un découvert bancaire ?

1. À la lecture du relevé bancaire, repérez les différents moyens de règlement utilisés par l'entreprise.
▶ Annexe 1 ▶ Fiche ressource 1

2. Comparez les deux colonnes de dates qui apparaissent sur le relevé bancaire et celles qui apparaissent sur l'extrait du compte banque. Expliquez les différences en prenant un ou deux exemples.
▶ Annexes 1 et 2

3. Retrouvez par le calcul le montant de 0,88 € d'intérêts facturés sur le découvert bancaire du début de mois et les intérêts de 227,74 € facturés sur l'escompte du 11 juillet.
▶ Annexe 3 ▶ Fiches ressource 2 et 3

4. Pourquoi utiliser la méthode des intérêts simples dans les deux calculs précédents ?

5. Quelle différence faites-vous entre intérêts et agios ? À l'appui de quelle pièce comptable l'entreprise va-t-elle enregistrer les agios en comptabilité ?

MISSION 2 Réaliser un rapprochement bancaire

6. Comparez le solde du relevé bancaire à celui du compte 512100 au 15/07/N. Imaginez plusieurs explications à cet écart. Justifiez l'intérêt de procéder à un rapprochement bancaire
▶ Annexes 1 et 2 ▶ Fiche ressource 4

7. Procédez au lettrage des deux comptes.
▶ Annexes 1 et 2 ▶ Fiche ressource 5

8. Terminez l'état de rapprochement au 15/07/N, sachant qu'après vérification, le virement du client Dutoit est bien de 4 120 €. Arrivez-vous au même solde rapproché ?
▶ Annexe 4 ▶ Fiche ressource 5

9. Enregistrez les écritures correctives relatives à l'état de rapprochement au 15/07/N.
▶ Annexe 5 ▶ Fiche ressource 6

10. L'entreprise a une échéance importante à payer de 7 000 € le 15 juillet. Pourra-t-elle y faire face ?

Besoin d'aide ?
liennathan.fr/l69rts

Besoin d'aide ?
liennathan.fr/wk7lfa

La question de l'expert
Dans les écritures correctives relatives au rapprochement bancaire, certaines dépenses sont enregistrées en classe 6 et d'autres en classe de tiers. Justifiez.

L'autocorrection en vidéo
liennathan.fr/4wth6i

DONNÉES DE LA SITUATION

ANNEXE 1 Relevé bancaire pour les opérations du 1er au 15 juillet N

Banque Régionale du Centre

Le 15/07/N
Tél. : 02 45 54 XX XX
Agence Jaurès
128 avenue Jean Jaurès
37000 TOURS

Relevé de compte courant
Période du 01/07/N au 15/07/N

Les Petites Gourmandises
Quai Albert Braille
37270 MONTLOUIS-SUR-LOIRE

Agence 3219 Compte n° 8569785 14
IBAN FR39 3219 856978514
Code Internet : 5696

Date	Débit	Crédit	Solde	Valeur	Libellé
01/07/N		2 342,00	2 342,00	01/07/N	*Solde créditeur au 01/07/N*
04/07/N	3 000,00		– 658,00	02/07/N	Chèque n° 000664
05/07/N		4 120,00	3 462,00	07/07/N	Virement Client Dutoit
07/07/N		5 747,58	9 209,58	09/07/N	Remise de chèques à l'encaissement
07/07/N	345,23		8 864,35	05/07/N	Prélèvement Fournisseur Électricité
07/07/N	1 761,50		7 102,85	05/07/N	Chèque n° 000665
08/07/N	0,88		7 101,97	07/07/N	Intérêts sur découvert autorisé (12 % l'an)
08/07/N	3,60		7 098,37	07/07/N	Commision sur découvert (dont TVA : 0,60 €)
10/07/N	2 156,00		4 942,37	08/07/N	Chèque n° 000666
10/07/N		1 300,00	6 242,37	10/07/N	Dépôt d'espèces
11/07/N	3 450,52		2 791,85	09/07/N	Prélèvement Fournisseur Bertrand
11/07/N		6 948,75	9 740,60	13/07/N	Remise à l'escompte n° 05826930125LM954
11/07/N	227,74		9 512,86	09/07/N	Intérêts sur remise à l'escompte
13/07/N	2 727,39		6 785,47	11/07/N	Prélèvement assurances de France
13/07/N	16,15		6 769,32	11/07/N	Commission sur remise à l'escompte (dont TVA : 2,70 €)
15/07/N	345,28		6 424,04	13/07/N	Chèque n° 000667

Sauf erreur ou omission **Votre agence est à votre disposition pour tout renseignement.**
Banque du Centre. R.C.S. Tours B 920 500 736

NB : l'effet escompté le 11/07/N avait comme date d'échéance le 06/10/N. La banque applique un taux d'escompte annuel de 13,75 % et calcule le nombre de jours réels de date à date avec une année de 365 jours contrairement à la méthode employée pour le calcul du découvert bancaire.

ANNEXE 2 Extrait du compte 512100 pour les opérations du 1er au 15 juillet N

Compte 512100 Banque Régionale du Centre (BCR)				
Dates	**Opérations**	**Débit (+)**	**Crédit (–)**	**Soldes**
01/07/N	Solde à nouveau	2 342,00		2 342,00
02/07/N	Chèque n° 000664		3 000,00	– 658,00
05/07/N	Virement Client Dutoit	4 100,00		3 442,00
07/07/N	Remise de chèques à l'encaissement	5 747,58		9 189,58
07/07/N	Chèque n° 000665		1 761,50	7 428,08
10/07/N	Dépôt d'espèces	1 300,00		8 728,08
10/07/N	Chèque n° 000666		2 156,00	6 572,08
11/07/N	Prélèvement Fournisseur Bertrand		3 450,52	3 121,56
11/07/N	Remise à l'escompte d'effets	6 948,75		10 070,30
15/07/N	Chèque n° 000667		345,28	9 725,02
15/07/N	Chèque n° 000668		1 960,10	7 764,92
15/07/N	Dépôt d'espèces	500,00		8 264,92

ANNEXE 3 Conditions relatives au découvert bancaire autorisé

La société a négocié auprès de sa banque une autorisation de découvert à hauteur de 10 000 € pendant un mois maximum. Le taux applicable en cas de découvert dans la limite autorisée est de 12 % par an. La banque facture les intérêts (méthode commerciale en se basant sur une année de 360 jours) sur le montant du découvert de date à date et applique un jour de valeur supplémentaire. Des frais fixes de 3,60 € TTC sont facturés pour chaque découvert bancaire (3 € HT, 0,60 € de TVA).

ANNEXE 4 État de rapprochement bancaire au 15/07/N (à compléter)

Liste des opérations non pointées ou présentant des différences	Compte 512100		Relevé bancaire	
	Débit (+)	Crédit (–)	Débit (–)	Crédit (+)
Soldes au 15/07/N	8 264,93			6 424,04
Erreur client Dutoit	20,00			
Chèque n° 000668			1 960,10	
Prélèvement fournisseur électricité		345,23		
TOTAUX				
Soldes rectifiés au 15/07/N				

ANNEXE 5 Extrait du plan de compte

401035 Fournisseur Électricité
401050 Fournisseur Assurances
411021 Client Dutoit
445660 TVA déductible sur autres biens et services
512100 Banque Régionale du Centre
580000 Virements internes (utilisé lors de dépôts d'espèces en banque)
627000 Services bancaires
661000 Charges d'intérêts

FICHE RESSOURCE 1

Les différents moyens de règlement et les dates de valeur

I Les différents moyens de règlement

Une entreprise dispose de différents moyens pour payer ses dettes et encaisser ses créances.

Moyens	Caractéristiques	Comptes utilisés
Espèces	Monnaie fiduciaire	530 « Caisse »
Chèque	Nécessité de disposer d'un chéquier. Payable immédiatement. L'utilisation des chèques n'occasionne aucuns frais bancaires.	512 « Banque »
Carte bancaire	Paiement immédiat ou différé selon le contrat	512 « Banque »
Virement	Les virements entraînent des frais bancaires.	512 « Banque »
Prélèvement	Pas ou peu de frais normalement	512 « Banque »
Effet de commerce	Entraîne des frais.	413 « Clients – Effets à recevoir » ou 403 « Fournisseurs – Effets à payer »
Paiement électronique en ligne	Très utilisé pour les transactions sur Internet. Pas ou peu de frais en règle générale. Problème de sécurité des paiements en ligne.	512 « Banque »

II Les dates de valeur

La date de l'opération est **distincte** de la date de valeur (date retenue pour l'inscription en compte). Il existe parfois un **décalage** entre ces deux dates en fonction du temps nécessaire au traitement des opérations. Les écarts sont constatés en **jours de valeur.** Voici quelques exemples de dates de valeur à retenir (elles peuvent varier d'une banque à l'autre) :

Moyens de paiement	Dates à retenir
Retrait et versement d'espèces	Date de l'opération
Chèque en euros émis	Date de l'opération diminuée d'un jour de valeur ouvré (jour d'ouverture de la banque)
Chèque en euros remis à l'encaissement	Date de remise augmentée d'un jour de valeur ouvré maximum
Virement émis	Date du jour du virement
Virement reçu	Date de réception des fonds par la banque (en général, 1 ou 2 jours ouvrés après la date d'émission du virement)

Exemple

Soit un chèque de 1 000 € déposé sur le compte bancaire le 20 janvier. La date d'opération sera le 20 janvier (jour du dépôt) mais le chèque ne sera effectivement porté en compte que le 21 janvier. Si le jour du dépôt (le 20 janvier), on effectue un retrait de 400 € en espèces (en supposant que le solde avant le dépôt du chèque soit nul), cela signifie que l'entreprise est à découvert (solde négatif) pour la somme de 400 € pendant 1 jour vu que le dépôt par chèque de 1 000 € ne compte qu'à partir du lendemain. Cela va entraîner des intérêts à payer pour un jour sur la somme de 400 €.

? L'essentiel en une question

Pourquoi un chèque déposé à la banque n'est-il pas porté en compte le jour même ?

Consultez le corrigé
liennathan.fr/23go5j

FICHE RESSOURCE 2

Le calcul des intérêts

I Définition

L'intérêt est la rémunération due par l'emprunteur au prêteur en contrepartie de la somme mise à sa disposition pendant une période donnée. Les banques utilisent comme taux d'intérêt de référence le taux de base bancaire qui sert de calcul à la tarification des taux de crédit à court et moyen terme consentis aux petites et moyennes entreprises.

II Les intérêts simples

Les intérêts simples concernent essentiellement les opérations à **court terme** (sur découvert bancaire, escompte d'effets de commerce). Le calcul s'effectue à partir de la formule suivante exprimée en jours sur une année de 360 jours (12 mois de 30 jours). C'est un calcul d'intérêt commercial et non civil (ce dernier portant sur 365 jours) :

$$\text{Intérêts} = C \times t \times \frac{n}{360}$$

C = capital
n = nombre de jours
t = taux d'intérêt annuel

Exemple
Soit un effet de commerce de 5 000 € remis à l'escompte le 14 avril à échéance du 30 mai.
Taux annuel d'escompte : 13 % soit 0,13
Nombre de jours d'escompte :
Avril : 30 – 14 = 16 jours. Mai : 30 jours. Total : 46 jours
Intérêts : 5 000 × 0,13 × (46/360) = 83,06 €

III Les intérêts composés

Il s'agit d'intérêts qui portent sur des opérations de placement à long terme (plus d'un an). À la fin de chaque période de placement (l'année, en règle générale), les intérêts acquis sont incorporés dans la somme de départ et finissent par produire à leur tour d'autres intérêts. C'est le principe de la **capitalisation** (les intérêts sont incorporés au capital et vont rapporter de l'argent).

La **valeur acquise (VA)** correspond au montant du capital de départ (valeur d'origine) augmentée de l'ensemble des intérêts acquis sur la durée. Cette dernière se calcule de la façon suivante :

$$VA = C\,(1 + t)^n$$

C = capital
n = nombre de périodes de placement (annuel, en général)
t = taux d'intérêt annuel

Exemple
Soit un capital de 1 000 € placé à intérêts composés pendant 3 ans à 10 % (0,1) l'an.
$VA = 1\,000(1,1)^3 = 1\,331$ €
Ou VA = 1 000 (1,1) (1,1) (1,1) = 1 331 €

01/01/N	31/12/N	31/12/N+1	31/12/N+2
Dépôt du capital 1 000 € →	Capital : 1 000 € Intérêts : 100 € VA : 1 100 € →	VA précédente : 1 100 € Intérêts : 110 € Nouvelle VA : 1 210 € →	VA précédente : 1 210 € Intérêts : 121 € Nouvelle VA : 1 331 €

L'essentiel en une question

Pourquoi les intérêts peuvent-ils produire à leur tour d'autres intérêts ?

Consultez le corrigé
liennathan.fr/hysnvs

FICHE RESSOURCE 3

Le coût des découverts bancaires

I Les agios

Les banques facturent des frais et des intérêts sur certaines opérations bancaires, comme les découverts. Les agios représentent l'ensemble des frais facturés, à savoir :
Agios = Intérêts + Services et commissions + TVA facturée sur les services et commissions

II Le découvert bancaire

Le découvert bancaire est une facilité de trésorerie. Une banque peut accepter qu'un compte bancaire fonctionne à découvert, c'est-à-dire qu'il présente un solde négatif. Les dépenses (débit) sont alors supérieures aux versements (crédit).

Une autorisation de découvert n'est jamais automatique. Elle est soit prévue lors de la signature de la convention de compte, soit demandée par l'entreprise. Elle concerne un montant précis et peut être soit ponctuelle (accordée jusqu'à une date précise fixée à l'avance), soit accordée pour une durée indéterminée.

Une situation de découvert effectif ne peut jamais dépasser 90 jours : cela signifie que, pendant au moins une journée, le découvert doit être résorbé.

III Le découvert bancaires autorisé

Un découvert bancaire autorisé peut être assimilé à un crédit renouvelable rattaché au compte de dépôt. En principe, c'est la convention de compte qui détermine le plafond du découvert autorisé, la durée maximale et le taux d'intérêt applicable. Pour le calcul des frais applicables, la banque retient la date de valeur et non la date de l'opération. Elle peut également pratiquer des frais périodiques en plus du taux d'intérêt calculé sur le découvert bancaire.

> Exemple
> Une entreprise a un découvert bancaire autorisé de 5 000 € pendant une durée maximale de 3 mois. Son solde bancaire a été de – 3 500 € du 10 au 20 février inclus, soit 11 jours. La banque applique 1 jour de valeur supplémentaire, ce qui porte le nombre de jours de découvert à 12. Le taux d'intérêt annuel est de 13 % (0,13). Le montant mensuel des frais périodiques est de 18 €.
> Montant des intérêts bancaires facturés : 3 500 × 0,13 × (12 jours / 360 jours) = 15,17 €
> Coût du découvert bancaire pour le mois de février : 15,17 + 18 = 33,17 €

IV Le découvert bancaire non autorisé

Lorsque le plafond de l'autorisation de découvert est dépassé (ou en cas d'absence d'autorisation de découvert), la banque n'est pas tenue de couvrir un tel dépassement. Ceci peut se traduire, par exemple, par le rejet d'un chèque, qui sera alors « sans provision » et fera l'objet de frais supplémentaires beaucoup plus importants. La banque facture alors des frais annexes et un taux d'intérêt plus élevé.

> Exemple (suite)
> Supposons que le solde bancaire a été de – 8 000 € du 10 au 28 février. Le plafond de l'autorisation de découvert est donc de : 8 000 – 5 000 = 3 000 €. Des frais annexes de 30 € sont prélevés en cas de dépassement et le taux d'intérêt sur ce dépassement est de 17 % (0,17).
> Intérêts facturés sur le découvert autorisé : 5 000 × 0,13 × (12 jours / 360 jours) = 21,67 €
> Intérêts facturés sur le découvert non autorisé : 3 000 × 0,17 × (12 jours / 360 jours) = 17 €
> Coût du découvert bancaire : 21,67 + 17 + 18 + 30 = 86,67 €

L'essentiel en une question

Pourquoi certains agios sont soumis à la TVA et d'autres non ?

Consultez le corrigé
liennathan.fr/7u8sj2

FICHE RESSOURCE 4

Le pointage des relevés des comptes bancaires

I L'intérêt de pointer les comptes bancaires

En principe, le solde du compte 512 « Banque » doit être égal au solde du relevé bancaire à la même date. Cependant, c'est rarement le cas pour plusieurs raisons :

- des décalages dans le temps (ex. : un chèque émis a été enregistré dans le compte bancaire de l'entreprise mais n'a pas encore été remis à l'encaissement par le fournisseur. Il ne peut donc figurer sur le relevé de banque). Ces décalages sont normaux et se lissent en quelques jours, mais ils apparaissent lorsque l'on pointe le compte bancaire en fin de quinzaine ou de mois ;
- des erreurs de montant ou de saisie (ex. : inversion de chiffres) ;
- des omissions (ex. : frais bancaires, encaissement ou paiement).

Pointer les comptes bancaires a donc pour intérêt de connaître le montant exact des avoirs disponibles à un moment donné.

II Le pointage de comptes réciproques

Lorsqu'une somme est portée au débit dans les comptes de l'entreprise, elle se retrouve au crédit sur le relevé bancaire. La réciprocité des comptes s'explique par le fait que la banque tient sa propre comptabilité : les sommes déposées par l'entreprise sur le compte bancaire constituent une dette pour la banque (et un actif pour l'entreprise). Seuls les décalages dans le temps, les erreurs et les oublis fournissent des soldes différents.

Exemple

Soit les relevés suivants :

L'entreprise possède 10 500 € sur son compte bancaire (actif).

La banque doit la somme de 10 500 € à l'entreprise.

Compte 512100 Banque LCL

Dates	Nature de l'opération	Débit	Crédit	Solde
01-mai	Solde de départ	10 500		10 500
15-mai	Chèque n° 4548569		1 320	9 180
17-mai	Virement client Paul	5 300		14 480
31-mai	Solde de fin de mois		14 480	14 480
Totaux		15 800	15 800	

Relevé bancaire du LCL

Dates	Nature de l'opération	Débit	Crédit	Solde
01-mai	Solde de départ		10 500	10 500
15-mai	Chèque n° 4584569	1 320		9 180
17-mai	Virement de M. Paul		5 300	14 480
31-mai	Solde de fin de mois	14 480		14 480
Totaux		15 800	15 800	

L'essentiel en une question

Pourquoi les sommes dont vous disposez sur votre compte bancaire sont-elles portées au crédit ?

Consultez le corrigé
liennathan.fr/ampjfs

FICHE RESSOURCE 5

La construction d'un état de rapprochement bancaire

L'état de rapprochement bancaire a pour objectif d'expliquer précisément pourquoi le solde du compte Banque à la fin d'une période donnée ne correspond pas à celui du relevé bancaire.

I La mise en évidence des écarts entre les deux comptes

1. Les écarts de début de période

Les valeurs présentées dans le compte 512 « Banque » et dans le relevé bancaire commencent toujours par le solde de fin de la période précédente. (Par exemple, le compte et le relevé du mois de mai commencent au 1er mai par le report du solde fin avril.) S'il y a un écart entre les deux, on peut en retrouver l'explication dans l'état de rapprochement du mois précédent (par exemple, celui du 30 avril).

2. Les écarts liés aux opérations de la période

Pour repérer les écarts de la période, il faut procéder au lettrage des opérations réciproques et isoler les sommes qui ne figurent pas de part et d'autre sur les deux relevés.

> Exemple
>
> Fin mai, le solde du compte 512 « Banque » est de 981 € alors qu'il est de 636 € sur le relevé bancaire. Quatre opérations réciproques ont été lettrées (A à D). Les autres opérations non lettrées expliquent l'écart. Elles devront figurer dans l'état de rapprochement bancaire.

Sommes ne figurant pas sur le relevé bancaire

L'écart de début de période se solde le 4 mai.

Compte 512 Banque du mois de mai

Dates	Libellés	Débit (+)	Crédit (–)
01-mai	Solde initial (débiteur)	200	
05-mai	Chèque n° 0004		100 (A)
07-mai	Dépôt espèces	500 (B)	
15-mai	Traite escomptée	300 (C)	
20-mai	Chèque n° 0005		80 (D)
22-mai	Chèque n° 0006*		89
28-mai	Dépôt espèces	200	
30-mai	Dépôt de chèque	50	
31-mai	Solde final (débiteur)		**981**
	Totaux	**1 250**	**1 250**

* Après vérification, le montant du chèque n° 0006 est de 98 €.

Relevé du mois de mai

Dates	Libellés	Débit (+)	Crédit (–)
01-mai	Solde initial (créditeur)		250
04-mai	Chèque n° 0003	50	
06-mai	Chèque n° 0004	100 (A)	
07-mai	Dépôt espèces		500 (B)
17-mai	Traite escomptée		300 (C)
17-mai	Intérêts sur escompte	10	
17-mai	Frais sur escompte*	6	
25-mai	Prélèvement EDF	70	
26-mai	Chèque n° 0005	80 (D)	
27-mai	Chèque n° 0006	98	
31-mai	Solde final (créditeur)	**636**	
	Totaux	**1 050**	**1 050**

* Dont TVA : 1 €.

Un écart de montant apparaît sur le chèque n° 0006 (89 € dans le compte 512 et 98 € sur le relevé bancaire). Il y a une erreur à corriger.

Sommes ne figurant pas sur le compte 512 « Banque »

II La présentation d'un état de rapprochement

Le pointage et lettrage du relevé bancaire avec le compte 512 « Banque » de l'entreprise montre très souvent des erreurs ou des opérations non encore enregistrées, de part et d'autre. Cela signifie qu'en réalité, le montant exact des sommes à disposition de l'entreprise à la fin de la période n'est ni celui qui apparaît sur le relevé, ni celui qui apparaît sur le compte 512 « Banque » !

L'état de rapprochement est un tableau en deux parties (512 « Banque » et relevé bancaire) qui a pour objectif de calculer le **montant exact** des sommes à disposition sur le compte bancaire à la fin de la période étudiée. Cette recherche du montant exact est faite deux fois, à partir du compte 512 « Banque » et à partir du relevé bancaire, en corrigeant les erreurs et en intégrant les valeurs manquantes de part et d'autre. On doit arriver au même solde final. Ce solde s'appelle le **solde rapproché**. Il correspond aux sommes effectivement à disposition de l'entreprise à la fin du mois.

Exemple (suite)

Procéder à l'état de rapprochement bancaire du mois de mai et à la concordance des soldes de fin de mois.

Compte 512 Banque du mois de mai

Dates	Libellés	Débit (+)	Crédit (–)
01-mai	Solde initial (débiteur)	200	
05-mai	Chèque n° 0004		100 (A)
07-mai	Dépôt espèces	500 (B)	
15-mai	Traite escomptée	300 (C)	
20-mai	Chèque n° 0005		80 (D)
22-mai	Chèque n° 0006*		89
28-mai	Dépôt espèces	200	
30-mai	Dépôt de chèque	50	
31-mai	Solde final (débiteur)		**981**
Totaux		**1 250**	**1 250**

* Après vérification, le montant du chèque n° 0006 est de 98 €.

Relevé du mois de mai

Dates	Libellés	Débit (+)	Crédit (–)
01-mai	Solde initial (créditeur)		250
04-mai	Chèque n° 0003	50	
06-mai	Chèque n° 0004	100 (A)	
07-mai	Dépôt espèces		500 (B)
17-mai	Traite escomptée		300 (C)
17-mai	Intérêts sur escompte	10	
17-mai	Frais sur escompte*	6	
25-mai	Prélèvement EDF	70	
26-mai	Chèque n° 0005	80 (D)	
27-mai	Chèque n° 0006	98	
31-mai	Solde final (créditeur)	**636**	
Totaux		**1 050**	**1 050**

* Dont TVA : 1 €.

Le chèque n° 0006 aurait dû être crédité de son montant exact, soit 98 €. Il faut rajouter la différence (98 – 89), soit 9 € au crédit du compte 512 « Banque ».

État de rapprochement bancaire au 31 mai N

Opérations non pointées	Compte 512 Banque		Relevé bancaire	
	Débit (+)	Crédit (–)	Débit (–)	Crédit (+)
Soldes au 31 mai	981			636
Erreur sur chèque n° 006		9		
Dépôt espèces				200
Dépôt chèque				50
Intérêts sur escompte		10		
Frais sur escompte		6		
Prélèvement EDF		70		
Totaux	**981**	**95**	**0**	**886**
Soldes rapprochés au 31 mai	**886**			**886**

À la fin du mois de mai, le solde du compte Banque n'est ni de 981 € ni de 636 €, il est de **886 €**. C'est le solde rapproché.

L'essentiel en une question

Pourquoi réaliser un rapprochement bancaire ?

Consultez le corrigé
liennathan.fr/0g15d0

FICHE RESSOURCE 6

Les écritures de régularisation suite au rapprochement bancaire

I Principe

Le rapprochement bancaire doit permettre de corriger les erreurs et d'enregistrer dans les comptes de l'entreprise les opérations figurant sur le relevé bancaire et manquantes dans le compte 512 « Banque ».

II Les écritures de régularisation

Elles sont très différentes en fonction des cas. Il peut s'agir d'agios prélevés par la banque, de virement de la part d'un client, de produits financiers encaissés, de paiement de mensualités d'emprunt bancaire, etc. Chaque écriture de régularisation est unique.

Exemple (suite)

Procéder aux écritures de régularisation qui vont permettre d'obtenir un solde bancaire de 886 € à la fin du mois de mai dans les comptes de l'entreprise.

Écriture 1 : correction de l'erreur d'inversion de chiffre sur le chèque n° 0006 (98 € au lieu de 89 €).

	31/05/N		
401000 512000	Fournisseurs Banque *Correction de l'erreur de montant sur chèque n° 0006*	9	9

Écriture 2 : enregistrement des 10 € d'intérêts prélevés par la banque lors de l'escompte de la lettre de change.

	31/05/N		
601000 512000	Charges d'intérêts Banque *Intérêts facturés sur escompte de la lettre de change*	10	10

Écriture 3 : enregistrement des 6 € de frais (dont 1 € de TVA) prélevés par la banque lors de l'escompte de la lettre de change.

	31/05/N		
627000 445660 512000	Services bancaires et assimilés (6 – 1) TVA déductible sur autres biens et services Banque *Frais facturés sur escompte de la lettre de change*	5 1	6

Écriture 4 : enregistrement du prélèvement EDF (on suppose que la facture du fournisseur a déjà été enregistrée en comptabilité).

	31/05/N		
401000 512000	Fournisseur EDF Banque *Prélèvement du fournisseur EDF*	70	70

Après enregistrement des écritures correctives, le solde du compte 512 « Banque » est bien égal au solde rapproché :

Compte 512 « Banque »				
Dates	**Libellés**	**Débit (+)**	**Crédit (–)**	**Solde débiteur**
31-mai	Solde de fin de mois	981		981
31-mai	Correction erreur chèque n° 0006		9	972
31-mai	Intérêts sur escompte		10	962
31-mai	Frais bancaires sur escompte		6	956
31-mai	Prélèvement EDF		70	886

SCHÉMA RÉCAPITULATIF

Étape 1 – Vérification des soldes de début de période

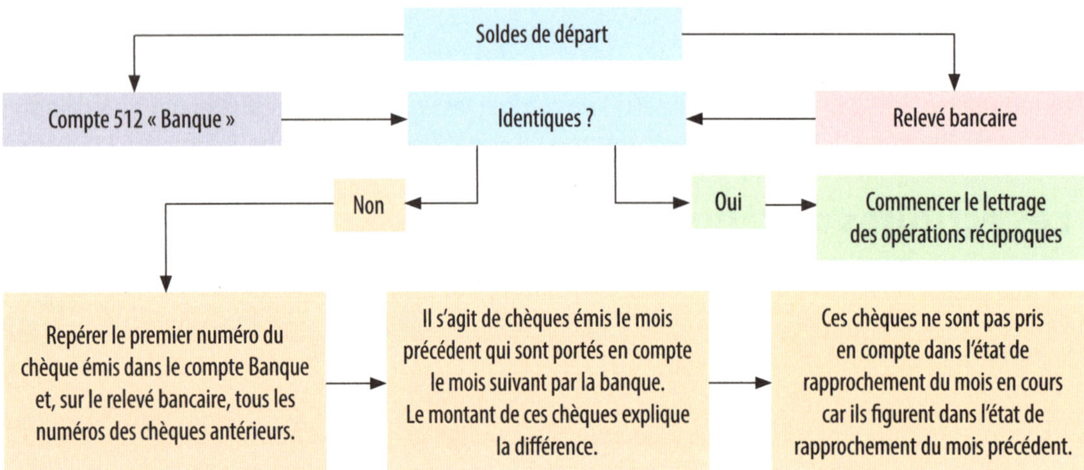

Étape 2 – Lettrage des opérations réciproques et repérage des opérations non lettrées

Compte 512 Banque

Dates	Libellés	Débit (+)	Crédit (–)
01-juin	Solde au 01/06/N	1 000	
08-juin	Chèque n° 450		200 (A)
10-juin	Chèque n° 451		180 (B)
15-juin	Remise de chèque	800 (C)	
18-juin	Remise à l'escompte	120 (D)	
20-juin	Dépôt espèces	200 (E)	
28-juin	Chèque n° 452		500
30-juin	Solde au 30/06/N		**1 240**
	Totaux	2 120	2 120

Relevé bancaire

Dates	Libellés	Débit (+)	Crédit (–)
01-juin	Solde au 01/06/N		1 000
10-juin	Chèque n° 450	200 (A)	
12-juin	Chèque n° 451	180	
18-juin	Remise de chèque		800 (C)
21-juin	Remise à l'escompte		120 (D)
21-juin	Agios sur escompte	10	
23-juin	Dépôt espèces		200 (E)
27-juin	Prélèvement Orange	90	
27-juin	Solde au 30/06/N	**1 640**	
	Totaux	2 120	2 120

Étape 3 – Présentation de l'état de rapprochement

État de rapprochement bancaire au 30/06/N				
Opérations non pointées	**Compte 512 « Banque »**		**Relevé bancaire**	
	Débit (+)	Crédit (–)	Débit (–)	Crédit (+)
Soldes au 30 juin N	1 240			1 640
Chèque n° 452			500	
Agios sur escompte		10		
Prélèvement Orange		90		
Totaux	1 240	100	500	1 640
Soldes rapprochés au 30/06/N	**1 140**			**1 140**

Étape 4 – Enregistrement des écritures de régularisation

		30/06/N		
661		Charges d'intérêts	10	
	512	Banque		10
		Agios sur escompte		
		30/06/N		
401		Fournisseur Orange	90	
	512	Banque		90
		Prélèvement facture téléphonique		

L'essentiel en une question

Quelles sommes doivent être enregistrées dans le journal : celles figurant sur le compte 512 « Banque » ou celles issues du relevé bancaire ?

Consultez le corrigé
liennathan.fr/7hk0mi

APPLICATIONS

EXOS FLASH

EXO 1 Quiz interactif

Testez vos connaissances sur ce chapitre avec le quiz en ligne.

liennathan.fr/6i7y6y

Votre score ....

EXO 2 Calcul du coût d'un découvert bancaire et enregistrement

L'entreprise Cirillo a eu un découvert autorisé à hauteur de 2 376 € du 01/09/N au 28/09/N. La banque applique un jour de date de valeur avant le début du découvert. Le taux annuel du découvert autorisé est égal 14 % et la banque applique des frais fixes de découvert d'un montant de 10 € HT (TVA à 20 %).

1. **Calculez le coût du découvert bancaire (variable et fixe).**
2. **Enregistrez le montant du découvert dans le journal en date du 30/09/N.**

EXO 3 Vérification du montant des intérêts à payer

Une entreprise a contracté un emprunt d'un montant de 25 000 € auprès d'une banque. Vous disposez d'un extrait du plan d'amortissement du prêt bancaire (annexe).

1. **Vérifiez par le calcul le montant des intérêts à payer pour les échéances de juin et de juillet.**
2. **Enregistrez dans le journal de banque l'écriture relative au prélèvement de la charge d'intérêts en date du 06/07/N.**

ANNEXE **Extrait du plan d'amortissement du prêt bancaire**

Banque Régionale du Centre
128 avenue Jean Jaurès
37000 TOURS
Montant emprunté : 25 000,00
Taux d'intérêt mensuel : 0,35 %

Nombre de mensualités : 60
Date de l'emprunt : 06/01/N
Première mensualité : 06/02/N
Taux d'intérêt mensuel : 0,35 %
Taux d'intérêt annuel : 4,20 %

Échéances	Capital restant dû avant l'échéance	Intérêts	Amortissements	Mensualité constante	Capital restant dû après l'échéance
....	....	....	....	....	....
06/06/N	23 491,41	82,22	380,45	462,67	23 110,96
06/07/N	23 110,96	80,89	381,78	462,67	22 729,17
....	....	....	....	....	....

EXO 4 Rapprochement bancaire après lettrage

L'entreprise Huron arrête des comptes à la fin de chaque année civile. Le relevé bancaire du mois de décembre donne un solde créditeur de 20 000 €. Le compte 512000 « BNP-Paribas » présente un solde débiteur de 26 300 €.
Après lettrage du compte 512000, il a été constaté qu'un chèque de 5 000 € remis à un fournisseur le 27/12/N ne figure pas sur le relevé ainsi qu'un chèque de 3 000 € d'un client remis à l'encaissement le 29/12/N.
Le relevé bancaire comprend 300 € TTC d'agios (dont 50 € de TVA) et un prélèvement bancaire de 8 000 € suite à l'achat d'un véhicule d'occasion (la facture avait été enregistrée).

- **Présentez l'état de rapprochement bancaire suite au lettrage des comptes.**
- **Enregistrez l'écriture correspondante dans le journal de banque.**

EXO 5 État de rapprochement avec écart en début de mois

Vous disposez de l'extrait du compte 512100 « Crédit Agricole » (annexe 1) et du relevé bancaire de l'entreprise Sabre (annexe 2) au 31/12/N.

- **Présentez l'état de rapprochement puis enregistrez les écritures correspondantes dans le journal de banque.**

ANNEXE 1 **Extrait du compte 512100 « Crédit Agricole ».**

Dates	Opérations	Débit	Crédit
16/12	Solde	198,00	
17/12	Remise à l'encaissement de chèques ventes au comptant	4 400,00	
17/12	Chèque n° 589 à l'ordre de Renoir		680,00
20/12	Remise à l'escompte d'effets de commerce	1 695,00	
23/12	Domiciliations d'effets à payer		3 287,00
24/12	Remise de chèque à l'encaissement du client Lopez	2 504,00	
27/12	Chèque n° 590, loyer commercial		3 200,00
30/12	Dépôt d'espèces caisse de fin d'année	6 000,00	
30/12	Ordre de virement au profit de LCL		7 500,00
31/12	Solde débiteur		130,00
	Totaux	**14 797,00**	**14 797,00**

ANNEXE 2 **Relevé bancaire du Crédit Agricole**

Dates	Opérations	Débit	Crédit
16/12	Solde		
18/12	Chèques n° 585 et n° 587	2 430,00	4 058,00
20/12	Virement en votre faveur du client Durionet		
24/12	Net sur remise à l'escompte d'effets (dont intérêts : 61 €)		639,00
26/12	Paiement d'effets de commerce	3 287,00	1 634,00
28/12	Chèques n° 586 et n° 588	1 430,00	
29/12	Prélèvement abonnements téléphonie (dont TVA : 92,17 €)	553,00	
30/12	Prélèvement consommation énergie (dont TVA : 205 €)	1 230,00	
31/12	Encaissement de revenus de titres de placement		
31/12	Frais de tenue de compte (dont TVA : 15,83 €)	95,00	1 750,00
31/12	Solde débiteur		
			944,00
	Totaux	**9 025,00**	**9 025,00**

APPLICATIONS

ENTRAÎNEMENT AU BTS 1 Contrôler des opérations bancaires

★★☆

La SARL MIX est spécialisée dans le commerce d'articles d'outillages, de quincaillerie, de plomberie et de sanitaires à Limoges. Sa clientèle est constituée :

– de particuliers qui paient comptant (par chèque, carte bancaire ou espèces) et pour lesquels il n'est pas émis de facture. Seul le ticket de caisse leur est remis ;

– d'entreprises et de collectivités locales qui paient toujours à crédit. Elles ne reçoivent donc pas de ticket de caisse, mais une facture détaillée est émise. Elles paient par virement ou par effets de commerce.

Vous aidez la comptable, Mme Lagier, à traiter les opérations relatives à la Banque du Centre. Le suivi de ces opérations est effectué chaque jour afin que la société connaisse en temps réel le solde bancaire exact. Mme Lagier consulte le compte bancaire de la société sur Internet tous les jours.

1. **Effectuez le contrôle des opérations bancaires relatives à l'état des recettes de la journée du 07/06/N en sachant que les espèces encaissées n'ont pas encore été déposées en banque (annexes 1 à 3). Le contrôle des opérations s'est fait le lundi 10/06/N à partir du relevé.**
2. **À partir du solde indiqué sur la souche de chèque n° 00045783 (annexe 3), établissez le rapprochement avec le solde de l'extrait du relevé bancaire.**
3. **Vérifiez que le montant des intérêts facturés sur l'escompte de l'effet de commerce (annexe 4). Effectuez le calcul en mois entiers.**
4. **Vérifiez que les dates de valeurs appliquées correspondent bien à celles figurant sur l'annexe 6.**
5. **Vérifiez le montant des intérêts facturés pour le prélèvement du 10/06/N.**
6. **Pourquoi la mensualité de remboursement de l'emprunt bancaire (annexe 6) ne figure-t-elle pas dans l'extrait du compte au 10/06/N (annexe 3) ? Quelle sera la date de valeur du prélèvement mensuel ?**

ANNEXE 1 État des recettes de la journée du 07/06/N

Récapitulatif de la caisse enregistreuse
Journée du 7 juin N

Code caissière 4578RE	
Nombre d'opérations	70
Ventes TTC	2 894,00
Avoir TTC	– 313,15
Net encaissé	2 580,85
(dont TVA 20 %)	
Cartes bleues	1 220,55
Chèques bancaires	480,00
Espèces	880,30

DÉTAIL D'ESPÈCES REMISES EN CAISSE
Journée du 7 juin N

Nombre	Billets et pièces		Montant
1	Billets de	100 €	100,00
3	Billets de	50 €	150,00
18	Billets de	20 €	360,00
7	Billets de	10 €	70,00
31	Billets de	5 €	155,00
10	Pièces de	2 €	20,00
11	Pièces de	1 €	11,00
20	Pièces de	50 cts	10,00
16	Pièces de	20 cts	3,20
12	Pièces de	5 cts	0,60
20	Pièces de	2 cts	0,40
10	Pièces de	1 ct	0,10
Total remise espèces			**880,30**

Effectué par Pierre Legrand à 19 h 05

ANNEXE 2 Remise à l'encaissement des chèques de la journée du 07/06/N

BANQUE DU CENTRE
SOCIÉTÉ ANONYME 478 569 8569 T

REMISE DE CHÈQUES

TITULAIRE DU COMPTE
SARL MIX

72, rue de l'opéra
87000 LIMOGES

Chèques en euros payables en France et à Monaco

Date et signature du client
08/06/N

BORDEREAU N. 000145897

AGENCE QUI TIENT LE COMPTE 27024056
LIMOGES

CADRE RÉSERVÉ À L'AGENCE
S0 07/06 07896596 (87)

Émetteur – Banque	Montant
LAMBERT – Crédit Agricole	300.00
ROSEMOND – LCL	150.00
LACHEIX – Crédit Agricole	30,00

code banque	code guichet	numéro de compte	clé RIB	Nbre de chèques	Montant total
30145	01245	00027024056	69	3	480,00

Pour plus de 5 chèques, indiquer le total et le nombre en joignant un relevé séparé des chèques remis. N'oubliez pas de signer et d'inscrire votre numéro de compte au verso de chaque chèque.

VOLANT DESTINÉ À LA BANQUE DU CENTRE POUR LE TRAITEMENT INFORMATIQUE

0000452 999789641260 206478569410

ANNEXE 3 Extrait du relevé bancaire au 10/06/N et souche de chèque

BANQUE DU CENTRE	**Relevé**			Le 10/06/N
DÉCONNEXION Consulter	Recherche	Chèques émis	RIB	Plus
Synthèse **Détail du compte :** **000270240556 69**	**SARL MIX** **COMPTE n° 000270240556 69** **Solde au 10/06/N :**		**9 831,09 EUR**	
Gérer	**Date de valeur**	**Libellé**		**Montant en euros**
Virements Prêts	09/06	Encaissement CB du 07/06/N		+ 1 220,55
Chéquiers Titres	06/06	Chèque n° 00045783		– 1 810,44
Assurances **Services**	09/06	Remise de chèque 00014589		+ 480,00
Télécharger **Personnaliser** Mail Alertes Votre site	07/06	Retrait d'espèces n° 0001478		– 300,00

BANQUE DU CENTRE

Date 07/06/N

Bénéficiaire
Fournisseur SA TOUTENPLEX

Solde précédent
10 240,98

Règlement facture d'achat n° 78569

Montant du chèque
1 810,44

Nouveau solde
8 430,54

Chèque n° **00045783**

ANNEXE 4 Avis de remise à l'escompte d'un effet de commerce

Banque du Centre
Agence Limoges Gare

Le 05/06/N

Effet SA SIM au 31/08/N
Remis à l'escompte le 03/06/N
Taux d'escompte annuel : 12 %
Date de valeur : 01/06/N

EFFET REMIS À L'ESCOMPTE
AVIS DE CRÉDIT

N° 0125410	Sommes
Nominal	2 000,00
Intérêts	60,00
Commission HT	5,00
TVA sur commission	1,00
Valeur nette	1 934,00

ANNEXE 5 Dates de valeur appliquées par la Banque du Centre

Moyens de paiement	Dates de valeur à retenir
Retrait et versement d'espèces	Date du jour du retrait ou du dépôt des sommes
Chèque en euros émis	Date de l'opération diminuée d'un jour de valeur ouvré (jour d'ouverture de la banque)
Chèque en euros remis à l'encaissement	Date de remise augmentée d'un jour de valeur ouvré
Effet de commerce remis à l'escompte	Date de remise à l'escompte diminuée de deux jours ouvrés
Mensualité d'emprunt	Date d'échéance diminuée d'un jour de valeur ouvré
Carte bleue	Date de l'opération augmentée de deux jours de valeur ouvrés

ANNEXE 6 Extrait du tableau d'amortissement de l'emprunt bancaire

BANQUE DU CENTRE — **TABLEAU D'AMORTISSEMENT DE PRÊT À TAUX FIXE** — Le 11/12/N-3

EMPRUNTEUR: SARL MIX
72 rue de l'Opéra
87000 LIMOGES

CARACTÉRISTIQUES GÉNÉRALES DU PRÊT
Capital emprunté : 60 000,00 €
Durée : 48 mois
Taux : 4,14 % l'an — 0,345 % mensuel — Taux proportionnel

REMBOURSEMENT PAR MENSUALITÉS CONSTANTES
Mensualité : 1 358,51 € — Assurance : Néant

Date	Amortissement	Intérêts	Montant échéance	Capital restant dû après échéance
11/01/N-2	1 151,51	207,00	1 358,51	58 848,49
11/02/N-2	1 155,48	203,03	1 358,51	57 693,02
[...]	[...]	[...]	[...]	[...]
11/02/N	1 204,23	154,27	1 358,51	43 512,37
11/03/N	1 208,39	150,12	1 358,51	42 303,99
11/04/N	1 212,56	145,95	1 358,51	41 091,43
11/05/N	1 216,74	141,77	1 358,51	39 874,69
11/06/N	1 220,94	137,57	1 358,51	38 653,75
11/07/N	1 225,15	133,36	1 358,51	37 428,60
[...]	[...]	[...]	[...]	[...]

ENTRAÎNEMENT AU BTS 2 Réaliser un état de rapprochement bancaire avec écritures de régularisation ★★★

La société Stores de Provence a pour activité principale la vente, l'installation et la maintenance de stores, volets et fenêtres chez les particuliers, les entreprises et les collectivités locales. Vous travaillez sous la direction de Colette Farmat, responsable du service administratif de cette entreprise. Ses fonctions vont de la réalisation de tous les travaux comptables (enregistrements, suivi des opérations bancaires) jusqu'à la réalisation de devis et de factures. Elle vous confie la tâche d'effectuer l'état de rapprochement bancaire du mois de décembre N car la différence de solde de fin de mois est importante. Elle vous transmet un extrait du grand-livre (annexe 1), un relevé de banque (annexe 2) et différentes informations (annexe 3).

1. **La société s'est-elle retrouvée en découvert sur son compte bancaire au mois de décembre ? Expliquez sans faire de calcul.**
2. **Certaines remises de chèques à l'encaissement ont fait l'objet de regroupement sur le relevé bancaire. Retrouvez ces regroupements et procédez au rapprochement avec le compte 512100 « Banque de Provence ».**
3. **Procédez au pointage des autres opérations réciproques.**
4. **Justifiez l'écart sur le solde au 30/11/N ainsi que son traitement éventuel.**
5. **Téléchargez le fichier Excel et présentez l'état de rapprochement au 31/12/N**
6. **Enregistrez les écritures de régularisation relatives aux opérations non pointées à l'aide de l'extrait des comptes (annexe 4).**

Téléchargez l'état de rapprochement bancaire.
liennathan.fr/ma9iuz

ANNEXE 1 **Extrait du grand-livre**

Compte 512100 Banque de Provence				
Dates	**Opérations**	**Débit**	**Crédit**	**Soldes**
30-nov	Solde à nouveau	20 247,10		20 247,10
02-déc	Chèque n° 0004529		5 328,50	14 918,60
02-déc	Remise de chèques client VALERY	3 500,00		18 418,60
03-déc	Chèque n° 0004530		5 325,50	13 093,10
04-déc	Chèque n° 0004531		2 180,00	10 913,10
05-déc	Chèque n° 0004532		11 810,00	–896,90
05-déc	Remise de chèques client JACQUES	5 700,00		4 803,10
05-déc	Remise de chèques client FRANK EXPORT	5 650,00		10 453,10
13-déc	Effets remis à l'escompte	35 580,00		46 033,10
14-déc	Chèque n° 0004533		1 345,80	44 687,30
16-déc	Chèque n° 0004534		685,50	44 001,80
18-déc	Chèque n° 0004535		2 825,00	41 176,80
21-déc	Retrait espèces		800,00	40 376,80
21-déc	Remise de chèques client ALLAIN	2 420,00		42 796,80
21-déc	Remise de chèques client CAMILLE BEAUTE	5 930,00		48 726,80
27-déc	Chèque n° 0004536		1 250,00	47 476,80
30-déc	Paiement effets arrivés à échéance		55 349,80	–7 873,00
30-déc	Remise effet de commerce à l'encaissement	9 500,00		1 627,00
30-déc	Remise de chèques client PAUL PLOMBERIE	14 232,00		15 859,00

ANNEXE 2 Extrait du relevé bancaire du mois de décembre N

BANQUE DE PROVENCE Relevé d'opérations

Compte société. au 31 décembre N

Tel : 04.42.78.40.79.
Agence du Cours Mirabeau
20, Cours Mirabeau
13100 AIX EN PROVENCE

STORES DE PROVENCE
8, rue Léon Blum
13100 AIX EN PROVENCE

Agence 2914 Compte n° 00145896M
Code Internet : 5684.

Dates	Débit	Crédit	Solde	Valeur	Libellé
30/11		22 087,10	22 087,10	30/11	*Solde à nouveau*
05/12	5 328,50		16 758,60	04/12	Chèque n°0004529
07/12	11 810,00		4 948,60	06/12	Chèque n°0004532
06/12		14 850,00	19 798,60	07/12	Remise de chèques
12/12	5 325,50		14 473,10	11/12	Chèque n°0004530
15/12		34 868,40	49 341,50	14/12	Remise à l'escompte traite n°4578
18/12	1 280,00		48 061,50	17/12	Prélèvement téléphonie mobile
20/12	865,50		47 196,00	19/12	Chèque n°0004534
20/12		2 460,00	49 656,00	21/12	Virement reçu GILBERT
21/12	800,00		48 856,00	21/12	Retrait espèces
22/12		8 350,00	57 206,00	23/12	Remise de chèques
23/12	1 345,80		55 860,20	22/12	Chèque n°0004533
27/12		850,00	56 710,20	28/12	Encaissement dividendes SICAV
29/12		21 978,00	78 688,20	30/12	Cession de titres SICAV
30/12		1 246,50	79 934,70	31/12	Virement reçu ANDRET
30/12	120,00		79 814,70	29/12	Frais sur cession de titres SICAV

Banque de Provence. R.C.S. Marseille B 954 509 741

ANNEXE 3 Renseignements complémentaires

Dans l'état de rapprochement du mois de novembre N figurait le chèque n° 0004528 d'un montant de 1 840 €. Ce chèque n'a toujours pas été présenté à l'encaissement durant le mois de décembre. Les virements reçus sont relatifs à des créances clients.

Après vérification avec le talon du chèque, il apparaît que le montant du chèque n° 0004534 à l'ordre du fournisseur Lamarque est de 865,50 €.

La Banque de Provence a prélevé une commission financière de 615,60 € sur le montant de l'effet n° 4578 remis à l'escompte le 15 décembre, avec des agios de 96 € TTC (TVA à 20 % incluse).

Le prélèvement de l'opérateur de téléphonie mobile du 18/12/N concerne l'ensemble des forfaits téléphoniques de la société. Le montant est TTC (TVA à 20 % incluse).

Les cessions de titres SICAV du 30/12/N s'enregistrent dans le compte 767000 « Produits nets sur cessions de VMP » et les dividendes encaissés dans le compte 764000 « Revenus de VMP ». Les 120 € de frais sur cessions de SICAV sont TTC (TVA incluse à 20 %).

ANNEXE 4 Extrait des comptes de la société

401LAM Fournisseur Lamarque
411ALL Client Allain
411AND Client André
411CAM Client Camille Beauté
411FRA Client Frank Export
411GIL Client Gilbert
411JAC Client Jacques
411PAU Client Paul Plomberie
411VAL Client Valéry
445660 TVA déductible sur autres biens et services
512100 Banque de Provence
626000 Frais postaux et de télécommunications
627000 Services bancaires
661000 Charges d'intérêts
764000 Revenus de valeurs mobilières de placement (VMP)
767000 Produits nets sur cessions de valeurs mobilières de placement (VMP)

Synthèse audio
liennathan.fr/7puupm

La réalisation des rapprochements bancaires

1 Contrôler les opérations financières

Les frais bancaires (agios) se classent en deux grandes catégories.

Intérêts financiers non soumis à la TVA

- **Intérêts simples** – Opérations à court terme → $\text{Intérêts} = C \times t \times \frac{n}{360}$
- **Intérêts composés** – Opérations à plus d'un an → $VA = C(1 + t)^n$

Services bancaires soumis à la TVA

- Frais de tenue de compte, de virement

n = nombre de jours de valeur qui peut être supérieur au nombre de jours calendaires

2 Réaliser un rapprochement bancaire

① Contrôler les soldes de départ

- **Identiques :** rien à faire
- **Non identiques :** chiffrer la différence → Il s'agit souvent de chèques émis le mois précédent et portés en compte le mois suivant.

② Lettrage des opérations réciproques

- Réciprocité des comptes
  - Débit relevé → Crédit 512
  - Crédit relevé → Débit 512
- → Reporter les opérations non lettrées dans l'état de rapprochement.

③ Rapprochement des soldes de fin de période

- Placer dans le relevé et dans le compte bancaire les valeurs qui manquent. Objectif : arriver au même solde
- → Enregistrement des écritures de rectification du solde du compte 512 Banque.

CHAPITRE 12

Le processus de contrôle et de traitement comptable des opérations commerciales

Activité
1.7. Contribution à la performance du processus « Contrôle et traitement comptable des opérations commerciales » et la recherche de la sécurisation des opérations

Composantes d'activité
1.7.1. Présentation des caractéristiques de l'organisation du processus « Contrôle et traitement des opérations commerciales »
1.7.2. Analyse du processus « Contrôle et traitement comptable des opérations commerciales »

Compétences
– Présenter les principales caractéristiques d'une organisation comptable afin de les analyser et d'apporter des solutions d'amélioration
– Analyser le processus « Contrôle et traitement des opérations commerciales » et repérer les dysfonctionnements et risques inhérents

P7 – L'interprétation ou l'élaboration du schéma du processus
– L'identification des besoins d'information des acteurs au sein du processus

SITUATION PROFESSIONNELLE

La SA Modélisme Provence est spécialisée dans la fabrication et la commercialisation de modèles réduits. Dans le cadre de vos missions précédentes, vous avez dû vous intégrer dans son organisation et vous adapter aux procédures et aux méthodes mises en place dans l'entreprise :
– les rôles, les attributions et les responsabilités de chacun au sein du système d'information comptable ;
– les opérations à traiter en comptabilité ;
– les pièces sur lesquelles s'appuie la comptabilité ;
– le mode de tenue de la comptabilité ;
– les dates d'enregistrement des opérations.

L'entreprise a accueilli un jeune stagiaire pendant 5 semaines à qui des tâches de contrôle des pièces justificatives et d'enregistrement des factures fournisseurs lui ont été confiées. Après son départ, Mme Lam, DAF, a retrouvé, dans un tiroir du bureau qu'il utilisait, une pochette avec divers documents commerciaux, sans aucune indication. Ce stagiaire est parti en vacances et n'est pas joignable.

VOS MISSIONS

Mme Lam vous sollicite pour participer à la clôture des comptes et vous confie le dossier des stocks. Vous devez collecter toutes les données nécessaires et réaliser les opérations d'inventaire qui s'y rapportent.

MISSION 1 **Contrôler les opérations en lien avec la gestion des stocks** ▶ Fiches ressource 1 à 3

MISSION 2 **Contrôler la transmission des documents en comptabilité** ▶ Fiches ressource 4 et 5

MISSION 3 **Analyser les processus d'achat et de vente** ▶ Fiches ressource 6 et 7

VOS MISSIONS

MISSION 1 Contrôler les opérations en lien avec la gestion des stocks

1. Parmi les documents retrouvés par Mme Lam dans le bureau du stagiaire, se trouve un bon de livraison avec la mention « Livré », écrite par le magasinier. Qui a reçu et vérifié le bon de livraison ? À qui aurait-il dû être transmis ?
   ▶ Annexes 1 à 3 ▶ Fiche ressource 1
2. La transmission des documents s'est-elle faite correctement ? Quelles sont les conséquences comptables de ce dysfonctionnement ?
3. Mme Lam a constaté de fréquentes différences entre les valeurs théoriques et réelles des stocks. L'entretien qu'elle a eu avec le magasinier la fait réfléchir sur les risques d'erreur, voire de fraude. Elle se demande si les tâches attribuées à ce salarié ne sont pas incompatibles. Quelle tâche faudrait-il lui enlever pour instaurer une gestion des stocks mieux contrôlée ?
   ▶ Annexes 3 et 4 ▶ Fiche ressource 2

La question de l'expert
Élaborez la nouvelle fiche de procédure en lien avec la gestion des stocks, en indiquant les tâches, les acteurs et les documents concernés.
▶ Annexe 5 ▶ Fiche ressource 3

Discutons-en !
En quoi l'utilisation d'un PGI réduit-elle les risques d'erreur de transmission des documents en comptabilité ?

L'autocorrection en vidéo
liennathan.fr/s0478a

MISSION 2 Contrôler la transmission des documents en comptabilité

4. Mme Lam vous a remis l'édition du compte Caisse du grand-livre. Vous décomptez les espèces dans la caisse et y trouvez 256,44 €. Que constatez-vous ? Cette situation est-elle normale en comptabilité ? Que devez-vous faire ?
   ▶ Annexe 6
5. Vous effectuez divers contrôles à partir des pièces comptables retrouvées. Vous rencontrez l'assistante de direction, Mme Borel. Procédez aux rapprochements nécessaires pour corriger cette situation.
   ▶ Annexes 6 et 7 ▶ Fiche ressource 4
6. La chronologie de la transmission des documents est-elle respectée ? Que proposeriez-vous pour supprimer ce dysfonctionnement ?
   ▶ Annexe 8 ▶ Fiche ressource 5

Besoin d'aide ?
liennathan.fr/zk4rz8

MISSION 3 Analyser les processus d'achat et de vente

7. Vous recevez la relance d'un fournisseur avec un duplicata d'une facture vieille de 2 mois. Vous retrouvez la facture originale sans aucune annotation. Qui pourrait, au sein de l'entreprise, vous aider à comprendre la situation ?
8. Quelle erreur le responsable des achats a-t-il commise ? Que devez-vous faire à présent pour régulariser au plus vite la situation auprès du fournisseur ?
   ▶ Annexe 9 ▶ Fiche ressource 6
9. Le client La Passion des modèles réduits, mécontent d'attendre une livraison depuis plus de 3 semaines, menace de s'adresser à un concurrent. Indiquez pourquoi le traitement de la commande a pris du retard. Pourquoi ces contrôles sont-ils nécessaires ?
   ▶ Annexe 10 ▶ Fiche ressource 7
10. Qui sont les acteurs à l'origine du défaut de communication ? Qu'auraient-ils dû faire ?
   ▶ Annexe 11

DONNÉES DE LA SITUATION

ANNEXE 1 Bon de livraison signé par le magasinier

NFO'MAT
25 rue Victor Hugo
13005 MARSEILLE

Livré le 05/12
Sébastien

MODÉLISME PROVENCE
61 rue Monte Cristo
13006 MARSEILLE

Commande n° 12587463 du 03/01/N

Réf.	Désignation	Quantité
BE25843	Bidon d'encre noire	15
BE23698	Bidon d'encre jaune	20
BE25698	Bidon d'encre or	10

ANNEXE 2 Organigramme de l'entreprise

SA MODÉLISME PROVENCE
31 décembre N-1
Effectif : 25 salariés
Chiffre d'affaires : 2 115 000 €

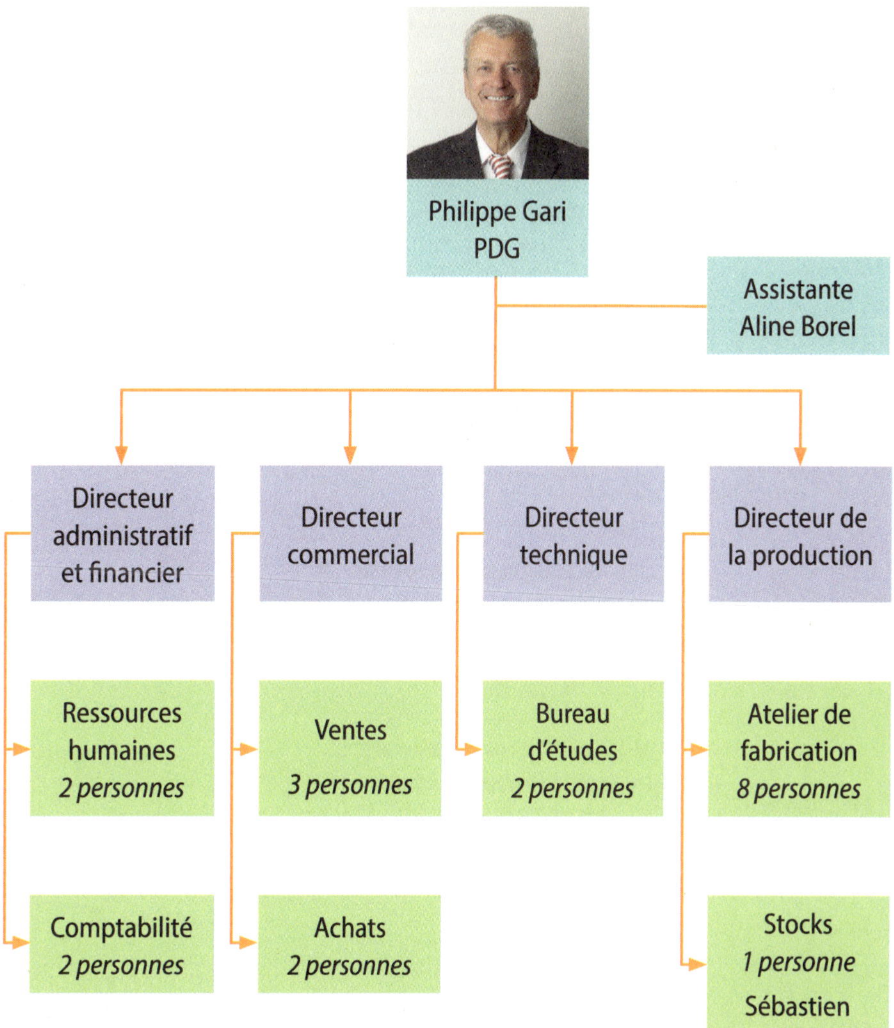

ANNEXE 3 Liste des attributions du magasinier

Phases	Opérations matérielles	Opérations portant sur les documents
Commande	Vérification périodique des niveaux de stocks Comparaison avec les demandes du service Production Évaluation des quantités à commander	Élaboration et envoi du bon de commande (BC) au fournisseur habituel
Livraison	Vérification de la conformité de la livraison au bon de livraison (BL) Vérification de l'état de la livraison Émission d'éventuelles réserves	Rapprochement du BL et du BC Validation du BL (par apposition du tampon « Livré le ») Transmission du BL validé au service Comptabilité Renseignement du bon de réserves
Entrée en stock	Rangement dans les rayons du magasin ou avertissement du service en attente de la livraison	Mise à jour des fiches de stock à partir du BL validé
Sortie du stock	Remise au service demandeur	Mise à jour des fiches de stock à partir des demandes des différents services

ANNEXE 4 Entretien avec le magasinier, Sébastien

Mme Lam: Bonjour, Sébastien. Il arrive assez fréquemment que je n'aie pas les mêmes valeurs que vous pour les stocks. Je me demande à quoi cela peut tenir. Est-ce que les stocks sont bien sécurisés?

Sébastien: Oui, je ne confie les clés à personne puisque je suis le seul responsable depuis la prise de décision d'acheter jusqu'à la sortie du stock.

Mme Lam: Qui d'autre que vous a un œil sur la gestion des stocks?

Sébastien: Personne d'autre. Comme je vous l'ai dit, je suis libre de commander quand je veux, ce que je veux, à qui je veux. M. Gari me fait totalement confiance et j'en suis fier. Je fais de mon mieux pour ne pas le décevoir.

Mme Lam: Je ne doute pas de vous, mais l'erreur est humaine…

ANNEXE 5 Trame de procédure (à reproduire et compléter en tenant compte des nouvelles fonctions du magasinier)

Phases	Magasinier	Service Achats	Documents
Préparation des commandes	Vérification des stocks, comparaison avec les demandes, définition des besoins ↓ DA	DA	Demande d'achat (DA)
Passation de la commande		↓ Choix du fournisseur, vérification des quantités à commander, rédaction du … ↓	Bon de commande

ANNEXE 6 Extrait du grand-livre

530 Caisse					
Dates	**Libellés**	**N° pièce**	**Débit**	**Crédit**	**Solde**
01/12/N	Solde				418,30
03/12/N	Ventes de la semaine	78	753,25		1 171,55
05/12/N	Dépôt d'espèces à la banque	79		1 000,00	171,55
08/12/N	Achat de journaux	80		34,00	137,55
10/12/N	Ventes de la semaine	81	986,35		1 123,90
12/12/N	Dépôt d'espèces à la banque	82		1 000,00	123,90
17/12/N	Ventes de la semaine	83	1 058,00		1 181,90
23/12/N	Ventes de la semaine	84	1 875,30		3 057,20
24/12/N	Dépôt d'espèces à la banque	85		2 500,00	557,20
30/12/N	Ventes de la semaine	86	1 358,70		1 915,90
31/12/N	Dépôt d'espèces à la banque	87		1 500,00	415,90

ANNEXE 7 Pièces de caisse

Achat de timbres du 15/12/N

3 carnets de timbres verts à 13,92 € — 41,76 €
6 timbres turquoise à 2,95 € — 17,70 €

Total 59,46 €

Payé en espèces

Station-service du Pont
314 rue du Général de Gaulle
13001 Marseille — Le 18 /12/N

Pompe n° 2
33,41 l de gasoil à 1,979 €/litre — 66,12 €

Payé en espèces ce jour

ANNEXE 8 Entretien avec Aline Borel, l'assistante de M. Gari

Vous : Je dois expliquer l'écart entre le solde du compte Caisse et le montant en caisse. Je crois avoir trouvé…
Deux tickets de caisse n'ont pas été enregistrés : les achats de timbres et le plein de carburant. Mais cela ne correspond pas à l'écart global, j'ai encore une différence de 33,88 €…
Est-ce qu'il y aurait une autre dépense pour laquelle il manquerait le ticket ?

Mme Borel : Non, j'ai effectivement pris 59,46 € pour les timbres et j'ai donné 100 € à M. Gari quand il a pris la voiture pour son déplacement à Lyon ; il devait passer à la station-service.

Vous : 100 € ??? Le ticket de carburant n'est que de 66,12 €…

Mme Borel : C'est vrai qu'il ne m'a pas rapporté la monnaie… Est-ce que ce ne serait pas ça, la différence… ?

ANNEXE 9 **Entretien avec le responsable des achats**

Vous rencontrez le responsable des achats pour obtenir des explications relatives à cette facture non traitée et non réglée.

Vous : J'ai retrouvé une facture sans aucune autre pièce. Pourriez-vous me préciser à quelle commande elle se rapporte et s'il y a eu un problème à l'origine du fait qu'elle n'ait pas été transmise au service comptable ?

Le responsable des achats : La livraison n'était pas conforme à la commande ; il a fallu attendre une seconde livraison pour que tout rentre dans l'ordre. Mais à présent, tout est en règle !

Vous : Vous avez des documents pour prouver tout cela ?

Le responsable des achats : Oui, bien sûr, je vous donne le bon de commande et les deux bons de livraison que j'ai signés…

ANNEXE 10 **Entretien avec le commercial**

Le commercial : J'attends toujours la réponse de M. Gari, à qui j'ai confié le dossier le jour même de la commande. En effet, le solde du compte de ce client a dépassé de 80 % son encours autorisé. Je dois donc en référer à M. Gari, c'est la règle ! D'ailleurs, j'ai dit au client, qui m'a déjà rappelé deux fois, que sa commande était prise en charge par M. Gari…

Vous : Quel est l'encours à partir duquel le visa de M. Gari est obligatoire ?

Le commercial : C'est variable selon le client, mais en général, toute commande d'un client dont le solde du compte dépasse de 50 % l'encours autorisé doit être traitée par M. Gari.

ANNEXE 11 **Entretien avec Mme Borel**

Vous : Je souhaiterais rencontrer M. Gari à propos de la commande du client La Passion des modèles réduits. Le commercial m'a dit qu'il lui avait transmis la commande pour étude à cause du solde du compte trop élevé…

Mme Borel : Oui, je m'en souviens. M. Gari a déjà donné sa réponse. Je l'ai transmise à Mme Lam… Quel est le problème ?

FICHE RESSOURCE 1

Le contrôle interne au sein du système d'information comptable

I Définition du contrôle interne

Le contrôle interne est un ensemble de politiques et de procédures mises en place au sein de l'entreprise afin d'assurer une gestion rigoureuse et efficace de ses activités. Les opérations de contrôle sont réalisées au sein de l'entreprise par des acteurs internes uniquement.

II Les objectifs du contrôle interne

Le contrôle interne vise à :
– préserver tous les actifs (humains, matériels et l'image de l'entreprise) de toutes les actions (vol, fraude, oubli, erreur, mauvaise décision...) qui pourraient faire baisser la valeur du patrimoine ;
– établir une comptabilité qui donne une image fidèle de la réalité. Pour cela, les informations doivent être fiables et traitées selon les règles comptables en vigueur et les procédures de traitement établies internes.

III Les caractéristiques du contrôle interne

1. La séparation des fonctions dites « incompatibles »

Des fonctions incompatibles sont des fonctions qui, si elles sont confiées à la même personne, pourraient générer des risques (sur la préservation des actifs et la fiabilité des informations) et favoriser des fraudes indécelables.

Les fonctions incompatibles entre elles sont :
– la prise de décision (ex. : décider et ordonner un achat) ;
– la détention des biens et valeurs (ex. : tenir la caisse avec les espèces pour régler l'achat) ;
– l'accès à l'enregistrement comptable (ex. : enregistrer la facture et son règlement) ;
– le contrôle des opérations physiques (ex. : réceptionner la commande).

2. Le rapprochement des informations

Recouper les informations provenant de sources différentes permet de vérifier qu'elles sont fiables et bien conformes entre elles.

> Exemple
> Les références et quantités facturées par le fournisseur doivent correspondre à celles qui figurent sur le bon de commande établi par l'entreprise.

3. L'existence de procédures

Les responsabilités et les rôles de chacun doivent être clairement définis par le chef d'entreprise. Pour que cette organisation soit respectée, il est important de rédiger des procédures et/ou modes opératoires, qui doivent être diffusés et appliqués.

4. L'importance du contrôle interne

Le contrôle interne permet d'améliorer la performance de l'entreprise. C'est pourquoi il doit s'inscrire dans une démarche permanente au sein de l'entreprise, démarche proche de celle de la qualité.

? L'essentiel en une question

En quoi le contrôle interne en général et la séparation des fonctions en particulier sont-ils des outils de lutte contre la fraude ?

Consultez le corrigé
liennathan.fr/1zb0ol

FICHE RESSOURCE 2

La mise en œuvre du contrôle interne

I Les activités de contrôle

Les contrôles, destinés à maîtriser ou annuler les risques susceptibles de menacer les objectifs de l'entreprise, peuvent être :
– de prévention : ils sont exercés *a priori* afin de pouvoir orienter les activités de façon qu'elles permettent d'atteindre les objectifs attendus dans un futur plus ou moins proche ;
– rétroactifs ou correctifs : ils sont exercés *a posteriori*. C'est lorsque le risque survient que l'on prévoit une « attitude de riposte ». Ces contrôles s'appuient sur les résultats antérieurs et visent l'amélioration des performances de l'entreprise ;
– de détection : ils sont mis en place pendant la réalisation du processus pour permettre de détecter (ou de déceler) les dysfonctionnements qui se produisent.

II Les moyens de mise en œuvre du contrôle

1. Les fiches de suivi

Il s'agit de documents qui accompagnent un flux ou un événement, de façon chronologique.

> Exemple
> La fiche de stock recense tous les mouvements de stock. Elle en donne la situation à tout moment.

2. Le rapprochement de pièces justificatives

Il s'agit de comparer plusieurs pièces justificatives (qui ont force probante) pour s'assurer que l'information comptable est complète et juste. Lorsque les informations concernant une même opération commerciale divergent en fonction des documents, on peut supposer qu'il y a erreur sur l'un d'entre eux.

> Exemple
> Pour le règlement d'un fournisseur, on va s'assurer que les montants indiqués sur la souche du chéquier et la facture coïncident. Ainsi, les informations se recoupent et donnent à l'opération commerciale son caractère d'exactitude et de réalité avérée.

3. La codification des factures

Les factures, pièces justificatives majeures, doivent présenter un certain nombre de mentions pour leur validité légale. Elles doivent être codifiées en interne afin d'optimiser leur circulation et leur prise en charge.
Le recours à un code complexe peut être fastidieux (car cela impose une connaissance parfois ardue du code) et il est souvent plus judicieux d'utiliser des indications de suivi.

> Exemple
> Apposer sur la facture « Bon à enregistrer » et « Bon pour règlement » après le rapprochement avec les autres documents commerciaux, puis apposer « Enregistrée le… » après la comptabilisation.

4. La mise à jour du plan comptable

Le PCG met en place un plan de compte utilisable par toutes les entreprises. Celui-ci peut être modifié et l'entreprise doit alors suivre les évolutions et mettre à jour son plan de compte.

L'essentiel en une question

De quels moyens une entreprise dispose-t-elle pour assurer un contrôle interne efficace ?

Consultez le corrigé
liennathan.fr/39ekt4

FICHE RESSOURCE 3

Les procédures de contrôle interne

I Qu'est-ce qu'une procédure ?

Une procédure est la manière dont un processus est mis en œuvre. Elle permet de décrire l'enchaînement des différentes actions.

La procédure doit permettre de répondre aux questions suivantes :

– **Qui ?** Qui doit faire ?

– **Quoi ?** Que faut-il faire ? Pour quel résultat ?

– **Comment ?** Comment faut-il faire ? (Quels modes opératoires ? Quelles instructions ?...)

– **Quand ?** À quel moment faut-il le faire ? Sous quel délai ? Dans quel ordre chronologique ? Avec quelle urgence ?

On appelle « processus » un enchaînement ordonné d'actions, de faits ou de phénomènes (selon une logique particulière) destinés à produire un résultat.

> Exemple
>
> Dans le processus d'achat, le but attendu est de se procurer les articles dont l'utilisateur a besoin. Les tâches à accomplir se succèdent de la façon suivante : choix du meilleur fournisseur, passation de la commande, réception (puis stockage éventuel) des articles livrés, règlement de la facture d'achat.

II La nécessité de rédiger des procédures

Outre le fait qu'il s'agit d'un élément inhérent à la mise en place d'un contrôle interne, la rédaction des procédures permet à tous les intervenants et tous les observateurs d'un processus de savoir si celui-ci est bien exécuté.

Ainsi, le contrôle interne prend une dimension de démarche qualité.

III Les composantes des procédures de contrôle interne

Composantes des procédures de contrôle interne	Exemples
Mise en œuvre du principe de séparation des fonctions	La personne qui dispose de la signature sur les comptes bancaires ne peut pas aussi tenir la comptabilité.
Approbation et contrôle des pièces justificatives	Il faut vérifier que les originaux sont complets et/ou qu'il ne manque pas une pièce dans une liste de pièces numérotées.
Tenue régulière de la comptabilité	Les règles comptables doivent être respectées.
Établissement, analyse et approbation des rapprochements de comptes	Il faut procéder à des rapprochements bancaires.
Comparaison des données internes avec des sources externes d'information	Il s'agit de comparer le relevé de factures reçu du fournisseur avec le compte concerné du grand-livre.
Vérification physique des éléments d'actif et comparaison avec les données comptables	Vérifier que le solde du compte Caisse correspond effectivement aux espèces physiquement dans la caisse.
Restriction d'accès physique aux documents et aux actifs	Délivrer l'autorisation à une (voire deux) personne(s) seulement, chargée(s) de l'administration du PGI.

IV La formalisation des procédures de contrôle interne

1. La présentation de la fiche de procédure

Les procédures sont décrites par des documents appelés « fiches de procédure » qui doivent respecter la même présentation :
– une page de garde avec un en-tête, le titre et le code de la procédure ;
– le numéro de version et la date à partir de laquelle elle devient applicable ;
– les visas des personnes qui ont vérifié et approuvé le contenu.
Les fiches de procédure sont regroupées dans un document : le **manuel des procédures**.

2. Un outil de formalisation : le logigramme

Un logigramme est un outil (notamment utilisé pour les démarches qualité) qui permet de visualiser de façon séquentielle et logique les actions à mener et les décisions à prendre pour atteindre un objectif défini. Il rend la lecture de la fiche de procédure plus aisée ; il est d'ailleurs préférable de privilégier les représentations schématiques à la rédaction de textes longs et fastidieux à lire.

Il est relativement simple, facilement compréhensible par tous les acteurs de l'entreprise. Chacun d'entre eux peut se positionner et savoir ainsi quel est son rôle et quand il participe au déroulement global du processus. Cette présentation donne une vision de l'ensemble de la procédure. Les différentes séquences sont présentées verticalement et des symboles particuliers de représentation sont utilisés.

Tableau des symboles les plus courants

Symbole	Signification	Symbole	Signification
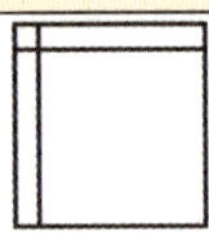	**Registre** ou **fichier** : grand-livre, journal, livre d'inventaire…		Premier ou dernier **événement** d'un processus (événement déclencheur ou événement résultat)
	**Document récapitulatif** : état, tableau, feuille journalière de caisse… (À ne pas confondre avec le symbole de traitement)	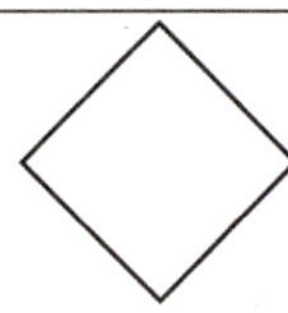	**Décision** à prendre ou **choix** à faire
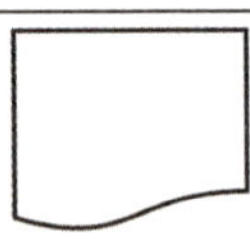	**Document** : facture, pièce de caisse, bulletin de paie…		**Traitement** (à ne pas confondre avec le symbole du document récapitulatif, qui est un carré)
	Établissement d'une **liasse de documents**		Lettre dans le triangle pour indiquer le **mode de classement** Classement provisoire : A pour alphabétique, N pour numérique et C pour chronologique

? L'essentiel en une question

Pourquoi est-il important d'élaborer, puis de respecter des procédures ?

Consultez le corrigé
liennathan.fr/7ikI5k

FICHE RESSOURCE 4

La sécurisation du suivi du compte Caisse

Opérations	Objectifs du contrôle interne	Moyens du contrôle interne
Décaissements	S'assurer que la dépense est justifiée.	Établir un bon de commande ou une demande d'achat.
	S'assurer que la sortie d'espèces a été autorisée.	Rapprocher la demande d'espèces du document justifiant la demande.
	S'assurer que la personne qui a autorisé la sortie est habilitée à le faire.	Faire signer la demande par la personne habilitée à prélever des espèces.
	Garantir la sauvegarde des espèces.	– Confier la responsabilité de la caisse à une personne expressément identifiée. – Ne pas rembourser des dépenses faites sans autorisation. – Porter la mention « Payée en espèces le… » sur la facture. – Exiger que la personne chargée du règlement restitue les espèces restantes et les documents commerciaux. – Créer un document de suivi de toutes les mises à disposition d'espèces pour assurer une traçabilité totale.
	S'assurer de la séparation des fonctions.	Confier le pouvoir de sortir des espèces et celui d'autoriser les sorties à deux personnes distinctes.
Encaissements	S'assurer que l'encaissement est autorisé.	Disposer du document correspondant (la facture, par exemple).
	Garantir la sauvegarde des espèces.	Créer une pièce de caisse justifiant le règlement. Porter la mention « Encaissée le… » sur la facture.
Enregistrement comptable	S'assurer que les mouvements d'espèces sont régulièrement enregistrés.	– Associer le document relatif à l'opération commerciale au ticket de caisse. – Apposer sur le ticket de caisse la mention « Comptabilisé le… ». – Donner de façon chronologique des numéros d'enregistrement.

L'essentiel en une question

Pourquoi et comment doit-on sécuriser le suivi du compte Caisse ?

Consultez le corrigé
liennathan.fr/yzc39z

FICHE RESSOURCE 5

Le contrôle de la transmission des documents

Les opérations commerciales génèrent la production et le traitement de documents à chaque étape du processus d'achat ou de vente. Ils sont interdépendants et respectent une chronologie.

I Le respect de l'enchaînement chronologique

Bon de commande →
- Déclenche l'opération commerciale
- Ne s'enregistre pas en comptabilité

Bon de livraison ou de réception →
- À rapprocher du document précédent
- Ne s'enregistre pas en comptabilité

Facture →
- À rapprocher du document précédent
- Pièce justificative à enregistrer

Règlement
- À rapprocher du document précédent
- Pièce justificative
- Clôture l'opération commerciale

Cet enchaînement retrace les différentes phases logistiques de l'opération commerciale qui génèrent chacune la création de documents. Tous ces documents doivent être traités (contrôlés et conservés) en comptabilité (même s'ils ne représentent pas des pièces justificatives).

II Le contrôle et le suivi des documents commerciaux

1. Pourquoi ce contrôle ?

Le contrôle est indispensable pour assurer la production d'une information financière exacte à la date voulue et garantir le traitement de toutes les informations de façon exhaustive.

2. Comment assurer un contrôle pertinent ?

Tous les documents doivent être classés séparément en fonction de leur nature et codés de façon chronologique (avec une numérotation indépendante de celle propre à la création du document) jusqu'à la phase suivante de traitement. La numérotation chronologique permet de constater instantanément une rupture dans la chaîne de numéros (traitement ou document manquant).

> Exemple
> Constituer un dossier manuel intitulé « En attente de livraison » avec tous les bons de commande pour lesquels la livraison n'a pas été effectuée et les numéroter de façon chronologique.

Chaque document devra être associé au(x) document(s) qui le précède(nt). La liasse de documents ainsi constituée retrace le déroulement de l'opération commerciale.

Il est recommandé de mentionner sur chaque document qu'il est conforme au document précédent et le traitement qui lui a été appliqué.

> Exemple
> Le bon de livraison doit être agrafé au bon de commande et il faut y apposer un tampon avec les mentions « Conforme au bon de commande n°… » et « Vérifié le… ».

Un document ne peut être traité s'il est isolé. On s'assure ainsi que tous les contrôles d'exactitude et de régularité ont été effectués dans le cadre de la chaîne documentaire.

> Exemple
> Une facture seule ne peut pas être enregistrée en comptabilité si elle n'est pas accompagnée du bon de commande (au minimum).

? L'essentiel en une question

Pourquoi le contrôle interne porte-t-il aussi sur des documents commerciaux qui ne sont pas des pièces comptables justificatives ?

Consultez le corrigé
liennathan.fr/lwkdu9

FICHE RESSOURCE 6

La sécurisation des opérations du processus d'achat

Phases principales	Objectifs du contrôle interne	Moyens du contrôle interne
Demande	S'assurer du bien-fondé de la demande d'achat.	Utiliser un document formalisé, prénuméroté.
	S'assurer que la demande émane d'une personne habilitée à le faire.	Vérifier que le document est signé par le responsable du service demandeur.
Commande	S'assurer que les quantités commandées sont conformes à celles qui ont été demandées.	Rapprocher la demande d'achat et le bon de commande.
	S'assurer qu'il s'agit d'une gestion rigoureuse des actifs.	– Demander des propositions commerciales ou faire des appels d'offres aux fournisseurs. – Comparer leurs offres. – Vérifier que le fournisseur retenu propose effectivement les meilleures conditions.
Réception	Surveiller les délais de livraison.	– Suivre la livraison. – Comparer la date du bon d'expédition à celle de livraison.
	S'assurer que les biens livrés correspondent effectivement à ceux commandés.	– Récoler le bon de livraison. – Rapprocher le bon de commande du bon de livraison.
	Assurer la sauvegarde des actifs.	Informer le service Achats de la livraison.
Enregistrement	S'assurer de l'exactitude de l'information.	– Rapprocher la facture et le bon de commande. – Contrôler arithmétiquement les factures. – Identifier les biens reçus sans facture (« facture à recevoir »).
	S'assurer de la bonne imputation comptable.	Confier l'enregistrement à une personne compétente.
	S'assurer que **seules** les pièces justificatives sont enregistrées mais qu'elles le sont **toutes**.	– Prévoir un tampon « Bon pour comptabilisation ». – Prévoir un tampon « Comptabilisée le… ». – Apposer la mention « Bon à payer » sur l'original de la facture.
Règlement	S'assurer que toute facture ne peut être payée qu'une seule fois et uniquement après contrôle.	– Associer la facture au bon de commande et au bon de livraison. – Indiquer la mention « Duplicata » sur une facture reçue en plusieurs exemplaires. – Porter la mention « Payée » sur la facture après le règlement afin d'éviter un second règlement.
	S'assurer que le règlement est effectué uniquement par la personne habilitée.	Vérifier le visa de la personne qui effectue le règlement.

? **L'essentiel en une question**

Quels sont les documents utilisés et contrôlés à chacune des phases du processus d'achat ?

Consultez le corrigé
liennathan.fr/iwv68o

FICHE RESSOURCE 7

La sécurisation des opérations du processus de vente

Phases principales	Objectifs du contrôle interne	Moyens du contrôle interne
Commande du client	S'assurer que le client est solvable.	Étudier la solvabilité des nouveaux clients.
	S'assurer que le client répond bien à toutes les exigences définies par la direction.	Faire approuver par un responsable les conditions à respecter pour valider la commande.
	S'assurer que toutes les précédentes factures de ce client ont bien été enregistrées.	Consulter et pointer le compte client.
	Traiter la commande avec la plus grande rapidité.	Transmettre rapidement la commande acceptée au service Préparation des commandes, au magasin ou à la fabrication.
Livraison de la commande et facturation	Vérifier que les quantités livrées sont conformes à celles de la commande et de la facture.	Contrôler les quantités à livrer.
	Vérifier que la facture est correctement établie.	Éditer le bon de livraison et le comparer au bon de commande, rapprocher avec la facture.
	Vérifier que les prix portés sur la facture sont exacts.	Consulter les tarifs, les conditions générales de vente.
	Vérifier que les réductions accordées sont correctes.	Consulter les conditions propres au client concerné.
	Vérifier que les calculs sont justes.	Contrôler arithmétiquement les opérations de la facture.
Comptabilisation de la facture	S'assurer de l'exactitude de l'information.	Récoler la facture avec les bons de commande et de livraison.
	S'assurer que seules les pièces justificatives sont enregistrées mais qu'elles le sont toutes.	Enregistrer les factures chaque jour et dans l'ordre d'établissement et y indiquer « Comptabilisée le… ».
	S'assurer de la bonne imputation comptable.	Confier l'enregistrement à une personne compétente.
Règlement de la facture	S'assurer que les règlements sont régulièrement enregistrés.	Rapprocher un règlement de la facture concernée.
	S'assurer que les règlements ne sont enregistrés qu'une fois.	Prévoir un tampon « Payé le… par… ».
	S'assurer que les relances pour les créances impayées sont régulièrement effectuées.	– Éditer la balance âgée. – Faire suivre les comptes clients par une autre personne que celle qui est chargée de la trésorerie.

L'essentiel en une question

Quels peuvent être les impacts d'une commande non validée et d'une facture non contrôlée sur la pérennité de l'entreprise ?

Consultez le corrigé
liennathan.fr/awpzde

APPLICATIONS

EXOS FLASH

EXO 1 Quiz interactif

Testez vos connaissances sur ce chapitre avec le quiz en ligne.

liennathan.fr/8p7vtu

Votre score ....

EXO 2 La sécurisation du compte Caisse

- **Consultez la réglementation portant sur les logiciels de caisse et indiquez en quoi elle s'inscrit dans le cadre de la sécurisation du compte Caisse.**

Aller plus loin

Réglementation portant sur les logiciels de caisse
liennathan.fr/eofjdp

EXO 3 Le contrôle interne au sein du processus de vente

L'entreprise Dubois commercialise des objets de décoration fabriqués à partir de matériaux recyclés. Le client Jules a été relancé pour le non-paiement de la facture n° FV 202N418 d'un montant de 10 589 €. Il prétend être toujours en attente de la facture d'avoir promise à la suite d'une remise oubliée et du retour de marchandises qu'il a fait.

- **Reconstituez l'historique du dossier du client Jules (documents à rechercher, autorisations de décisions…) et établissez la liste des contrôles à faire à chaque phase du processus de vente.**

EXO 4 Le contrôle interne au sein du processus d'achat

La SARL Delmissa est une entreprise familiale qui fait du nettoyage industriel. Elle passe régulièrement de grosses commandes de produits d'entretien spécifiques. Le fournisseur Alain réclame le paiement de la facture n° 457 d'un montant de 2 458,50 €. Le retard de règlement de cette facture est, selon lui, de 90 jours.

- **Indiquez les contrôles à faire pour répondre à la demande du fournisseur Alain.**

ENTRAÎNEMENT AU BTS Contrôler la procédure d'achat ★☆☆

Vous êtes en stage chez M. Vincent, traiteur dans un petit village du Luberon. La renommée de cette entreprise familiale n'est plus à faire. Elle propose ses produits dans des épiceries fines locales et organise des repas d'affaires ou de fêtes familiales dans le massif et autour de la ville d'Aix-en-Provence. Un audit comptable est prévu pour la fin du mois de mai.
Vous allez procéder à divers contrôles internes pour repérer et corriger d'éventuels dysfonctionnements avant l'intervention de l'auditeur. Vous vous intéressez en particulier à la procédure de traitement comptable des opérations d'achat.

1. **Analysez le processus d'achat : repérez les différentes fonctions (au sens du contrôle interne) et assurez-vous que le principe de séparation des fonctions est effectivement appliqué.**
2. **Pourquoi le respect de ce principe est-il impératif ? À votre avis, pourquoi n'est-ce pas toujours le cas dans l'entreprise ?**
3. **Proposez des modifications pour permettre que ce principe soit réellement respecté.**
4. **Pourquoi la mise en attente des dossiers par Mme Vincent est-elle pénalisante pour l'entreprise ?**
5. **Identifiez les origines de ce retard. Analysez la situation et proposez des solutions de remédiation.**
6. **Quelles autres anomalies avez-vous relevées dans le processus d'achat ? Quelles modifications pourriez-vous proposer pour les corriger ?**

ANNEXE 1 Organigramme de l'entreprise

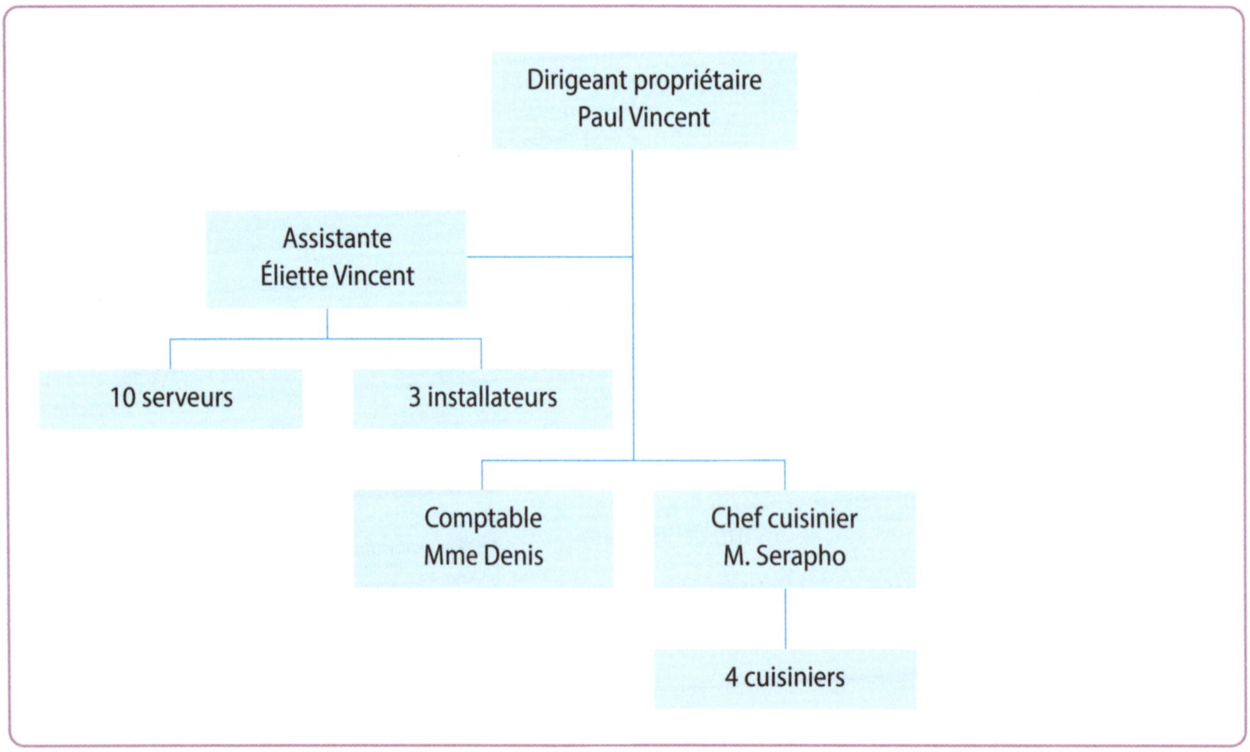

ANNEXE 2 **Description du processus de préparation d'un banquet**

Le chef cuisinier passe les commandes des denrées alimentaires et les réceptionne directement en cuisine. M. Vincent, qui est aussi l'organisateur général (il prépare les devis), délègue les commandes de fournitures (fleurs, objets de décoration…) propres à chaque événement à Mme Vincent, qui demande la livraison directe sur le lieu approprié, le matin même du banquet. Mme Vincent constitue les équipes de service et d'installateurs pour chaque événement. Ces équipes sont affectées sur le lieu de l'événement dès la veille ou le jour même selon l'importance et l'heure du banquet. Les serveurs participent souvent à l'installation sur place des matériels, équipements et décorations diverses.

ANNEXE 3 **Description du processus d'achat et de son traitement comptable**

Chaque personne concernée adresse ses commandes aux fournisseurs dont il a besoin.
Les bons de livraison émis par les fournisseurs sont remis aux destinataires respectifs. Pour les livraisons sur site, ce sont les équipes de serveurs et/ou d'installateurs qui les reçoivent.
Tous les bons de livraison doivent être remis à Mme Vincent. Celle-ci les vérifie et les rapproche des factures reçues des fournisseurs. Si la facture est juste et correspond effectivement à la réalité de la commande et de la livraison, Mme Vincent la transmet à Mme Denis, qui les enregistre en comptabilité. Le règlement est préparé par Mme Vincent, qui demande à M. Vincent de signer le chèque.
Le traitement comptable du processus d'achat conditionne le déroulement du processus de vente. En effet, Mme Vincent n'établit pas la facture du client tant qu'elle n'a pas traité intégralement la facture d'achat.

ANNEXE 4 **Entretien avec les serveurs**

Vous : Comment se passent les livraisons ? Qui signe les bons de livraison habituellement ?
Une serveuse : En fait, n'importe lequel d'entre nous signe les bons de livraison. Cela dépend de notre disponibilité…
Vous : Et s'il y a un problème, comme une livraison inadaptée ou différente de la commande… ?
Une serveuse : Le chef d'équipe avertit M. Vincent, qui gère en urgence les manques essentiels. Sinon, nous essayons de nous débrouiller avec ce qui a été livré…
Vous : Que faites-vous des bons de livraison ?
Une serveuse : Nous devons les donner à Mme Vincent mais la plupart du temps, dans le feu de l'action, nous les posons avec le matériel que nous sommes en train d'utiliser et nous n'y pensons plus par la suite. Nous en perdons beaucoup, en fait… Et comme il n'y a pas de responsable, impossible de les retrouver…

ANNEXE 5 **Entretien avec Mme Denis**

Vous : Comment faites-vous pour suivre le règlement des factures d'achat ?
Mme Denis : En fait, j'ai beaucoup de mal à le faire car M. et Mme Vincent s'en chargent et, le plus souvent, c'est lorsque je fais le rapprochement bancaire avec le relevé de compte reçu de la banque, que je m'en rends compte…
Vous : Cela signifie qu'ils oublient de vous en informer…
Mme Denis : Oui, cela arrive fréquemment, j'ai élaboré un échéancier des règlements aux fournisseurs que j'ai transmis à Mme Vincent, mais elle ne le renseigne pas et surtout, elle ne me le transmet pas. C'est fréquent que je ne puisse pas répondre aux fournisseurs qui me téléphonent pour réclamer le règlement.

SYNTHÈSE

Synthèse audio
liennathan.fr/tmbu86

Le processus de contrôle et de traitement comptable des opérations commerciales

1 Contrôler les opérations en lien avec la gestion des stocks

Les approvisionnements
- À quel moment ?
- Qui passe les commandes ?
- Qui réceptionne et contrôle les produits ?

Les sorties de stocks
- Qui prélève les produits ?
- Qui met à jour les fiches de stock ?

Les enregistrements comptables
- Quels documents sont transmis en comptabilité ?
- Par qui ?
- Quand ?

Le rôle des procédures
- Les procédures doivent **être précises**.

Ex. : *définition des niveaux des stocks d'alerte, séparation des fonctions, moyens de contrôle physique des produits en stock, moyen de rapprochement des informations (bon de commande, bon de livraison, fiche de stock).*

- Les procédures doivent **garantir la fiabilité des informations**.

Ex. : *noter sur les documents tout problème de livraison, garder des traces, dater, signer après les contrôles.*

2 Contrôler la transmission des documents en comptabilité

L'enchaînement chronologique des documents

Les documents s'enchaînent de façon chronologique.

Ex. : *un bon de commande avant le bon de livraison avant la facture.*

Faciliter le contrôle
- Rapprocher systématiquement les documents les uns des autres.
- Noter la date du contrôle et la suite du traitement à apporter.
- Ne pas transmettre de documents isolés.

3 Analyser les processus d'achat et de vente

Le processus d'achat
- **Demande :** document signé pour s'assurer du bien-fondé de la demande.
- **Réception :** surveiller les délais, contrôler le bulletin de livraison, informer l'acheteur.
- **Enregistrement :** confronter les éléments de la facture avec le bon de commande et le bon de livraison, contrôler l'imputation comptable, marquer le lien avec les pièces justificatives.
- **Règlement :** préciser que la facture est réglée (pour ne pas la régler 2 fois), assurer un contrôle par une personne habilitée…

Le processus de vente
- **Commande :** vérifier qu'elle est acceptable *(ex. : solvabilité du client, règlements à jour.)*
- **Livraison :** contrôler les quantités.
- **Facturation :** cosntrôler les quantités, les conditions facturées au client *(ex. : remise)*, les délais de règlement proposés, et procéder aux contrôles arithmétiques.
- **Comptabilisation :** contrôler l'imputation comptable.
- **Règlement :** organiser le suivi du compte client.

LES ÉPREUVES DU BTS CG

BTS CG

Les processus 1, 2, 3, 4 et 7 préparent, ensemble, à trois épreuves du BTS CG.

P1	P2	P3	P4	P7
Contrôle et traitement comptable des opérations commerciales	Contrôle et production de l'information financière	Gestion des obligations fiscales	Gestion des relations sociales	Fiabilisation de l'information et système d'information comptable (SIC)

U41 : Étude de cas. Épreuve écrite de 4 h 30. Coef. 9
U42 : Pratiques comptables fiscales et sociales Épreuve pratique de 30 min. Coef. 4.
U6 : Parcours de professionnalisation. Épreuve pratique de 30 min. Coef. 5.

1 Préparation de l'épreuve U41 : étude de cas (coefficient 9)

L'unité 41 valide l'acquisition des compétences relevant des processus 1, 2, 3, 4 et 7 (à l'exception des activités A.1.1, A1.7, A.2.1, A.2.8, A.3.1, A.4.1, A.4.4 et des composantes d'activité A.3.2.5.et A3.3.8 qui sont évaluées à l'épreuve E6).

Le sujet ne comprend pas de question spécifique portant sur l'enseignement de CEJM appliquée. Cependant, les compétences travaillées peuvent être utiles pour réaliser les travaux demandés.

Le déroulement de l'épreuve

Il s'agit d'une épreuve écrite d'une durée de 4 h 30.

Elle s'appuie sur un ou plusieurs cas concrets présentant une situation réelle ayant trait aux traitements relatifs aux obligations comptables, fiscales et sociales.

Elle peut comporter plusieurs parties qui peuvent être indépendantes.

Le sujet est structuré de la façon suivante :

I. Présentation du contexte associé à la situation
II. Présentation de la mission ou des missions à réaliser
III. Documentation comptable, financière, fiscale et sociale associée à la situation
IV. Extraits issus de la réglementation comptable, financière, fiscale et sociale en vigueur

Matériel autorisé

– Liste des comptes du plan comptable général, à l'exclusion de toute autre information, et si l'autorisation figure explicitement sur le sujet.

– Éventuellement une calculatrice avec mode examen ou dépourvue de mémoire.

La règlementation comptable, fiscale et sociale applicable le jour de l'épreuve est celle en vigueur au 31 décembre de l'année précédant la session d'examen.

L'évaluation de l'épreuve

L'épreuve est évaluée par des professeurs enseignant en BTS CG en P1, P2, P3 ou P4.

Critères d'évaluation :

1. Conformité et mise en œuvre des procédures de travail, de contrôle et des normes en vigueur
2. Maîtrise des techniques de traitement des informations comptables, financières, fiscales et sociales
3. Précision et rigueur de la présentation des productions réalisées et de la démarche mise en œuvre
4. Qualité et conformité des documents comptables, financiers, fiscaux et sociaux produits ou renseignés
5. Qualité de l'adaptation du candidat à la spécificité des situations rencontrées
6. Qualité et efficacité de l'argumentation et de la présentation des travaux effectués

2 Préparation de l'épreuve U42 : pratiques comptables fiscales et sociales (coefficient 4)

L'unité 42 valide l'acquisition des compétences relevant du processus 7, à partir de situations professionnelles reprenant les activités des processus 1, 2, 3 et 4 (sauf les activités A.1.1, A1.7, A.2.1, A.2.8, A.3.1, A.4.1, A.4.4 et les composantes d'activité A.3.2.5.et A3.3.8 qui sont évaluées à l'épreuve E6).

Remise préalable d'un dossier.

Le déroulement de l'épreuve

▶ L'épreuve prend appui sur des situations professionnelles vécues.

On appelle « situation professionnelle » la réalisation de plusieurs travaux complémentaires pour répondre à une mission donnée. Une situation professionnelle mobilise obligatoirement le SIC (PGI, tableur, base de données…) et les compétences relevant des activités des processus 1, 2, 3, 4 et 7.

Il faut qu'au moins 3 processus différents soient mobilisés, dont obligatoirement le processus 7.

Ces situations doivent avoir été vécues par le candidat au cours de sa formation, en ateliers ou en stage.

▶ En amont de l'épreuve, un dossier est mis à la disposition du jury.

Le candidat aura transmis un dossier qui comprend son passeport professionnel + 3 fiches de situations, couvrant l'ensemble des processus 1, 2, 3, 4 et 7.

Modèle de fiche de situation professionnelle :

liennathan.fr/7ul13y

La conformité du dossier est contrôlée par les autorités académiques. Si le dossier n'est pas conforme, le candidat se verra attribué la mention NV (non valide) pour cette épreuve ; il ne sera pas interrogé et ne pourra pas avoir son diplôme.

▶ L'épreuve se déroule sur poste informatique.

Le candidat apporte son matériel et ses documents. Il doit prendre contact avec l'établissement OU le centre d'examen afin de s'assurer de la compatibilité entre l'environnement offert et celui requis pour le déploiement de ses ressources.

Juste avant l'épreuve, le jury sélectionne une situation professionnelle qui sera utilisée comme support de l'épreuve. Le candidat dispose de 15 minutes de préparation (relecture, organisation des contenus, essais…).

L'épreuve de 30 minutes est composée d'une première partie (10 minutes) de présentation des travaux par le candidat (contexte, problème de gestion, ressources…), suivie d'un entretien, puis une seconde partie (20 minutes) de questionnement sur poste informatique au cours de laquelle le candidat explicite sa démarche et manipule les supports.

L'évaluation de l'épreuve

L'épreuve est évaluée par deux professeurs chargés des enseignements en P1, P2, P3 ou P4 et par un professionnel, à l'aide d'une grille d'évaluation.

▶ Critères d'évaluation :

Exemple de grille d'évaluation ponctuelle

1. Qualité et conformité des documents produits
2. Efficacité dans la mise en œuvre de l'environnement numérique mobilisé pour réaliser les productions
3. Pertinence des solutions numériques retenues pour effectuer les traitements
4. Précision et rigueur de la présentation des productions réalisées et de la démarche mise en œuvre
5. Pertinence et justification des démarches mises en œuvre
6. Qualité et efficacité de la communication
7. Capacité à prendre en compte les ajustements demandés
8. Couverture des processus P1 à P4

Grilles d'évaluation complètes (épreuve en CCF ou ponctuelle) :

liennathan.fr/87btqe

3 Préparation de l'épreuve E6 : parcours de professionnalisation (coefficient 5)

Cette épreuve évalue les compétences relatives à la veille et à l'analyse de l'organisation d'un processus : activités A.1.1, A1.7, A.2.1, A.2.8, A.3.1, A.4.1, A.4.4 et composantes d'activité A.3.2.5.et A3.3.8.

Elle repose sur la totalité du parcours de professionnalisation du candidat et notamment sur les situations recensées dans le passeport professionnel.

Remise préalable d'un dossier.

Le déroulement de l'épreuve

▶ **L'épreuve prend appui sur un dossier comprenant :**

– le passeport professionnel du candidat ;

– un écrit produit par le candidat de 12 pages maximum (sans annexes), à partir des situations professionnelles vécues ou observées. Cet écrit doit intégrer une présentation et analyse de l'organisation d'un processus et une présentation et analyse des activités de veille ;

– les attestations de stage ou certificats de travail.

▶ **En amont de l'épreuve, le dossier est mis à la disposition du jury.**

La conformité du dossier est contrôlée par les autorités académiques. Si le dossier n'est pas conforme (non valide), le candidat est interrogé puis informé, à la fin de l'épreuve, du doute de la commission. La note est mise sous réserve.

Les lacunes constatées seront pénalisées dans les limites prévues par la grille nationale d'aide à l'évaluation.

▶ **L'épreuve se déroule sous forme d'entretien.**

Avant l'entretien, le jury lit l'écrit produit par le candidat et l'évalue.

Puis l'épreuve comporte 2 phases :

– une première phase de 15 minutes maximum porte sur l'analyse d'un processus. Le candidat justifie ses choix et explicite la démarche mise en œuvre pour conduire la veille ;

– une seconde phase de 15 minutes maximum est centrée sur le parcours professionnel du candidat. Le jury conduit un entretien destiné à apprécier la capacité du candidat à évaluer l'ensemble de son parcours professionnel.

L'évaluation de l'épreuve

L'épreuve est évaluée par deux professeurs chargés des enseignements en P1, P2, P3 ou P4 et un professionnel, à l'aide d'une grille d'évaluation.

L'évaluation porte à la fois sur l'entretien et sur le dossier remis au jury.

▶ **Critères d'évaluation :**

1. Qualité de la présentation d'une situation organisationnelle
2. Pertinence de l'analyse des caractéristiques et des choix opérés
3. Efficacité et pertinence du travail de veille dans les activités réalisées
4. Efficacité et pertinence du contrôle interne dans les activités réalisées
5. Qualité de l'analyse réflexive sur son parcours de professionnalisation
6. Qualité de l'argumentation
7. Qualité de la communication écrite et orale

Grille d'évaluation complète :

liennathan.fr/zj9nuq

Crédits photographiques

p. 11 (bg) : d.romagnuolo/stock.adobe.com ; **p. 11 (hd) :** imagika/stock.adobe.com ; **p. 13 :** sepy/stock.adobe.com ; **p. 14 :** Kirsty D/peopleimages.com/stock.adobe.com ; **p. 15 (hd) :** Black Spring/stock.adobe.com ; **p. 15 (hg) :** Francesco83/stock.adobe.com ; **p. 15 (mg) :** Fotos 593/stock.adobe.com ; **p. 15 (mg) :** Tyler Olson/stock.adobe.com ; **p. 15 (bg) :** Andrey Popov/stock.adobe.com ; **p. 25 (md) :** marketlan/stock.adobe.com ; **p. 25 (bg) :** Nina Lauwrenson/peopleimages.com/stock.adobe.com ; **p. 26 (h) :** OlegDoroshin/stock.adobe.com ; **p. 26 (b) :** Alliance/ stock.adobe.com ; **p. 27 :** Dan Race/ stock.adobe.com ; **p. 29 :** Philophoto/stock.adobe.com ; **p. 49 :** Floral Deco/stock.adobe.com ; **p. 51 :** victor zastol'skiy/stock.adobe.com ; **p. 55 :** bbbastien/stock.adobe.com ; **p. 57 :** Przemyslaw Szablowski /Shutterstock ; **p. 73 (d) :** Zarya Maxim/stock.adobe.com ; **p. 73 (g) :** pncphotos/stock.adobe.com ; **p. 74 :** pio3/ stock.adobe.com ; **p. 75 :** auremar/stock.adobe.com ; **p. 76 :** ChantalS/ stock.adobe.com ; **p. 81 (g) :** JPC-PROD/stock.adobe.com ; **p. 81 (d) :** ChantalS/stock.adobe.com ; **p. 96 :** Robert Kneschke/stock.adobe.com ; **p. 97 :** illustrez-vous/stock.adobe.com ; **p. 99 (g) :** Dario Lo Presti/stock.adobe.com ; **p. 99 (d) :** simmittorok/stock.adobe.com ; **p. 102 :** Moon Safari/ stock.adobe.com ; **p. 111 :** Luibomir/stock.adobe.com ; **p. 112 :** Pixelot/stock.adobe.com ; **p. 115 :** Syda Productions/stock.adobe.com ; **p. 117 :** Phil81/stock.adobe.com ; **p. 130 :** lisa870/stock.adobe.com ; **p. 131 :** Remains/stock.adobe.com ; **p. 132 :** madarakis/stock.adobe.com ; **p. 133 :** photoiron/stock.adobe.com ; **p. 134 :** terex/stock.adobe.com ; **p. 135 :** L.Bouvier/stock.adobe.com ; **p. 137 :** illustrez-vous/stock.adobe.com ; **p. 147 (h) :** papinou/stock.adobe.com ; **p. 147 (b) :** day2505/stock.adobe.com ; **p. 148 :** geniuskp/stock.adobe.com ; **p. 149 :** RomainQuéré/ stock.adobe.com ; **p. 150 :** homepepper/stock.adobe.com ; **p. 151 :** FedotovAnatoly/stock.adobe.com ; **p. 153 :** Mila Supynska/stock.adobe.com ; **p. 166 :** Lucky Dragon/stock.adobe.com ; **p. 167 :** manaemedia/stock.adobe.com ; **p. 173 :** Toanet/stock.adobe.com ; **p. 179 :** zlikovec/stock.adobe.com ; **p. 188 :** Pixinoo/stock.adobe.com ; **p. 192 (h) :** Agence DER/stock.adobe.com ; **p. 192 (b) :** Rido/stock.adobe.com ; **p. 197 :** helenedevun/stock.adobe.com ; **p. 200 :** JPC-PROD/stock.adobe.com ; **p. 215 :** Pixinoo ; **p. 217 (g) :** andreaobzerova/stock.adobe.com ; **p. 217 (m) :** andreaobzerova/ stock.adobe.com ; **p. 217 (d) :** andreaobzerova/stock.adobe.com ; **p. 221 :** Miroslawa Drozdowski/ stock.adobe.com ; **p. 235 :** Tyler Olson/stock.adobe.com ; **p. 238 :** Inna Felker/stock.adobe.com ; **p. 241 :** mat/stock.adobe.com **;** **p. 243 (h) :** Lightspurch/stock.adobe.com ; **p. 243 (m) :** sepy/stock.adobe.com ; **p. 245 :** olly/stock.adobe.com ; **p. 246 (h) :** JPC-PROD/stock.adobe.com ; **p. 246 (b) :** torugo/stock.adobe.com ; **p. 255 (g) :** Pablo/stock.adobe.com ; **p. 255 (bd) :** Dmitri/stock.adobe.com ; **p. 256 :** Kondor83/stock.adobe.com ; **p. 257 :** qyilly/ stock.adobe.com ; **p. 259 :** Seventyfour/ stock.adobe.com ; **p. 260 :** NDABCREATIVITY/stock.adobe.com ; **p. 261 :** Photographee.eu/stock.adobe.com ; **p. 25, p. 49, p. 73, p. 95, p. 111, p. 129, p. 147, p. 165, p. 184, p. 213, p. 233, p. 255 :** UKRAINIAN/stock.adobe.com

N° de projet : 10288621 - Dépôt légal : avril 2023
Imprimé en Italie par L.E.G.O. S.p. A., en mars 2023